敦煌与丝绸之路石窟艺术丛书 郑炳林 主编

文殊堂：曹元忠时代佛教文化与视觉形象个案研究

邹清泉 著

读者出版传媒股份有限公司
甘肃教育出版社

图书在版编目（C I P）数据

文殊堂：曹元忠时代佛教文化与视觉形象个案研究 / 邹清泉著. -- 兰州：甘肃教育出版社，2015.12
（敦煌与丝绸之路石窟艺术丛书 / 郑炳林主编）
ISBN 978-7-5423-3796-2

Ⅰ. ①文… Ⅱ. ①邹… Ⅲ. ①敦煌石窟－研究 Ⅳ. ①K879.214

中国版本图书馆CIP数据核字(2015)第317751号

文殊堂：曹元忠时代佛教文化与视觉形象个案研究
郑炳林　主编　邹清泉　著

出 版 人　王永生
项目负责　孙宝岩
责任编辑　伏文东
书籍设计　徐晋林　张小乐

出　版　甘肃教育出版社
社　址　兰州市读者大道 568 号　730030
网　址　www.gseph.cn　E-mail　gseph@duzhe.cn
电　话　0931-8773136（编辑部）　0931-8773056（发行部）
传　真　0931-8773255
淘宝官方旗舰店　http://shop111038270.taobao.com

发　行　甘肃教育出版社　印　刷　兰州新华印刷厂
开　本　787 毫米×1092 毫米　1/16　印　张　18.5　插　页　3　字　数　239 千
版　次　2016 年 10 月第 1 版
印　次　2016 年 10 月第 1 次印刷
印　数　1~1 500
书　号　ISBN 978-7-5423-3796-2　定　价　58.00 元

图书若有破损、缺页可随时与印厂联系：0931-2607208

总 序

丝绸之路是中西文明交流永恒的通途,也是连接中外的一条艺术之路。西域地区的音乐舞蹈、佛教艺术都是通过这条道路传入中国的。隋代“九部乐”、唐代“十部乐”中的西凉、高昌、龟兹、疏勒、康国、安国、天竺等风格的乐舞都来自于西域地区, 也都是通过这条路线进入中原地区的,特别是《西凉乐》,就是《龟兹乐》与传入河西的中原古乐融合之后形成的一种乐舞。佛教壁画艺术和雕塑艺术通过丝绸之路进入中原,形成自己特色后又回传到河西、敦煌及西域地区。丝绸之路石窟众多,各有特色,著名的有麦积山石窟、北石窟、南石窟、大像山石窟、水帘洞石窟、炳灵寺石窟、天梯山石窟、马蹄寺石窟、金塔寺石窟、文殊山石窟、榆林窟、莫高窟、西千佛洞等。袄教艺术通过粟特人的墓葬石刻被保留了下来,沿着丝绸之路和粟特人聚落分布于古代天水、长安等商贸城市。体现中原文化特色的墓葬壁画艺术,也分布于丝绸之路上的河西走廊沿线和吐鲁番地区。文化的交融和碰撞通过艺术内容和风格充分体现出来,所以将丝绸之路称之为艺术之路一点也不为过,反而更能体现出它的特色。

丝绸之路沿线星罗棋布地分散着大大小小的石窟殿堂,让人叹为观止。丝绸之路把古代印度地区,中亚地区,我国的新疆地区、甘青宁地区、中原地区、东北地区乃至朝鲜半岛和日本,都串联了起来。如果说石窟殿堂是耀眼的珍珠,那么丝绸之路就像一条线,经过它的串接,亚欧大陆的颈项上出现了一副华美的璎珞，耀眼而又迷人。百年以来，丝绸之路及其沿线的石窟殿堂以其独特的气质和魅力，吸引着来自世界各地一代又一代的学者，前赴后继，投身于相关的研究领域。

敦煌与丝绸之路石窟艺术一直都是教育部人文社科重点研究基地兰州大学敦煌学研究所多年来研究的主要内容。30 多年来，我们不但有一批专家持之以恒坚持石窟考古和石窟艺术研究，同时我们还培养了一批从事石窟艺术研究的博硕研究生和留学生，他们在这个领域做出了卓越的贡献。1980 年我们创办了中国大陆首家敦煌学专业刊物《敦煌学辑刊》，截至 2015 年年底已经发行了 90 期，石窟艺术研究专栏连同敦煌文献研究、敦煌历史地理研究等板块共同构成了刊物内容的主体，已然成为国内石窟艺术研究成果发布的重要平台。2008 年沙武田博士学位论文《敦煌画稿研究》获得该年度全国百篇优秀博士学位论文提名奖；《吐蕃统治时期敦煌石窟研究》进入《国家哲学社会科学成果文库》。与此同时，为了对敦煌与丝绸之路石窟艺术研究进行梳理和总结，兰州大学敦煌学研究所启动了《丝绸之路石窟研究文库》项目。其中《天水麦积山石窟研究论文集》《永靖炳灵寺石窟研究论文集》和《河西陇右石窟研究论文集》已经陆续出版，龟兹地区和陕西地区石窟研究论文集正在收集、整理过程之中。这种工作虽然基础，耗费人力和物力，但若能对学界研究有所裨益，也是我们最大的荣光。

结合目前学术研究动态，兰州大学敦煌学研究所启动了“敦煌与丝绸之路石窟艺术”丛书项目，研究内容涵盖甘肃省境内的大部分石窟，既有石窟群整体性的研究，又有石窟个案研究；一方面，多层次地透视丝绸之路石窟艺术文化的博大精深，另一方面，紧抓学术研究前沿，集中体现了未来丝绸之路石窟艺术研究的方向。

一、石窟艺术专题研究

学界在过去 50 多年中进行了大量基础的测绘调查和壁画内容考

释，这种研究基本上是以单个题材壁画为重点，按照时间顺序或者空间划分来对某种特定题材进行考察。这项研究是基础。无数前辈已经为我们做出了榜样。本套丛书中的《敦煌石窟彩塑艺术概论》则是一个新的案例。该书以敦煌石窟彩塑为主要研究对象，同时涉及中国其他石窟的雕塑。其结合洞窟建筑、壁画，以时代为线索，展示出了敦煌石窟彩塑独特的艺术魅力。此类研究还包括《敦煌石窟中的少数民族服饰研究》《敦煌藏经洞出土绘画品研究史》《敦煌隋代石窟壁画样式与题材研究》《北周石窟造像研究》《甘肃省博物馆藏北朝石刻造像研究》，等等。

二、石窟艺术与社会历史研究

石窟艺术与社会历史研究丝丝相扣。对于敦煌石窟而言，藏经洞出土的敦煌遗书，包括记录敦煌社会开窟造像的功德记、敦煌历史人物的邈真赞等，都是不可或缺的研究材料。史苇湘先生《敦煌社会历史与莫高窟艺术》提出敦煌本土文化论和石窟皆史论，成功运用艺术社会学研究敦煌石窟，这种研究方法意在最大程度地把莫高窟考古资料和藏经洞遗书结合起来，还原敦煌社会历史。本丛书中的《敦煌阴氏与莫高窟研究》就是运用石窟与文献相结合的方法，在石窟营建史的背景下对阴氏家族开凿或参与开凿的 7 个洞窟进行全面研究，从而分析阴家窟所反映出来的佛教思想、佛教功能以及社会和艺术功能。

三、佛教洞窟与寺院仪轨的综合研究

丝绸之路佛教寺院中的壁画造像题材，不同于博物馆藏品，它没有像藏品一样脱离原来的空间关系。这就为学者通过壁画造像所在的空间位置探索古代佛教仪轨提供了可能。本套丛书中的《天水麦积山石窟北朝佛教艺术研究》《马蹄寺石窟群汉传佛教艺术研究》《陇东地区北朝佛教造像研究》等主要研究对象集中于甘肃北朝洞窟，其综合造像内容、佛教经典以及中古时期寺院仪轨，系统阐释了图像与寺院生活的密切关系。这一研究方向是未来石窟艺术研究方向之一。

四、洞窟个案研究

专题性研究是基础,不过其弊端也清晰可见。这种研究割裂了一个洞窟之中壁画和壁画、壁画和塑像之间的互动关系。而实际上所有的造像题材都是一个有机的整体,它们共同诠释了主尊乃至整个洞窟的造像设计理念,同时也反映了洞窟背后的历史信息。因此,我们在过去数十年工作的基础上,将某一特定洞窟的诸种壁画造像题材作为一个整体进行研究,这也是未来丝绸之路佛教艺术研究的大势所趋。本套丛书就包含了莫高窟第 61 窟、第 100 窟、第 454 窟、麦积山第 127 窟以及瓜州榆林窟第 25 窟的个案研究。这些成果选取特定历史时期极富代表性的洞窟作为研究对象,全面透视洞窟设计理念,深层次构建了石窟艺术发展史。

五、特定历史时期特定区域图像的普查与研究

随着新资料的不断公布以及学者对洞窟历史背景认识的加深,部分特定阶段的佛教洞窟研究有待再探讨。本丛书《敦煌十六国至隋石窟艺术》《川北佛教石窟和摩崖造像研究》和《吐蕃统治敦煌时期的密教研究》即属于此类。以敦煌为例,学者们认为,敦煌石窟的晚期,由于西藏后弘期佛教的兴起和广泛流传,敦煌石窟营造被推进到了一个崭新的时期。目前随着藏语文献的整理和藏学研究队伍的壮大,学界对敦煌中唐到元代的历史有了更深的认识,原来对敦煌藏传佛教艺术认知需要重新架构。如本丛书中的《吐蕃统治敦煌时期的密教研究》就对相关问题做了探讨,整理了与吐蕃统治敦煌时期密教有关的大量文献与图像资料,对汉藏文献以及图像做了初步的分类与对比;讨论了吐蕃时期敦煌密教与其他信仰的关系;总结了中唐密教在整个敦煌密教发展史上的里程碑意义。

本丛书以丝路沿线石窟整体为研究对象,既注重梳理其内在的逻辑关系,又注重对个别石窟的重点探究,以开放的、广阔的研究视野,重新审视西到龟兹,东到天水、西安,西南到川北的石窟寺遗址,探索石窟艺术风格的发展演变。

这套丛书主要汇集了兰州大学敦煌学研究所近年在敦煌与丝绸之路研究方面的最新成果,希望借此出版机会倾听学界的批评和指正。

郑炳林

2015 年 12 月

自 序

作为唐宋之际社会生活、文化习俗、宗教信仰、视觉文明等发生历史转型的重要时期，五代十国的历史虽仅有半个多世纪，但其对唐代文化的终结以及宋代社会生活新风尚的开启意义深远。在这一时期，李唐政权的解体与五代诸国的纷争，导致唐宋之际的文化传播出现新的模式，隋唐时期由长安到地方的辐射式传播途径，因五代十国政权的对峙格局，迅速多元化与复杂化，唐宋之际宗教信仰与视觉文化正是在这种纷纭复杂的语境中实现了历史性的转变。

五代是唐宋代际转换的关键时期，李唐宗教语境的解构与宋代宗教文化的确立无不与之有密切关系。与唐代政教策略明显不同，“在宋代，除徽宗尝一度崇道抑佛外，宋政权一般较扶持佛教的发展”[①]。宋太祖赵匡胤受禅即位更有佛教谶言的天意垂示，无论是预示太祖皇权的麻衣谶言，抑或是预示其教权的定光佛出世谶言，均隐现五代宋初佛教信仰的初变及其发展趋向。宋朱弁《曲洧旧闻》：

> 五代割据，干戈相寻，不胜其苦。有一僧虽佯狂，而言多奇

①刘长东：《宋代佛教政策论稿》，成都：巴蜀书社，2005 年，第 4 页。

中。尝谓人曰:“汝等望太平甚切,若要太平,须待定光佛出世始得。”至太祖一天下,皆以为定光佛后身者,盖用此僧之语也。①

后太祖幸相国寺,“至佛像前烧香,问当拜与不拜,僧录赞宁奏曰:‘不拜。’问其何故,对曰:‘现在佛不拜过去佛。’”② 太祖借定光佛出世谶言取得佛陀神格的做法于此前已有先例,转轮王佛之于北魏诸帝、弥勒之于武则天均出一辙,即获取君临天下的“合法”身份,东汉光武帝刘秀借“汉当复兴,李氏为辅”谶语起兵,并应《赤伏符》谶语即位,北朝以后,则多借佛陀神格,反映出佛教信仰的广泛民众基础。佛教发展至宋代,已趋鼎盛,对于托身之佛,太祖唯钟情定光佛,显非一时兴起,而是基于五代时期特殊的政治、宗教与社会语境。

定光佛,又作燃灯佛,为过去世佛,南北朝时期初见其信仰流行,隋唐时期有明显发展,并渐兴救世思想,英藏 S.2713 号敦煌写卷:

咸亨元年,扬州僧珍宝,向山采药,见一人身长三丈五尺,面阔九寸,如金佛,救众生。珍宝即藏,语宝言:“我是定光佛菩萨,故来救众生;今年太山崩,我是定光佛菩萨,故来救众生。今年太山崩坏,须鬼兵万万九千,须告众无福人,但看三月四月五月,风从太山来,即得病,二日即死;若写一通,免一身,写两通,免一家,写三通,免一村。我是定光佛菩萨,故来化众生,传流者寿命一百年,不信者灭门,写者过一难,若不信者,但看定光佛菩萨指为定。”③

---

①[宋]朱弁:《曲洧旧闻》,北京:中华书局,2002 年,第 83 页。

②[宋]欧阳修:《归田录》,北京:中华书局,1981 年,第 1 页。

③《敦煌宝藏》(第 22 册),第 452 页。

五代宋初,定光佛应劫救世思想更见盛行,基于五代割据政权鼎力、干戈相侵既久的历史背景,宋太祖托身定光佛之因甚为明了。定光佛应化垂迹观念的流行是唐末五代宋初佛教发展的转折之一,其于此后宋代佛教之演进,颇具深意。尽管藏经洞文书见有定光佛的记载,但莫高窟绘塑遗存较少见其遗例,五代宋初宗教语境与视觉文化的复杂性于其间显露无遗。与中原王朝不同,五代时期的敦煌是回鹘、于阗等多民族聚居之地,宗教语境复杂,信仰多元。据藏经洞写卷遗存以及莫高窟绘塑遗迹,五代敦煌地区,文殊信仰、维摩信仰、毗沙门信仰、法华信仰等杂相交错,信众各取所需,建窟供养。五代敦煌与中原王朝佛教信仰的差异导致视觉文化的异质,而且相沿甚久。其间,皇权、政治、地域、民族等历史因素的相继介入,不断促成并推动着唐宋之际宗教语境与视觉文化的融动与嬗变。

与五代其他政权不同的是,归义军曹氏政权绵延时间较长,从后梁乾化四年(914 年)曹议金执政以来,一直延续到宋景祐三年(1036 年)西夏占据瓜沙,而此时的中原已为赵氏统治 70 余年,因而,曹氏时期在唐宋艺术转型的研究具有特殊意义。而归义军曹氏时期宗教语境中的视觉文化尤具研究价值。五代政权的特殊性,决定了归义军曹氏在归奉倚恃中原王朝同时,还要谋求他途,实现其在西北地区复杂民族环境中的政权稳定,曹氏归义军历代节度使于此所做努力在莫高窟洞窟遗存与藏经洞遗书中有部分反映,宗教信仰、民族关系、社会生活等等均纠缠在其视觉文化的表现之中,而曹氏画院的设立与运行,又将敦煌与中原西蜀、南唐以至宋代画院联系在一起,在南唐与西蜀画院绘画遗迹存世极少的情况下,归义军曹氏时期宗教语境中的视觉文化,无疑为探求唐宋之际社会生活与文化艺术的历史转型创造了可能。

归义军曹氏执掌政权后,历七代约 120 余年的时间里,持续奉佛,几乎历代节度使均在莫高窟开窟造像,创造了中古时期敦煌石窟艺术最后的辉煌。从公元四世纪乐僔在鸣沙山始营洞窟开始，莫高窟洞窟营建历经十六国、北朝、隋唐、五代以至明清，绵延千余年。莫高窟洞窟之营建虽有一定的历史延续性，但由于时代背景的差异，不同历史时期营造的窟龛仍有不同。作为莫高窟史上最后大规模开龛的曹氏家族，其藏经洞相关史料遗存或可认为是现知最为丰富的，这种文本史料的背景，对曹氏洞窟的探索格外富于意义。围绕莫高窟的营建，权力、信仰、财富相互交织，而其中又有节度使、仕宦、寺院、僧侣、信众等众多历史因素纠缠其中，益增其复杂性的同时，也建构了彼此互有联系的历史网络。

曹元忠时代是归义军曹氏统治敦煌的鼎盛时期，自后晋天福九年（944 年）至宋开宝七年（974 年），曹元忠秉承先祖奉佛传统，与夫人浔阳翟氏继续在莫高窟开窟造像，新建第 61 窟（文殊堂）、第 55 窟、第25窟、第 5 窟等，并重修第 96 窟等洞窟。曹元忠统治瓜沙时期营建的洞窟，近承曹议金功德窟第 98 窟所创传统，后启曹氏统治后期石窟样式，具有承前启后的重要意义。因此，以曹元忠统治时期的洞窟艺术为研究个案，将有助于微观认识归义军曹氏与莫高窟的经营，为我们深入认知唐宋之际的艺术转型，尤其是佛教艺术传统的嬗变具有积极意义。文殊堂是曹元忠与浔阳翟氏出资营建的重要洞窟，该窟规模宏大、图绘壮丽、内容丰富，为敦煌历代洞窟遗存之佳构，对研究曹氏统治盛期莫高窟经营的历史具有极为重要的学术意义。帕诺夫斯基认为，“对任何一个历史时期的文化阐释都依赖于对所有文化现象之间的相互关系的沿革的解释”①，文殊堂所独有的时代精神已经被“物化在确定的时代和地区”②，作为“一种

---

①［美］迈克尔·安·霍丽：《帕诺夫斯基与美术史基础》，易英译，长沙：湖南美术出版社，1992 年，第 8 页。

②《帕诺夫斯基与美术史基础》，第 8 页。

生产性想象的经验官能的产物”[①]，其母题选择、图像表现、意义赋予乃至“象征性”的潜在价值的释读，无不以国家、时代、阶级、哲学、宗教等彼此凝聚的综合历史语境(Context)为前提，唯其如此，才能洞悉历史形象的“本质意义”。

①《帕诺夫斯基与美术史基础》，第 109 页。

目　录

第一章

敦煌历史上的曹元忠时代

曹议金于后梁乾化四年(914 年)执政瓜沙后,敦煌进入曹氏时代。在归义军曹氏统治敦煌期间,曹议金、曹元德、曹元深、曹元忠、曹延恭、曹延禄、曹宗寿、曹贤顺相继执政(表 1–1)。曹元忠是归义军曹氏历任节度使执政最久者,在其执政期间,曹元忠与夫人浔阳翟氏极力弘佛,广布德业,使曹氏统治敦煌时期的佛教发展达至鼎盛。

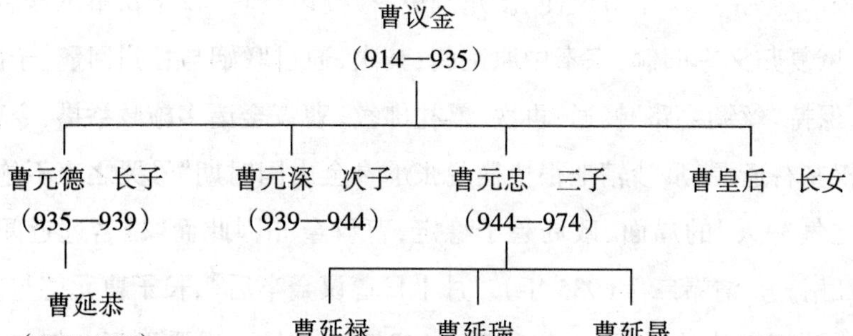

表 1–1 归义军曹氏世谱 邹清泉 制

一、曹元忠、浔阳翟氏与瓜沙曹氏

归义军曹氏政权的确立始于曹议金,其于后梁乾化四年(914 年)[①]取代张承奉为“归义军节度使、沙州刺史、检校司空”[②]。议金执事瓜沙后,首先,恢复归义军旧制,宗奉中原王朝;其次,通过联姻与甘州回鹘、于阗交好,保持“丝绸之路”畅通;再次,盛礼佛教。曹议金诸多施政举措,令曹氏政权左右逢源,瓜沙辖地很快摆脱张承奉金山国时期“号哭之声不绝,怨恨之气冲天”的局面,政局趋于稳定,曹议金亦因此而“雄名远近闻”(《望江南》)。清泰二年(935 年)二月十日曹议金卒后[③],长子曹元德与次子曹元深相继执政,但元德与元深在位时间均不长,后晋天福九年(944

---

①关于曹议金取代张承奉的时间的讨论,参见贺世哲,孙修身:《瓜沙曹氏与敦煌莫高窟》,载敦煌文物研究所:《敦煌研究文集》,兰州:甘肃人民出版社,1982 年,第 220~222 页。

②[宋]薛居正等:《旧五代史》,北京:中华书局,1976 年,第 436 页。

③《旧五代史》记曹议金卒于"天福五年(940 年)二月丁酉朔"(《旧五代史·晋高祖纪》卷七十九)。

年)三月九日,曹元深在执事瓜沙约 5 年后卒于位[①]。

曹元忠系议金第三子,元深卒后嗣位。曹元忠在兄长元深任内已为瓜州刺史,开运三年(946 年)三月,后晋勅"以瓜州刺史曹元忠为沙州留后"[②]。尽管在《天福十四年(949 年)曹元忠牒》(S.4398)中,元忠自称"新授归义军节度观察留后光禄大夫检校司空兼御史大夫"[③],但其实际上在开运二年(945 年)已自称司徒[④],且至迟在开运四年(947 年)三月至七月间,相继进称太保与太傅[⑤]。《天福十四年(949 年)曹元忠牒》(S.4398)文中具衔,可能确是"向中原王朝上书时的一种策略作法"[⑥],但元忠称谓,自此"又以司空为基点,重新一步步上升到太保、太傅"[⑦]以至检校太师、中书令、敦煌王等更高级别,藏经洞《凉国夫人浔阳翟氏布施疏》(S.2687)记"归义军节度使检校太师兼中书令敦煌王曹公之凉国夫人浔阳翟氏,敬造五色绣经巾一,施入窟内"[⑧]。时为宋乾德二年(964 年)四月二十二日,曹元忠至迟于此时已集检校太师、中书令、敦煌王三者为一身,但其获宋朝承认则晚至太平兴国五年(980 年),时距开宝七年(974 年)六月六日元忠卒世已约六年。

---

①谭婵雪通过对敦煌文书 P.2032 号写本的研究,认为曹元德卒于天福四年(939 年)岁次己亥十一月底至十二月初之间;曹元深卒于天福九年(944 年)岁次甲辰三月,详见谭婵雪:《曹元德曹元深卒年考》,《敦煌研究》1988 年第 1 期,第 52~57 页。

②《旧五代史·晋少帝纪》,卷八十四。

③姜亮夫:《瓜沙曹氏年表补正》,《杭州大学学报》1979 年第 1/2 期,第 96 页。

④[日]池田温:《中国古代籍帐研究》,东京:东京大学出版会,1979 年,第 654 页。

⑤《开运四年三月九日曹元忠疏》(P.3388)、《曹元忠造大慈大悲救苦观世音菩萨像》(P.4514)。

⑥荣新江:《归义军史研究:唐宋时代敦煌历史考索》,上海:上海古籍出版社,1996 年,第 117 页。

⑦《归义军史研究:唐宋时代敦煌历史考索》,第 117 页。

⑧陈祚龙:《中华佛教文化史散策三集》,台北:新文丰出版股份有限公司,1985 年,第 50 页。

曹元忠“神资直气”（P.2187）“抱文武之宏才”（P.4046），考察藏经洞曹氏写卷，元忠之谋略不输其父曹议金。出于“若不远仗天威力，河湟必恐陷戎夷”[①]的考虑，曹元忠延续父兄归奉中原王朝传统，并以朝贡方式维持与加强这种联系。天福十四年（949年），曹元忠即“差步军教练使兼御史中丞梁再通等”[②]入后汉朝贡。显德二年（955年），遣使进方物，后周世宗柴荣“命以节度使，检校太尉，同中书门下平章事，铸印赐之”[③]。建隆二年（961年），又遣使贡宋，建隆三年（962年）初，宋王朝即敕书诏认曹元忠归义军节度使身份。曹元忠交好中原王朝的作法，确立了他的政治威信，巩固了他的政治地位，加强了他的军事统治，为敦煌在回鹘、党项、吐蕃、于阗等游牧民族政权中谋求政治独立与长治久安创造了条件，同时，也为曹氏时期敦煌佛教文化的发展奠立了基础。

无论是开运二年（945年）十二月《归义军左马步都押衙王文通勘寻寡妇阿龙告人侵夺口分田陈状牒》（P.3257），抑或是广顺三年（953年）《曹元忠榜文》（S.8516），还是显德三年（956年）《翟奉达编具注历日》（S.95），于曹元忠之“宏才远略”均有折射。《归义军左马步都押衙王文通勘寻寡妇阿龙告人侵夺口分田陈状牒》（P.3257）系寡妇阿龙土地诉讼文书，曹元忠判“其地便任阿龙及义成男女为主者”[④]，由其公允断案不难看出曹元忠时代的政清人和，或许正是这一清明时局，成就了曹元忠时代佛教文明与视觉文化的短暂辉煌。（表1–2）

①《望江南》（P.3128），见 Jao Tsong-yi. *Airs de Touen houang*. Paris,1971,p.261.

②《天福十四年曹元忠牒》（S.4398），见姜亮夫：《瓜沙曹氏年表补正》，《杭州大学学报》1979年第1/2期，第96页。

③[清]徐松：《宋会要辑稿》，北京：中华书局，1957年，第7767页。

④李正宇：《敦煌学导论》，兰州：甘肃人民出版社，2008年，第292页。

表 1-2　归义军曹氏史要

纪　年	史　事
乾化四年 /914 年	五月十四日—八月十五日，西汉金山国亡。 曹议金代张承奉执政瓜沙，称归义军节度留后使。
贞明二年 /916 年	八月，曹议金遣使入贡中原朝廷。 曹议金娶甘州回鹘天睦可汗女为妻。
贞明四年 /918 年	梁朝遣使授曹议金节度使，议金遣押衙张进诚入朝回报。
贞明五年 /919 年	慕容归盈于是年任瓜州刺史检校刑部尚书(S.4359)。
同光二年 /924 年	四月，沙州曹议金进玉三团及硇砂、羚羊角、波斯锦，茸褐等。 五月，后唐以权知归义军留后曹议金为归义军节度使沙州刺史检校司空。
同光三年 /925 年	曹议金于是年称太保，至天成二年(927 年)。
同光四年 /926 年	正月，沙州曹议金遣使赴京。 甘州回鹘可汗狄银卒，阿咄欲立，娶曹议金女为妻。
长兴元年 /930 年	九月，曹议金向后唐进马四百匹、玉一团。
长兴二年 /931 年	正月，后唐以沙州节度使曹议金兼中书令。
长兴三年 /932 年	正月，沙州进马七十五匹，玉三十六团。
长兴四年 /933 年	十月，于阗宰相至沙州，于莫高窟绘佛像以建功德。
长兴五年 /934 年	正月，瓜州遣使者牙将唐进、沙州遣梁行通等入贡，各赐锦袍、银带。 七月，瓜州刺史慕容归盈转检校尚书左仆射。
清泰二年 /935 年	二月十日，曹议金卒，子元德继位。
天福四年 /939 年	十一月底(十二月初)，曹元德卒。弟元深继任。
天福七年 /942 年	十一月，后晋使臣张匡邺等与于阗使臣刘再升至敦煌，曹元深、曹元忠皆遣使与之一同归朝。 曹元德卒，弟元深、元忠共掌归义军。沙州曹元忠、瓜州曹元深所遣使者及于阗使者刘再升皆入后晋朝(P.4046)。

续表

纪　年	史　事
天福八年 /943 年	正月十一日,晋朝命"沙州留后曹元深检校太傅充沙州归义军使"。 慕容归盈卒(P.4783)。
天福九年 /944 年	三月九日,曹元深卒,弟元忠继任,称仆射。
天福十年 /945 年	曹元忠任归义军节度使(P.2992)。
天福十四年 /949 年	五月,新授归义军节度观察留后曹元忠遣步军教练梁再通献硇砂十斤。 曹元忠自称节度留后检校司空。
乾祐三年 /950 年	曹元忠于是年称太保,至广顺五年(955 年)。
广顺五年 /955 年	五月,曹元忠及子延敬遣使入贡于周。后周以元忠为归义军节度使检校太保,延敬为瓜州团练使,并铸印赐之。
建隆二年 /961 年	十一月,沙州节度使曹元忠、瓜州团练使曹延恭等使献玉鞍勒马。
建隆三年 /962 年	正月,宋朝封曹元忠为检校太傅兼中书令归义军节度使沙州刺史,延敬为本州岛防御使,赐名延恭。
乾德三年 /965 年	十二月,甘州回鹘可汗、于阗国王及瓜、沙州皆遣使来朝,贡马千匹、橐驼五百头、玉五百团、琥珀五百斤。
乾德七年 /969 年	十一月,归义军与宋朝断绝往来。
开宝七年 /974 年	六月六日,曹元忠卒,子延恭继任,称太保;延禄任副使(S.5972、S.5973、P.3827)。
开宝八年 /975 年	曹延恭嗣掌归义军,充归义军节度兵马留后。曹延禄充归义军节度副使(S.5973、P.3827)。
太平兴国元年 /976 年	七月,延恭卒,弟延禄继任,称太保。
太平兴国三年 /978 年	三月,曹延禄向宋贡玉盆宝毡。
太平兴国四年 /979 年	四月,曹延禄上表自称权归义军节度兵马留后,遣使修贡(P.3360)。

续表

纪　年	史　事
太平兴国五年/980年	四月，诏赠曹元忠为敦煌郡王，授曹延禄归义军节度使，其弟廷晟为瓜州刺史、延瑞为衙内都虞侯，母封秦国太夫人，妻封陇西郡夫人。
太平兴国八年/983年	沙州归义军遣都领令狐愿德贡于宋。
雍熙元年/984年	二月廿一日，曹延禄自称太师令公敦煌王。
至道元年/995年	三月，曹延禄遣使入贡于宋，制加延禄特进检校太尉。 五月，曹延禄又遣使入贡方物于宋，乞赐生药、腊茶、供帐什物、弓箭、铙钹、佛经及赐僧圆通紫衣，宋朝从之。 十月，曹延禄遣使上表于宋，请以新译诸经降赐本道，宋朝从之。
咸平二年/999年	二月，沙州节度使曹延禄遣使贡美玉、良马。
咸平四年/1001年	正月十五日，宋朝进封曹延禄为谯郡王。
咸平五年/1002年	八月，权归义军兵马留后曹宗寿遣牙校阴会迁入贡，求降旌节。宋朝乃授曹宗寿金紫光禄大夫、检校太保、使持节沙州刺史兼御史大夫、归义军节度瓜沙等州观察处置押蕃落等使、谯郡开国侯、食邑一千户、赐竭诚奉化功臣，弟宗文(允)为检校尚书、左仆射、御史大夫、知瓜州军州事，子贤顺为检校兵部尚书、衙内都指挥使，妻汜氏封济北郡夫人。 曹宗寿率众围攻军府，延禄、延瑞自尽。宗寿权知归义军，差弟宗允权知瓜州。
景德元年/1004年	四月，曹宗寿遣使入宋，贡良玉名马。 五月廿四日，归义军节度使曹宗寿遣使入贡为沙州僧惠藏乞师号，又为龙兴、灵图二寺修像乞金十万箔，又乞铸钟匠及汉人之善藏珠者往授其术。宋诏赐惠藏师号，量给金箔，余不许。
景德三年/1006年	八月，沙州敦煌王曹宗寿遣使向辽进大食国马及美玉。辽以对衣银器等物赐之。

续表

纪 年	史 事
景德四年 /1007 年	五月,曹宗寿遣瓜、沙州节度上司孔目官阴会迁等三十五人诣宋阙贡玉团、玉印、乳香、硇砂、橐驼、名马。诏赐锦袍、金带、器币酬其值,敕谕所乞药物、金箔量赐之。闰五月,沙州僧正会请诣宋以延禄表乞赐金字经一藏。真宗诏益州写金银字经一藏赐之。
大中祥符七年 /1014 年	曹宗寿死,子贤顺自为归义军兵马留后,奉贡请命于宋。 四月,以贤顺为本军节度使,弟贤惠为检校刑部尚书知瓜州。归义军掌书记宋庆融为检校工部员外郎。 贤顺又上表求金字藏经、洎茶药、金箔。诏赐之。同月,曹贤顺遣使贡于辽,回赐衣币。
天禧三年 /1019 年	春正月,辽封沙州节度使曹贤顺为敦煌郡王。
天禧四年 /1020 年	七月,辽遣使赐沙州回鹘敦煌郡王曹贤顺衣物。 九月,沙州回鹘敦煌郡王曹贤顺遣使贡于辽。
天圣元年 /1023 年	闰九月, 归义军节度使曹贤顺遣使翟来著等贡宋乳香、硇砂、玉团。
天圣八年 /1030 年	十一月,沙州遣使贡宋玉、玉版、黑玉、玉鞦辔、真珠、乳香、硇砂、黄矾花蕊布、白褐马等。 十二月,定难军节度使西平王赵德明向宋献马七十匹求赐佛经一藏,仁宗许之。瓜州王以千骑降于西夏。
景祐三年 /1036 年	西夏占领沙州。

敦煌翟氏,来源复杂,有浔阳翟氏、上蔡翟氏,又有粟特翟氏,还有附会“浔阳”与“上蔡”郡望的陇西翟氏。据莫高窟第 98 窟主室东壁门北侧供养人像列南向第五身题记“故女第十一小娘子一心供□出适翟氏”[①]、主室北壁像列东向第一身题记 “故女第十四小娘子一心供养出适翟

①敦煌研究院:《敦煌莫高窟供养人题记》,北京:文物出版社,1986 年,第 32 页。

氏”[1],知曹议金有女嫁于敦煌翟氏,而翟氏亦有女适于曹氏,其中最为显赫的莫过于曹元忠夫人——“浔阳翟氏”。

关于浔阳翟氏的来历,唐天宝甲午年(754 年)翟氏造窟残碑(敦煌研究院藏)提供了重要线索,碑文如下:

1. ……郡司马、上柱国浔阳……碑记 嗣子……阳郡景从□

2. ……汉置敦煌郡,至今甲午八……钟而生未……府君……其门□矣。公讳直

3. ……常其……帝□之次子丹……其子曰濯,遂……其……者纳士于周

4. ……为天下……璜子魏以……山河,接绪五代……进为汉□相,封高陵侯,

5. ……进少子义,……莽篡位。义四代……康帝时□为散骑常侍、

6. ……子娇, 不仕。娇子法, 赐……帝以散骑常侍,后……帝崩迁。勍孙珍、济阴侯、

7. ……此郡大家也。珍生显,□议大夫、陇西郡……议郎、上柱国、玉门令、

8. ……军生我王父讳迁,□议郎、敦煌郡……议郎、上柱国、本郡博士。

9. ……子也,望重人伦,德高士族,经国之……犯边,将未敢敌,出□□

10. ……之,莫不朝推其能,帝俞其……公才高位卑,奏

---

①《敦煌莫高窟供养人题记》,第 33 页。

□伊

11．……孕质门，绝□经节，志弥……开曷之岁聿真，暮春

12．……之域，于□城东长河北附庄……禅□塔，兼于山南莫高先

13．人开凿……像形，□□□素严质，何图……四唐□；三载正月廿五

14．日卒……汉司空□，□代　皇朝……德，州菩□从尧彰，仁孝

15．……维亲……不永，春秋六十有……室，其载十二月卅日

16．□兆顺，食合……君理□督仓储出纳，陇

17．□判军务，每……乡……器物无鄙……

18．临池山阙，莫……载……即临池宿化，净

19．寂也。不谓中……将未……县□，奏以公之宅，立官

20．矣。是时　天归庆拜，盈……将于官东楹下，上为

21．皇帝，下及……牙……润，□白在躬，方夺其

22．……征……居敦……国南……之龟□，光赞千里，终始

23．如……宁塞……十……嗣……额□记镌诸佛、菩萨

24．……镂先亡……自干……贵，斯为美谈也。若

25．不……记石……婴弈叶兮簪鼎家，

26．其……承……岁兮无朽坏。①

---

①马德:《敦煌莫高窟史研究》,兰州:甘肃教育出版社,1996 年,第 85~87 页。

据唐天宝甲午年(754 年)翟氏造窟残碑及相关研究,在敦煌翟氏中,浔阳翟氏与上蔡翟氏“最初都以浔阳为家族郡望,后来随着家族的繁衍和发展,某支翟姓另择远祖翟方进的出生地‘上蔡’作为其房的郡望。敦煌始有浔阳翟氏和上蔡翟氏之区分。”[①] 翟氏曾居陇西[②],南北朝时期“从官流沙”而于敦煌形成翟氏支脉,并迅速成为当地望族,通过与张氏、曹氏、阴氏、马氏、慕容氏等世家大姓的姻亲脉络[③],进入敦煌统治阶层。据藏经洞遗书记载,翟姓族人曾大量入仕,且身居要职,见于记载的任职主要有使君(P.3721)、都指挥(P.4776v)、衙推(S.4700)、镇使(Дх.1451)、都渠泊使(P.2496)、水官(P.4003)、县令(P.3440)、都头(P.3721)、押衙(P.2667)、知马官(S.6452)、兵马使(P.3547)、衙官(P.4640)、押官(S.11287)、县尉(P.4640)、节度参谋(S.95)、都僧统(P.4660)等等(表 1–3),这些盘根错节的权力网络,构成了曹元忠夫人——浔阳翟氏强大的家族背景。

①陈菊霞:《敦煌翟氏郡望和族源新探》,《敦煌研究》2004 年第 2 期,第 66 页。

②陈菊霞认为敦煌翟氏最早族源是高车或丁零族,祖世定居陇西时,族属为乞伏部鲜卑或陇西鲜卑,参见陈菊霞:《敦煌翟氏郡望和族源新探》,《敦煌研究》2004 年第 2 期,第 66~71 页。

③陈菊霞:《敦煌翟氏与敦煌士族间的通婚》,《敦煌学辑刊》2007 年第 2 期,第 29~35 页。

表 1–3 翟氏仕宦表

姓名 / 职衔	史 料
翟使君	《己卯年十一月廿六日冬至目断官员》（P.3721） 《诸色斛斗破用历》（S.5039） 《甲午年（994）五月十五日阴家婢子小娘子荣亲客目》（S.4700、S.4121、S.4643） 《荣亲客目》（P.3942） 《诸杂人名一本》（S.1153） 《庚辰年（980 / 920）正月报恩寺寺主延会诸色斛斗入破历算会牒》（P.2821、北图新 1446（1）、（4）） 《报恩寺诸色斛斗入破历算会牒稿》（S.286） 《壬午年（982）净土寺常住库酒破历》（S.6452（3）） 《辛巳年（981）至壬午年（982）净土寺诸色破用历》（P.4909）
翟章定 / 都指挥	《摩诃般若波罗蜜经》（P.4776v（1））题记
翟都衙	《康员奴牒》（P.3501v（7）） 《后唐同光三年（925）正月沙州净土寺直岁保护手下诸色入破历算会牒》（P.2049v）
翟指挥	《辛酉至癸亥年入破历》（S.6981）
翟衙推	《甲午年（994）五月十五日阴家婢子小娘子荣亲客目》（S.4700、S.4121、S.4643） 《荣亲客目》（P.3942） 《丙申年（996）三月十六日见纳贺天子物色历》（P.3440） 《癸巳年十一月十二日张马步女师迁化纳赠历》（P.2916）
翟镇使	《癸酉至己卯年（973—979）曹赤胡等还便黄麻历》（Дx.1451）《沙州诸渠诸人瓜园籍》（P.3396v）
翟哈丹 / 副使	《宋淳化二年（991）十一月八日归义军节度使帖》（S.4453）
都渠泊使	《二月一日内亲从都头知二州八镇管内都渠泊使兼御史大夫翟某上宰相状》（P.2496）

续表

姓名 / 职衔	史　料
水官	《辛亥年十二月某寺直岁法胜所破油面等历》(S.1519(2)) 《壬午年(982)十二月十八日渠社转帖》(P.4003) 《癸巳年(993)十一月十二日张马步女师迁化纳赠历》(P.2916) 《甲午年(994)五月十五日阴家婢子小娘子荣亲客目》(S.4700、S.4121、S.4643) 《荣亲客目》(P.3942)
县令	《丙申年(996)三月十六日见纳贺天子物色历》(P.3440)
翟永吉 / 都头	《己卯年(979)十一月廿六日冬至目断官员》(P.3721)
翟保定、翟保兴、翟愿彦、翟长千 / 都头	《庚辰年(980)正月十五日夜见点人名籍》(P.3721)
翟都头	《□子年修造及诸处伐木油面粟等破历》(P.3875v)
翟集子 / 押衙	《梁幸德状》(P.2667)
翟元嗣 / 押衙	《己未年—辛酉年(899——901)归义衙内破用纸布历》(P.4640)
翟善友 / 押衙	《乾宁二年(895)三月安国寺道场司常秘等牒》(P.3167v)
翟弘庆 / 押衙	《归义军时期兵士装备簿》(S.1898)
翟集 / 都衙	《布破历》(Дx.01428)
知马官	《辛巳年(981)十二月十三日周僧正于常住库借贷油面物历》(S.6452(2))《壬午年(982)正月四日诸人于净土寺常住库借贷油面物历》(S.6452(4))
翟善住 / 兵马使	《唐乾符四年(877)上都进奏院上归义军节度使状》(P.3547)
翟再晟 / 衙官	《己未年—辛酉年(899—901)归义衙内破用纸布历》(P.4640)
翟洪悊 / 押官	《敦煌遗书》(S.11287)
翟承庆 / 县尉	《翟家碑》(P.4640)
翟奉达 / 押衙兼节度参谋	《显德三年(956)丙辰岁具注历日并序》(S.95)
翟法荣 / 都僧统	《前河西都僧统故翟和尚邈真赞》(P.4660)

曹元忠执政 30 余年间,浔阳翟氏从“浔阳郡夫人”荣升“凉国夫人”,太平兴国五年(980 年)四月,又诏封“秦国太夫人”,无疑是敦煌历史上最为著名的女性之一。相关材料显示,浔阳翟氏笃信佛教,在曹元忠参与的佛教活动中,均可见浔阳翟氏身影。对归义军曹氏历任节度使及其夫人而言,营造石窟无疑是最为重要的佛教活动,曹元忠于后晋天福九年(944 年)袭位后,与夫人浔阳翟氏营建莫高窟第 61 窟、第 55 窟,榆林窟第 19 窟、第 33 窟、第 36 窟;重修北大像,榆林窟第 25 窟、第 34 窟等等,尽管材料有限,但从乾德四年(966 年)重修北大像时,“凉国夫人翟氏自手造食,供备工人”① 来看,浔阳翟氏在曹元忠时代石窟的营造与重修活动中,扮演着极为重要的角色。

浔阳翟氏对二月八日逾城节、四月八日佛诞节、七月十五日盂兰盆节等佛教节日、法事活动也极为热衷,且“年年亲诣于法场,岁岁来临于讲畅”(《祈愿文》(P.2761)),“每侧席以专勤,乃听闻于妙法”(《斋文》(P.2985))。乾德四年(966 年),又“兼请僧俗数人,选简二十四个,□□□□大王龛内抄写《大佛名经》文,一十七寺之中,每寺各施一部,内擿一部,发遣西州所欠《佛名》。”(CH.00207)还“及姑姨姊妹娘子等造供养具疏。造五色锦绣经巾一条,杂彩幡额一条,银泥幡,施入法门寺,永充供养。”(S.3565(2))正如陈菊霞所指,浔阳翟氏“对佛教的热忱和参与佛事活动的表率作用,极大地推动了敦煌的佛教文化事业。她是继回鹘天公主之后又一位活跃在敦煌政治文化舞台上的杰出女性。她的特殊身份和卓越才华,使得翟氏在敦煌政治文化史上写下了值得骄傲的一笔。”②

曹元忠与浔阳翟氏出于虔诚的佛教信仰,营建石窟、写经祈福、雕印经像、设斋度僧、转经念诵、舍施供养,大兴崇佛盛举,受其引导与影响,

①马德:《敦煌莫高窟史研究》,兰州:甘肃教育出版社,1996 年,第 144 页。
②陈菊霞:《归义军节度使夫人翟氏生平事迹考》,《敦煌研究》2013 年第 2 期,第 91 页。

敦煌士庶群起效仿，四门结坛、上元燃灯、佛诞法会、盂兰盆节、中秋佛事以及个人功德之举等各种佛事活动此起彼伏。曹元忠与浔阳翟氏借其特殊身份对个人信仰的极致发挥，直接影响了五代宋初敦煌地区佛教文明的发展，"上既崇之，下弥企尚"[①]，无论是佛教的信仰主体，还是洞窟的视觉建构，抑或是图像的题材选择，均直接展现了曹元忠夫妇的宗教好尚与信仰归属，同时，也间接呈现出 10 世纪中后期瓜沙地区佛教信仰及其视觉形象发展的一般状况。

①[北齐]魏收:《魏书·释老志》(卷一百一十四)，北京:中华书局，1974 年，第 3042 页。

二、曹元忠与敦煌佛教：以藏经洞曹氏时期写本为中心

曹元忠嗣位后，沿续父兄奉佛传统，在天福九年(944 年)至开宝七年(974 年)的 30 余年间，经由曹元忠与夫人浔阳翟氏弘扬，敦煌地区佛教信仰日盛，相关佛教活动鳞次栉比，呈现一派复兴景象。曹元忠于敦煌佛教发展之推动，可归结为以下几个方面。

(一)参与佛事

据藏经洞五代写卷遗文，曹元忠在执事瓜沙时期，偕夫人浔阳翟氏频繁参与各种佛事活动。敦煌遗书《开宝七年(974 年)二月归义军节度使曹元忠施入回向疏》(S.5973)、《行像舍施发愿文》(P.2733)、《显德四年(957 年)九月梁国夫人浔阳翟氏结坛供僧舍施疏》(P.2982)、《斋文》(P.2985)、《启请文》(北图 7680)表明，无论是“四门结坛”的法事活动，还是“送弥勒于宝刹之内”[1] 的行像活动，抑或是“太子辞尘之

---

①《行像舍施发愿文》(P.2733)。

日”[1] 的佛事活动，甚至“禳灾却贼”的“于城四面安置白伞法事道场”[2]，曹元忠夫妇均亲临法会，“侧席以专勤，乃听闻于妙法”[3]。据莫高窟第469 窟北壁题记，曹元忠于广顺三年（953 年）八月十五日，于莫高窟设 2 000 人斋会[4]，“仲秋的佛事活动可由官府、也可由僧团主持举办，包括印沙脱佛、布施大会、白露道场或个人的功德之举”。[5] 曹元忠于中秋之日设此盛会，极大地展现出其狂热的宗教热情、虔诚的佛教信仰以及积极的佞佛之心。

（二）营窟造像

在敦煌，经营石窟已成历代执政者的传统，只要能力所及，他们势必倾尽所能，开窟造像。曹议金执政伊始，即在榆林窟、莫高窟大肆开窟造像。莫高窟第 98 窟是“在莫高窟真正属于曹议金的‘功德窟’”[6]，该窟甬道东西深 6.8 米，南北宽 3.7 米，主室东西深 15.2 米，南北宽 12.8 米，总面积约 220 平方米，规模宏伟，系莫高窟大窟之一。曹氏归义军此后历代继任者，无不以曹议金为楷模，竞相效仿（表 1–4）。曹元德与曹元深虽热衷佛事，但由于统治短暂，其任内石窟经营未有明显拓展，真正将归义军曹氏营窟活动推向历史高峰的是其第四任节度使——曹元忠。

---

①《斋文》（P.2985）。
②《使榜》（P.2598V）。
③《斋文》（P.2985）。
④敦煌研究院：《敦煌莫高窟供养人题记》，北京：文物出版社，1986 年，第 178 页。
⑤谭蝉雪：《敦煌岁时文化导论》，台北：新文丰出版公司，1998 年，第 287 页。
⑥《敦煌研究文集》，第 224 页。

表 1–4 归义军曹氏营窟遗构

曹议金 /914—935 年	新建:98 窟; 重修:36 窟、84 窟、166 窟、329 窟、387 窟、220 窟
曹元德 /935—939 年	新建:100 窟;重修:244 窟
曹元深 /939—944 年	新建:22 窟;重修:205 窟
曹元忠 /944—974 年	新建:25 窟、55 窟、61 窟;扩建:53 窟;重修:96 窟
曹延恭 /974—976 年	新建:454 窟;重修:444 窟
曹延禄 /976—1002 年	新建:449 窟;重修:311 窟、342 窟、431 窟
曹宗寿 /1002—1014 年	重修:130 窟、256 窟

曹元忠与夫人浔阳翟氏极为热衷修造佛窟,营建与重修文殊堂(莫高窟第 61 窟)、第 55 窟、第 25 窟、第 53 窟、第 96 窟以及榆林窟第 19 窟、第 25 窟、第 33 窟、第 34 窟、第 36 窟等。文殊堂系曹元忠与夫人浔阳翟氏出资营建的功德窟,该窟规模宏大、图绘壮丽,冠绝敦煌石窟,展现了曹元忠与浔阳翟氏的佞佛之心。第 96 窟初建于唐武则天延载二年(695 年),乾德四年(966 年)五月九日,曹元忠与浔阳翟氏“届此仙岩”、“见斯颓毁”、“材木损折”,遂发愿重修,用工计 210 余人,其中,“一十二寺每寺僧十二人,木匠五十六人,泥匠十人”,规模庞大。藏经洞《乾德四年归义军节度使曹元忠夫妇修功德记》(ch00207)对此有详细记载:

大宋乾德四年岁次丙寅五月九日//敕归义军节度使特进检校太师兼中书令托西大王曹//元忠与□敕受凉国夫人浔阳翟氏,因为斋月,届此//仙岩,避炎天宰煞之恶因,趣幽静贞祥之善处。莫不洗//心忏涤,心池之慧水澄清;练意虔恭,意地之道芽郁//茂。拨烦喧于一月,系想念于千尊。龛龛而每爇银灯,//光明彻于空界;窟窟而常焚宝馥,香气遍于天衢。夜奏//箫韶，乐音与法音竞韵；昼鸣铃钹，幽暗之罪类停//痠。兼请僧俗数人，选筒二十四个，□□□大王窟内抄写大//佛名经文，一十七寺之中每寺各施一部，内摘一部，发遣西州所欠佛名。//誓愿写毕，善事既乐，转增贪向之心，恶业渐除，不暇修崇//之志。遂睹北大像弥勒，建立年深，下接两层，材木损折，//大王、夫人见斯颓毁，便乃虔告焚香，诱谕都僧统大师，兼及僧俗、//官吏，心意一决，更无二三，不经旬时，缔构已毕。梁栋则谷中采取，总//是早岁枯干；椽杆乃从城斫来，并仗信心檀越。工人供备，//实是丰盈，饭似积山，酒如江海。可谓时平道泰，俗富人安，//尽因□明主以陶熔，皆由□仁君而造化。不唯此际功德，如//今福田，遍谷而施力施勤，处处而舍财舍宝，将斯胜善，资//益群生。伏愿世界清平，人民乐业，道途开泰，一方无烽烟之害，//路迳通流，七部有稣舒之喜，大王禄位，年齐龟鹤之年，//福祚常隆，岁等赤松之岁，夫人仙颜转茂，芝宫之宠//爵日新，玉貌恒荣，兰掖之荫庥益厚。次愿城隍晏谧，兵甲//休行，无闻刀斗之声，永罢鼓鼙之响，春蚕善熟，夏//麦丰登，东皋广积于千箱，南亩倍收于万斛，社稷康泰，疠疾蠲除，贤圣加威，龙神呵护。然后空飞陆走之类，一切带性//之徒，赖此胜因，俱成佛果。故题耳纪。凉国夫人翟氏自//手造食，供备工人。其月廿一、廿二两日换柱，材木损折较多，不堪//安置。至廿三日下手拆。大王、夫人于南谷住。至廿四日拆了，夜//间□大王、夫人从南谷回来。至廿五日便缚绷阁、上材木、缔构，//至六月二日功毕，四日入城。助修勾当，应管内外都僧统辩证大师紫//赐钢惠、释门僧政愿启、释门僧政信力、都头知子弟虞侯李幸恩，一十二寺//每寺僧十二人，木匠五十六人,泥匠十人。其工匠官家供备食饭,师僧三日供食,已后当寺供给。①

作为中古瓜沙佛教信众之一员,曹元忠与浔阳翟氏藉其特殊身份将个人信仰作了近于极致的发扬,无论是以文殊堂为代表的新建洞窟,还是以第96窟为代表的重修洞窟,均直接展现了曹元忠夫妇的宗教好尚与信仰归属,同时也间接呈现出十世纪中后期瓜沙地区佛教信仰及其视觉形象发展的一般状况。

(三)雕印经像

佛经书写在敦煌有着久远的历史,公元四世纪中后期莫高窟营建伊始即有抄写,北魏中后期,受弥漫朝野的佞佛之风影响,以洛地为中心的佛经书写蔚然成风,东阳王元荣于北魏末年赴任瓜州刺史后,这一风气随之及于敦煌,元荣"于永安三年迄永熙二年(530—533年)之间"② 发愿书写大量佛经,藏经洞《大智度论卷七十》(守屋ェレクショソ藏)记元荣于普泰二年(532年)三月二十五日敬造《无量寿经》一百部③,《仁王般若

①[日]松本荣一:《敦煌画の研究》(图像编),京都:法藏馆,1937年,图版224。马德:《敦煌莫高窟史研究》,兰州:甘肃教育出版社,1996年,第143~144页。

②宿白:《中国石窟寺研究》,北京:文物出版社,1996年,第249页。

③该经题记:"敬造无量寿经一百部,四十部为毗沙门天王,三十部为帝释天王,三十部为梵天王;造摩诃衍一部,一百卷,四十卷为毗沙门天王,三十卷为帝释天王,三十卷为梵天王;内律一部,五十卷,一分为毗沙门天王,一分为帝释天王,一分为梵天王;造贤愚一部,为毗沙门天王;观佛三昧一部,为帝释天王;大云一部,为梵天王。"见陈祚龙:《中华佛教文化史散策初集》,台北:新文丰出版股份有限公司,1978年,第91页。

经卷上》(守屋エレクショソ藏)题识记其敬造《仁王般若经》三百部[①],法国国家图书馆藏《大智度论》(P.2143)题识记其敬造《无量寿经》一百部[②],英国国家图书馆藏《大般涅槃经卷三十一》写卷(S.4415)题识记其敬造《涅槃》、《法华》、《大云》、《贤愚》、《观佛三昧》、《□持金光明》、《维摩》、《药师》各一部[③]。元荣广写佛经,既奠立了此后敦煌地区佛经抄写的基础,同时也开创了瓜沙统治者发愿写经的传统。

隋唐时代更发展出设有书手、装潢手、校书手、证文者、正字者、证义者、监阅者等建制完善规范的"经坊",继而为归义军曹氏所继承,曹议金即于后梁贞明六年(920年)"敬写《大佛名经》贰佰捌拾捌卷"[④]。曹元忠时代,佛经书写更为广泛,宋乾德四年(966年)五月,曹元忠"兼请僧俗

①该经题记:"大代永安三年岁次庚戌七月甲戌朔二十三日丙申,佛弟子使持节散骑常侍都督岭西诸军事车骑大将军瓜州刺史东阳王元荣,生在末劫,无常难保,百年之期,一报极果,窃闻诸菩萨天人圣智,立誓余化,自有成告,有能禀圣化者,所愿皆得,天人将护,覆卫其人,令无衰□,所求称愿,弟子自惟福薄,屡婴重患,恐贻灰粉之殃,天算难诣,既居秽类,将何以自救,惟庶心天人,仰凭诸佛,敬造仁王般若经三百部,一百部仰为梵天王、一百部仰为帝释天王、一百部仰为毗沙门天王等,以此经力之故,速早成佛,救护弟子,延年寿命,上等菩萨,下齐彭祖,若天王誓不虚发,并前所立,愿弟子晏望延年之寿,事同前愿,如无所念,愿生离苦也。"(《中华佛教文化史散策初集》,第88~89页)。

②该经题记:"大代普泰二年岁次壬子三月乙丑朔二十五日己丑,弟子使持节散骑常侍都督岭西诸军事车骑大将军开府仪同三司瓜州刺史东阳王元荣,惟天地妖荒,王路否塞,君臣失礼,于兹多载,天子中兴,是得遣息叔和,诣阙修受,弟子年老疹患,冀望叔和,早得回还,敬造无量寿经一百部,四十部为毗沙门天王、三十部为帝释天王、三十部为梵天王,造摩诃衍一部一百卷,四十卷为毗沙门天王、三十卷为帝释天王、三十卷为梵天王,内律一部五十卷,一分为毗沙门天王、一分为帝释天王、一分为梵天王,大云一部,为梵天王,愿天王等早成佛道,又愿元祚无穷,帝嗣不绝,四方符化,恶贼退散,国丰民安,善愿从心,含生有识之类,咸同斯愿。"(《敦煌遗书总目索引新编》,第225页)。

③该经题记:"大代大魏永熙二年七月十五日,清信士使持节散骑常侍开府仪同三司都督岭西诸军事车骑大将军瓜州刺史东阳王元太荣,敬造涅槃、法华、大云、贤愚、观佛三昧、□持金光明、维摩、药师各一部,合一百卷,仰为毗沙门天王,愿弟子所患永除,四体休宁,所愿如是。"(《敦煌遗书总目索引新编》,第137页)。

④《佛名经》卷十三(P.2312)。

数人,选简二十四个,□□□大王窟内抄写《大佛名经》文,一十七寺之中每寺各施一部,内擿一部,发遣西州所欠佛名。”[①] 由于雕版印刷的兴起与发展,曹元忠还在继承前代佛经抄写传统基础上,雕印《金刚般若波罗蜜经》(P.4515)等佛经“普施受持”,并刊刻毗沙门天王、文殊菩萨、阿弥陀、地藏菩萨、观音菩萨等独幅佛教版画。藏经洞后晋开运四年(947 年)《大圣毗沙门天王像》(翟 8093)即为“归义军节度使检校太傅曹元忠造”版画之一种,该画上方中部绘毗沙门天王凛然站立,左侧为其侍卒,右侧为一女性供养人,下方刻印“北方大圣毗沙门天王主领天下,一切杂□鬼神,若能发意求□,恙得称心,虔敬之德,尽获福祐。弟子归义军节度使特进检校太傅谯郡曹元忠请匠人雕此印板。惟□国泰人安,社稷恒昌,道路和平,普天安乐。于时大晋开运四季丁未岁七月十五日纪。”[②]《大慈大悲救苦观世音菩萨》(翟 8089)亦版刻于后晋开运四年(947 年)七月十五日,其上方描绘观世音身披帛带,左手擎香花,右手提净瓶,站于仰莲之上,下方题记:

> 弟子归义军节度瓜沙等州观察处置管内营田押蕃落等使特进检校太傅谯郡开国侯曹元忠雕此印板,奉为城隍安泰,阖郡康宁,东西之道路开通,南北之□□□□,疠疾消散,刀斗藏音,随喜见闻,俱霑福祐,于时大晋开运四年丁未岁七月十五日纪。匠人雷延美。[③]

“匠人雷延美”为曹元忠时代刻工,是现知敦煌“最早留存姓名于实

①金荣华:《敦煌写卷拾遗》,《大陆杂志》1983 年第 66 卷第 1 期,第 10 页。
②宿白:《唐宋时期的雕版印刷》,北京:文物出版社,1999 年,第 129 页。
③《唐宋时期的雕版印刷》,第 128 页。

物中的刻印工匠。”[①]曾官至归义军节度押衙，专司雕印。曹元忠刊刻于天福十五年(950 年)的《金刚般若波罗蜜经》(P.4515)亦为雷延美雕版。

(四)舍施供养

归义军曹氏佞佛不遗余力，舍施供养与营窟造像、雕印经像俱为其建功立德的主要方式。曹议金时期，曾大量舍施衣服、麦粟、匹物等，后唐长兴五年(934 年)正月二十三，曹议金以“布四疋，碟緤疋，施入大众，緤一疋充法事”[②]。曹元德于清泰三年(936 年)正月二十一日“请大众转经五日，一十一寺每寺施麦叁硕，油伍升，充转经僧斋。緤壹疋充法事。”[③]曹元忠与浔阳翟氏更是“乐善好施”，曹元忠曾开龙兴寺、灵图寺大藏经一遍，并施“红锦壹疋，新造经帙贰拾个充龙兴寺经儭。楼机绫壹疋，经帙拾个充灵图寺经帙，生绢一疋，经帙拾伍个充三界寺经。马壹疋充前僧儭。”[④] 开宝七年(974 年)二月与五月又相继舍施[⑤]。浔阳翟氏在舍施供养方面似更过之，据英藏《曹元忠浔阳郡夫人等造供养具疏》(S.3565)，浔阳翟氏在“勑授凉国夫人”之前，与姑姨姊妹娘子等“造五色锦绣经巾一条、杂彩幡额一条、银泥幡，施入法门寺，永充供养。”[⑥] 显德四年(957 年)九月，浔阳翟氏“结坛三日，供僧壹七人，施小绫子壹疋，充经儭，土布叁疋半充见前僧，羊皮两张充坛主，纸壹帖充法事”。[⑦] 乾德二年(964 年)又以“五色绣经巾施入窟内”[⑧]，如此等等，不胜枚举。此外，曹元忠还

---

①季羡林:《敦煌学大辞典》，上海:上海古籍出版社，1998 年，第 362 页。

②《后唐长兴四至五年曹议金回向疏》(P.2704)。

③《归义军节度留后使曹元德转经施舍回向疏》。

④S.3565(1)。

⑤S.5973。

⑥《英藏敦煌文献》(第五卷)，第 126 页。

⑦P.2982。

⑧S.2687。

礼待僧侣,“对于西行以及回来的赴印度求法的佛教僧侣,都给予特别的关照”[①],法宗、道圆、继从、法坚以及来自印度的西天大师等均获其嘉惠。

在归义军曹氏统治敦煌的120余年间,曹元忠执事瓜沙时间最长,“是曹氏政权的鼎盛期”[②]。在天福九年(944年)至开宝七年(974年)的30余年间[③],曹元忠设立军镇、编制户籍、还授土地、友结外邦,极大地缓解了民族冲突,调和了社会矛盾,稳定了政治局势,促进了物质生产,为十世纪中后期敦煌社会文明的进步、文化思想的发展以及宗教文明的拓延创造了前提,曹元忠时代佛教文明与视觉文化的发展演进正是建立在这一基础之上。曹元忠与夫人浔阳翟氏出于狂热的宗教热情与虔诚的佛教信仰,营建石窟、写经祈福、雕印经像、设斋度僧、转经念诵、舍施供养,大兴崇佛盛举,受其引导与影响,敦煌士庶群起效仿,四门结坛、上元燃灯、佛诞法会、盂兰盆节、中秋佛事以及个人功德之举等各种佛事活动此起彼伏,佞佛气氛极为浓郁。曹元忠与浔阳翟氏藉其特殊身份对个人信仰的极致发扬,直接影响并引导了五代宋初敦煌地区佛教文明的发展演进,“上既崇之,下弥企尚”,无论是佛教的信仰主体,还是洞窟的视觉建构,抑或是图像的题材选择,均直接展现了曹元忠夫妇的宗教好尚与信仰归属,同时也间接呈现出十世纪中后期瓜沙地区佛教信仰及其视觉形象发展的一般状况。

---

①荣新江:《敦煌历史上的曹元忠时代》,《敦煌研究》2006年第6期,第95页。

②《敦煌研究文集》,第250页。

③苏莹辉认为曹元忠之卒,“当在宋太祖开宝三年(970年)以后,八年以前”,见陈国灿,陆庆夫:《中国敦煌学百年文库》(历史卷一),兰州:甘肃文化出版社,1999年,第110页。

第二章

文殊堂窟前殿堂遗址、洞窟结构及壁画遗存

一、殿堂遗址

（一）上层殿堂

上层殿堂遗址现存台基与殿基遗迹，保存相对完整。

台基南北长 11.6 米、东西长 9.8 米、基身高 0.35 米，系于下层铺砖面上修筑而起，内填 25 厘米厚的碎岩石，上为厚约 10 厘米的硬土面，“台基东侧中部正对殿堂门修两级踏步的台阶。第一级踏步由两层花砖砌成，宽 2.45、深 0.32、高 0.14 米。第二级踏步宽达 5 米、深 0.39、高 0.15 米，为夯筑硬土面，未铺砖”[①]。

殿基平面呈长方形，东西深 8.1—8.3 米、南北宽 12 米，南北面阔三间，东西进深三间，殿堂中央偏西设一方形土台（1.5 米 × 1.5 米，高出地面 12 厘米），南北两侧筑山墙，东面当心间开门，两次间筑檐墙和边门。地面由 25—35 厘米厚的沙石与 6—12 厘米厚的硬土构成，未铺砖。

殿堂内有四个石质柱础（1、2 号柱础石利用残磨盘石，4 号为复莲柱

①潘玉闪，马世长：《莫高窟窟前殿堂遗址》，北京：文物出版社，1985 年，第 34 页。

础),位于殿堂西南、西北、东南、东北部,柱础上均有木柱灰残迹,灰痕直径 36 厘米。当心间内柱间距较大,两对柱础间距达 5.55 米,距离殿堂东、西壁仅 1.35—1.45 米。

西壁壁面主要为凿平的崖壁,部分用土坯封堵隋代洞窟修筑而成,“里层在凿平的崖壁上,抹 4 厘米厚的泥皮层,泥皮由麦草、泥土、石灰合成,表面绘画,经火烧画已模糊不清。壁面外层与上层殿堂遗址同时,即在里层壁面上又抹 1 厘米厚的泥皮绘画”①。

南北山墙东西长各 8 米,南山墙残高 0.46—2 米、厚 1—1.25 米,北山墙残高 0.9—2 米、厚 1.04—1.25 米,接西壁一段约 1.2 米的岩墙系利用崖体凿出,向东部分则以夯土筑成。

南北接山墙东端夯筑檐墙,南檐墙长 1.9 米、厚 0.67—0.75 米、残高 0.33—0.75 米,北段檐墙长 2 米、厚 0.6—0.68 米、残高 1.38—1.45 米,“当心间开门,中央置门槛、门砧。门槛经火烧变成木炭,遗存有宽 0.07、长 2.05 米的横纹木炭遗迹。两端门砧宽各 0.2 米。门槛、门砧下铺有一层花砖。门槛两端各有一石质檐柱础(竖纹木炭)一段,直径 0.2 米”②。

(二)下层殿堂

下层殿堂平面呈长方形,坐西向东,南北面阔 12.15 米,东西进深 8.35 米,残存殿堂南、北两侧山墙墙基和台基、台阶。

台基南北长 18.8 米、东西长 11.9—12.2 米、高 0.72 米,“周围立面包砖,上下出沿呈束腰形”,“上下沿之间为七层顺砌条砖,间有碎砖填空”,面上铺花砖。“南段台基向西转向 65 窟前,而北段台基一直向北延伸压在 55 窟窟前殿堂遗址台基的下沿之上,这说明 61 窟窟前下层殿堂遗址

---

①《莫高窟窟前殿堂遗址》,第 35 页。

②同上。

要晚于 55 窟窟前殿堂遗址"[①]。

台基东侧中部置四级踏步台阶，宽 2.35 米，深 1.8 米，"自下而上，第一级踏步由两层砖砌成，下层铺花砖，上层为丁砌条砖，高 16 厘米。第二级踏步由三层花砖平铺砌成，高 22 厘米。第三级踏步由两层花砖砌成，高 14 厘米。第四级踏步只残存一层碎砖，残高 7 厘米"[②]。（图 2–1）

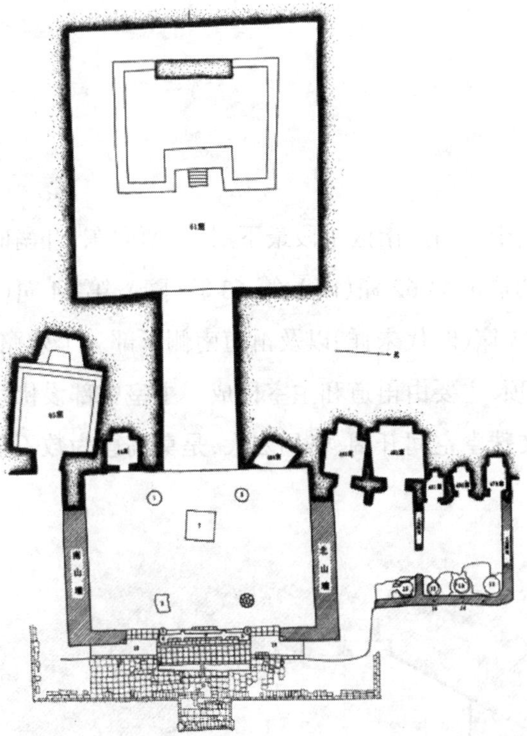

图 2–1　莫高窟第 61 窟及窟前殿堂遗址平面图

①《莫高窟窟前殿堂遗址》，第 32 页。

②《莫高窟窟前殿堂遗址》，第 34 页。

二、洞窟结构

文殊堂位于莫高窟南区中段最下层,坐西向东,开凿时,破坏了邻近的第 60 窟(初唐)、第 62 窟(隋)、第 63 窟(隋)、第 64 窟(隋)、第 484 窟(盛唐)、第 485 窟(时代未详)以及甬道南侧下部一个残窟。该窟平面呈甲字形,覆斗顶,主要由甬道和主室构成。主室中部设佛坛,坛上背屏与窟顶相连。文殊堂空间开阔,格局宏大,是莫高窟为数不多的大窟之一。(图 2–2)

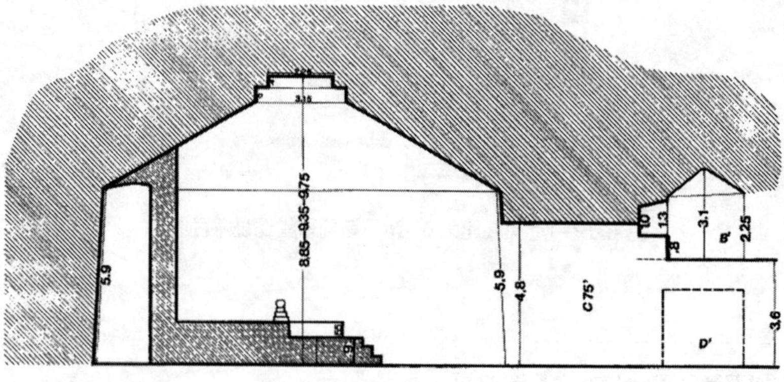

图 2–2 莫高窟第 61 窟剖面图

三、甬道

（一）顶部

甬道盝顶中央为后代重修时所绘六连环团花图案，南披与北披绘璎珞垂幔。

（二）南北壁

甬道南壁为炽盛光佛一铺（图 2–3），西端绘扫洒尼供养像一身。北壁绘助缘僧、诸星、天官、乐女等。

甬道南北两壁炽盛光佛图皆残，南壁残存部分高约 3.35 米，长约 7.1 米，北壁残存部分高约 3.27 米，长约 5.25 米，南壁保存稍好。《大正藏·佛说大威德金轮佛顶炽盛光如来消除一切灾难陀罗尼经》：

尔时释迦牟尼佛，住净居天宫，告文殊师利菩萨摩诃萨，及诸四众八部、游空大天九执、七曜、十二宫、二十八星、日月诸宿。我昔于过去娑罗树王佛所，受此大威德金轮佛顶炽盛光如

图2-3 炽盛光佛 莫高窟第61窟甬道南壁

来消除一切灾难陀罗尼法，于未来世中，若有国界，日月五星、罗睺、计都、慧孛、妖怪、恶星照临所属本命宫宿及诸星位，或临帝座，于国于家并分野处，陵逼之时，或进或入，作诸灾难者，应于靖净处，置立道场，志心持是陀罗尼经一百八遍，或一千八十遍。若一日、二日乃至七日，依法修治坛场受持读诵，一切灾难自然消灭，不能为害。①

唐不空译《佛说炽盛光大威德消灾吉祥陀罗尼经》亦谓“受持诵此陀罗尼者，能成就八万种吉祥事，能灭除八万种不吉祥事”，据画史记载，具有令“一切灾难皆消灭不能为害，变灾为福皆得吉祥”之宗教功能的炽盛光佛，在盛唐时即有描绘，《宣和画谱》记北宋御府藏画中，即有盛唐画家吴道子绘《炽盛光佛像》②。五代宋元时期，炽盛光如来信仰日趋流行，图绘亦随之渐兴。

①《大正藏》（卷十九），第337~338页。
②《宣和画谱》，岳仁译注，长沙：湖南美术出版社，1999年，第41页。

莫高窟文殊堂甬道南北壁炽盛光佛壁画应是中古炽盛光佛图像发展趋于完整的形式，描绘炽盛光佛趺坐车内，周围九曜星神，上部彩云之中绘二十八宿，并穿插黄道十二宫。“五代至宋，除中原而外，辽、金、西夏等王朝也都信仰炽盛光佛，消灾吉祥陀罗尼非常流行”①，尤其是西夏，不仅有《佛说炽盛光大威德调伏诸星宿消灾吉祥陀罗尼经》《佛说圣曜母陀罗尼经》《九曜供养典》《佛说大威德金轮佛顶炽盛光如来陀罗尼经》《圣星母中道法事供养典》等西夏文佛典，还有西夏仁宗乾祐十五年（1184 年）雕印的《佛说金轮佛顶大威德炽盛光佛如来陀罗尼经》汉文经典，更有涵盖卷轴画、壁画、版画的图像遗存。莫高窟文殊堂甬道南北壁壁画风格、图像组合、人物形象、敷色技巧，均具明显西夏作风，尤其是壁画供养人画像榜题用西夏文和汉文书写的做法，显现甬道壁画应为西夏遗迹。考察与炽盛光佛相关之佛教经典，文殊师利与炽盛光佛关系密切，而在“消除一切灾难”方面，两者更有相通之处。在炽盛光如来信仰流行的西夏王朝，于莫高窟文殊堂甬道图绘炽盛光佛，既可满足时人信仰之需求，又与该窟之文殊语境相融合，显然颇费思量。

甬道五代原绘壁画后为西夏重绘，已难觅其迹。从主室南壁东向第三身“施主勅授浔阳郡夫人翟氏一心供养”前方相继绘有“故□谯县夫人一心供养出适陈氏”、“□谯县夫人一心供养出适慕容氏”来看，尽管文殊堂主室皆绘女性供养人的做法与第 98 窟明显不同，但于供养人行列中描绘故世先人的做法仍有延续，从题记称其“谯县夫人”考量，两者均应为曹氏家族先辈，同时结合曹元忠与浔阳翟氏营造其他洞窟供养人画像的表现以及归义军曹氏供养人画像的图绘传统判断，甬道南壁西向第一身应为曹元忠供养像，而甬道北壁则应为故父曹议金、故兄曹元德、故兄曹元深画像。此外，从第 98 窟南壁东端有“故婆甘州□□郡君太夫人

---

①廖旸：《炽盛光佛再考》，《艺术史研究》2003 年第 5 辑，第 336 页。

□氏”、“故婆沙州诸军事夫人氾氏供养”判断,如果莫高窟文殊堂功德主仅为浔阳翟氏一人,那莫高窟文殊堂主室门南侧北向第四身供养人“故慈母敕授广平郡君太夫人宋氏一心供养”与东壁门北侧南向第九身供养人“故母钜鹿郡君夫人索氏一心供养”,则均应称为“故婆”,如此看来,甬道南壁原来确应绘有曹元忠供养像。相比莫高窟第98窟,文殊堂主室供养人画像皆为女性形象表明,这或许是一座专由归义军曹氏女性眷属祈福的殿堂。

四、中心佛坛

（一）佛坛遗迹

文殊堂主室中部为一泥砌马蹄形佛坛，分上下两层，周匝塑绘 73 个壸门，内绘伎乐。佛坛上原有塑像，据法国学者伯希和（Paul Pelliot）随行摄影师查尔斯·努埃特（Charles Nouette）所摄照片，佛坛造像在伯希和（Paul Pelliot）于 1908 年抵达敦煌之前已遭损毁，仅背屏上残存一狮尾以及其下堆叠而起的土台，应为狮身内部支撑物，现则“仅存文殊坐骑的一前蹄和背屏上残留的狮子尾巴”[①]。

宿白先生于 20 世纪 60 年代考察莫高窟时，注意到该窟中心佛坛遗迹，其于《敦煌莫高窟密教遗迹札记》著录中心佛坛：

> 下层前、左、右沿上现尚存有栏杆孔。上层外围存栏杆孔一

①赵声良：《敦煌石窟艺术·莫高窟第六一窟（五代）》，南京：江苏美术出版社，1995 年，第 10 页。

匝,其内中部偏后设长方形低台,台上存狮足迹四,与背屏上残存之狮尾相应,知坛上主像是骑狮文殊。狮足迹两侧各有两圆形座痕,原当立有菩萨四身。狮足迹两侧和前方各有二较小座痕:前两痕当是供养菩萨座迹;后二痕左者当是于阗国王像迹,右者为驭狮者迹。上层坛上两侧的前方,各有两像痕,原当立有四天王。①

另有研究推测,“在这些群像中,至少有文殊三尊之于阗国王与善财童子,与曹元忠时‘新样文殊’版画相一致。如果坛上有文殊五尊像,那么就与该画稿 P.4049 有极为密切之关系, 二者极有可能就是相互影响的同时代作品。”②

莫高窟文殊堂佛坛背屏狮尾遗存明显可见其为垂直形状,与下方狮臀残迹呈贯穿之势,如果其“与曹元忠时‘新样文殊’版画相一致”③,则很难与“新样文殊”中狮子斜右站立,回首望左之姿态相契合,而佛坛上紧贴背屏底部狮子站立之土台,又极为窄狭,更难以塑造身躯呈横向展开的狮身。考察背屏残存画迹以狮尾为中线的对称格局以及佛坛塑像遗痕的对称布局,笔者以为,莫高窟文殊堂中心佛坛文殊铺像应是与榆林窟第 13 窟主室西壁门南《文殊变》近似的组合形式,文殊与坐狮均应为面向正前方的形象。

20 世纪 60 年代,宿白先生在考察莫高窟文殊堂佛坛时,注意到狮子小台上的四个蹄痕,这四个蹄痕交错分布,呈前进之态,是以坐狮站姿

①宿白:《中国石窟寺研究》,北京:文物出版社,1996 年,第 293~295 页。

②沙武田:《敦煌 P.4049“新样文殊”画稿及相关问题研究》,《敦煌研究》2005 年第 3 期,第 31 页。

③沙武田:《敦煌 P.4049“新样文殊”画稿及相关问题研究》,《敦煌研究》2005 年第 3 期,第 31 页。

并非如榆林窟第13窟主室西壁门南《文殊变》坐狮之正立之状，而呈面向正前方的行进姿态。至于其他造像，宿白先生认为另有菩萨四身、两供养菩萨、于阗国王、驭狮者以及四天王，在敦煌石窟三种骑狮文殊样式中，胁侍菩萨、于阗国王、善财童子、昆仑奴等均有出现，唯天王形象极为少见。依据佛坛造像遗痕，同时结合骑狮文殊发展之历史线索，我们可以得到两种组合形式：其一，骑狮文殊像左右两侧为八胁侍菩萨，坐狮前部左右为童子和昆仑奴，正前方为二供养菩萨；其二，骑狮文殊像左右两侧为八胁侍菩萨，坐狮前部左右为善财童子和于阗王，正前方为二供养菩萨。由于佛坛造像已佚，无论我们倾向哪一种组合，都不免臆断之嫌，但从归义军曹氏时期于阗与敦煌的密切往还来看，第二种组合形式显然更加符合当时的历史语境。

（二）背屏壁画

佛坛后立直通窟顶的背屏，其正面绘菩提宝盖、菩萨、天王、力士。背面绘刘萨诃瑞像。南侧面绘如意轮观音，北侧面绘不空绢索观音。①

①敦煌研究院：《敦煌石窟内容总录》，北京：文物出版社，1996年，第27页。

五、主室壁画

文殊堂主室为覆斗顶殿堂窟,空间宏大,格局开阔,四壁及窟顶满绘壁画(表 2-1)。

表 2-1 莫高窟文殊堂主室壁画遗存

背屏	正面绘菩提宝盖、菩萨、天王、力士。背面绘立佛。南侧面绘如意轮观音,北侧面绘不空绢索观音。
西壁	五台山图。下绘佛传屏风十五扇,南起第一扇《击鼓报喜》、《九龙灌浴》,第二扇《阿私陀仙占相》,第三扇《七日丧母》,第四扇《姨母养育》,第五扇《八岁就学》,第六扇与第七扇《向师忍天学艺》,第八扇《游观农务》,第九扇《树下思惟》、《造三时殿》,第十至第十二扇《角技议婚》。第十三扇《太子结婚》,第十四扇《后宫娱乐》,第十五扇《出游四门》、《决意出家》。
东壁	《维摩诘经变》。门上《佛国品》;门南文殊,下绘回鹘公主等女供养人八身;门北维摩诘,下宋绘比丘尼供养像三身及于阗公主等女供养人四身,五代绘女供养人四身。

续表

南壁	西起绘《楞伽经变》、《弥勒经变》、《阿弥陀经变》、《法华经变》及《报恩经变》各一铺。下东起绘曹氏家族女供养人十七身。佛传屏风九扇，东起《云童子求师》至《树下诞生》。
北壁	西起绘《密严经变》、《天请问经变》、《药师经变》、《华严经变》及《思益梵天经变》各一铺。下曹氏家族女供养人十六身。佛传屏风九扇，西起《夜半逾城》至《均分舍利》。
窟顶	藻井绘团龙鹦鹉井心，四披绘垂幔。四披上绘十方诸佛，下千佛。西披千佛下绘飞天六身、供养菩萨二身。南披千佛中央绘南无天鼓音佛一铺。北披千佛中央绘南无最胜音佛一铺。东披千佛中央绘南无东方不动佛一铺。顶东南角绘东方提头赖吒天王（残），西南角绘南方毗琉璃天王，西北角绘西方毗楼博叉天王，东北角绘北方毗沙门天王。

（一）南壁

南壁西起第一铺——《楞伽经变》。《楞伽经》全称《楞伽阿跋多罗宝经》，南朝宋求那跋陀罗初译，北魏菩提流支与唐实叉难陀相继重译。《楞伽经》为法相宗“六经”之一，又与《维摩诘经》、《圆觉经》并称禅门三经。莫高窟《楞伽经变》初现于中唐，至宋时仍有描绘。在莫高窟十一铺《楞伽经变》遗存中，莫高窟文殊堂《楞伽经变》堪称佳作。画面中部于大海之中描绘摩罗耶山，上为佛说法之楞迦城，摩罗耶山四周海中亦绘六个类似形状的山，展现《楞伽经·序品》所言“尔时世尊以神通力，于彼山中复更化作无量宝山”之幻化情景。中部摩罗耶山下部大海之中现出两个龙头，右侧描绘佛在龙宫说法，为《楞伽经·序品》：“尔时世尊于海龙王宫说法，过七日已，从大海出，有无量亿梵释、护世诸天龙等奉迎于佛”，左侧图绘“罗婆那王即以所乘妙花宫殿奉施于佛。佛坐其上，王及诸菩萨前后导从。无量彩女歌咏赞叹，供养于佛，往诣彼城”的景象。此外，画面中还错落分布 21 组《说法图》，表现“大慧请佛说诸因缘”。经变下部绘病人服药、制陶、照镜、杂技、屠宰、菩萨为兽说法、救鸽、打猎、僧人诵经、象陷深泥、毒蛇追人、母子、鸟立牛背、晒衣等图景,刻画生动,富于情趣。用形象的视觉语言展现了《楞伽经》“三界唯心”的抽象佛理。

南壁西起第二铺——《弥勒经变》(图2-4)。《弥勒经》初译于东汉,是最早出现的汉译佛典之一。东汉之后,又有西晋竺法护译《佛说弥勒下生经》、刘宋沮渠京声译《佛说观弥勒菩萨上生兜率天经》、后秦鸠摩罗什译《佛说弥勒下生成佛经》和《佛说弥勒大成佛经》、唐义净译《佛说弥勒下生成佛经》等多种译本。弥勒信仰初兴于十六国时期,北魏以后,渐趋盛行。十六国南北朝时期弥勒形象主要以造像为主,入隋以后,始以主尊形象出现于壁画之中,并成为此后莫高窟绵延甚久的图绘题材。作为敦煌最为著名的经变之一,《弥勒经变》系由《弥勒上生经变》和《弥勒下生经变》汇合而成,《弥勒上生经变》以《弥勒上生经》为佛典依据,描述弥勒降生、上生兜率天、为诸天说法诸事,早期《弥勒经变》以兜率天宫为图像主体,表现弥勒菩萨于天宫说法,菩萨、天女、飞天等散花供养。唐代以后,与《弥勒下生经变》结合,一般描绘在画幅上部。莫高窟文殊堂《弥勒经变》沿袭传统格局,在画面上部描绘楼阙宫阁,表现弥勒兜率天宫景象。下部则为《弥勒下生经变》,描绘有弥勒三会,拆毁宝幢,儴佉王、王

图2-4 《弥勒经变·兜率天宫》 莫高窟第61窟主室南壁 五代

妃、太子、大臣等剃度出家，一种七收等内容，刻画深入生动。

南壁西起第三铺——《阿弥陀经变》。《阿弥陀经变》系据后秦弘始四年（402 年）鸠摩罗什译《佛说阿弥陀经》绘制。《佛说阿弥陀经》亦称《小无量寿经》，为净土三部经之一，是净土宗所据重要经典。该经极力宣扬“无有众苦，但受诸乐”的阿弥陀西方极乐净土世界，信众极广，是中古最为流行的佛教经典之一。《阿弥陀经变》即据是经演绎而来，莫高窟壁画《阿弥陀经变》在唐至西夏时期图绘极盛，共遗存 73 铺，莫高窟文殊堂《阿弥陀经变》为晚期遗迹，基于唐代图式传统，样式规整而成熟。图像围绕佛陀说法展开，壁画中部为碧波荡漾的七宝池，池中楼阁殿宇巍峨壮丽，象征“无有众苦，但受诸乐”的西方极乐世界，阿弥陀坐于楼前平台之上，周围观世音、大势至等众菩萨，闻听佛法，并有乐舞相伴。画幅上部图绘不鼓自鸣的“天乐”，整幅壁画展现出歌舞升平、安静祥和、美轮美奂之极乐世界的美妙景象。

南壁西起第四铺——《法华经变》（图 2-5）。《妙法莲华经》亦名《妙法华经》《法华经》，与《无量义经》《观普贤经》并称“法华三部经”，系大乘佛教重要经典，同时亦为天台宗依据之主要佛典。该经于西晋经竺法护初译传入中土，十六国后秦时期，鸠摩罗什重译该经，初见流行。南北朝时期，法华信仰盛行一时，佛教壁画与寺院造像表现广泛。

图 2-5　《法华经变》　莫高窟第 61 窟主室南壁　五代

《法华经变》即从《妙法莲华经》演绎而来，据画史记载，隋代画家展子虔首开描绘《法华变》之先河，唐代以降，图绘极盛，是中古佛教绘画中最为流行的经变题材之一。

莫高窟《法华经变》遗存数例，在隋以来约 44 个洞窟中均有图绘。早期遗存内容疏略，盛唐以后，品次骤增，格局宏大，情节丰富，奠立莫高窟《法华经变》图像传统，归义军曹氏时期《法华经变》之开拓即以唐代传统为基础。莫高窟五代第 4 窟、第 6 窟、文殊堂、第 98 窟、第 108 窟、第 146 窟、第 261 窟遗存有《法华经变》，莫高窟文殊堂南壁《法华经变》内容完备，涉及《妙法莲华经》约二十品内容，整个画幅呈对称格局，画面中部为法会，上部为释迦多宝二佛，下部为《火宅喻品》，三者上下贯穿，形成中线。两侧描绘《从地踊出品》《提婆达多品》《见宝塔品》《方便品》《譬喻品》《信解品》《安乐行品》《化城喻品》《药草喻品》《随喜功德品》《妙音菩萨品》《劝持品》《陀罗尼品》《常不轻菩萨品》《药王菩萨本事品》《妙庄严王本事品》《如来寿量品》《观音普门品》等内容，各品均表现于山水之间，布局完善，画面丰富，刻画生动。

在《法华经变》所绘诸品中，《譬喻品》在视觉上尤为突出，该品位于画面下方中部，“画出一宽敞的大院，院内有一房间，内有三个小儿正在舞蹈作乐，庭院四面都已着火，院内还有野兽游荡，院外停放着分别由牛、羊、鹿拉的三辆车。”[①]《妙法莲华经》弘扬“三乘归一”，图中所绘三车，即象征声闻、缘觉、菩萨三乘，而七宝车则象征佛乘。画家用生动的视觉形象在析解《譬喻品》的同时，也点明《妙法莲华经》之宗教主旨以及《法华经变》之图像主题。

南壁西起第五铺——《报恩经变》。《大方便佛报恩经》是《报恩经变》

---

①赵声良：《敦煌石窟艺术·莫高窟第六一窟（五代）》，南京：江苏美术出版社，1995 年，第 15 页。

所据佛典，该经在唐五代时期影响广泛，以该经为表现主题的《报恩经变》亦随之流行。莫高窟《报恩经变》初见于盛唐，五代、宋续有表现，尤以晚唐五代图绘最盛。莫高窟文殊堂《报恩经变》包括《序品》《孝养品》《恶友品》《论议品》《亲近品》等，图像完备。其格局沿袭唐代图式传统，画面以《序品》为中心展开，描述释迦为世人说《报恩经》之缘起，壁画中部图绘释迦牟尼于殿中说法，周围声闻、菩萨、众神及四方诸佛等听法。画幅左上方图绘《亲近品》，表现波罗奈国仙圣山中一深受佛理熏陶的金毛狮子为猎师害后被国王建塔供养的故事。右上角为《论议品》，表现鹿母夫人的传说。左下部描绘《恶友品》，即善友太子历尽艰险入海求摩尼宝珠救助波罗奈国，因其情节生动，富于想像，在北朝晚期敦煌壁画中出现之后，代有描绘。为表现这一动人故事，该品着墨明显。右下部为《孝养品》，即《须阇提太子本生故事》，共绘 12 个情节，详尽描绘须阇提太子在逃亡途中割肉奉亲的至孝之行。

五幅经变下方描绘一组女性供养人行列，共计 17 身，红绿地相间，东向第一身为绿地，高 55 厘米，宽 7 厘米，像旁榜书“故□谯县夫人一心供养出适陈氏”，第二身为红地，高 43 厘米，宽 6 厘米，像旁榜书“□谯县夫人一心供养出适慕容氏”，第三身在此像列中最为殊异，高 110 厘米，宽 6 厘米，据“施主勅授浔阳郡夫人翟氏一心供养”榜题，知为此窟功德主曹元忠夫人浔阳翟氏，浔阳翟氏之后，相继为姪女延隆（第四身）、延荫（第五身）、延在（第六身）、延应（第九身）、延友（第十身），外甥女长喜（第十一身）、长胜（第十二身），新妇阴氏（第十四身）、翟氏（第十五身）、邓氏（第十六身）、曹氏（第十七身）等，但身形偏小，均高约 38 厘米，宽约 5 厘米。

主室南壁东向依次描绘出适陈氏之“故□谯县夫人”、出适慕容氏之“□谯县夫人”、“施主勅授浔阳郡夫人翟氏”、“姪小娘子延隆”、“姪小娘子延荫”、“姪小娘子延在”、“姪小娘子□□”、“女小娘子延□□”、“姪小娘子延应”、“姪小娘子延友”、“外甥小娘子长喜”、“外甥小娘子长胜”、“新妇小娘子阴氏”、“新妇小娘子翟氏”、“新妇小娘子邓氏”、“外甥新妇小娘子曹氏”;北壁东向依次为“故姑谯县夫人”、出适□氏之“姑谯县夫人”、“故姨广平郡夫人”、“姨广平郡夫人”、“□勅授太原郡夫人阎氏”、“□小娘子索氏”、“嫂小娘子李氏”、“嫂小娘子索氏”、“外甥小娘子阴氏”、出适□氏之 “外甥小娘子任□”、“外甥小娘子任祐”、“外甥小娘子长应”、出适翟氏之“外甥小娘子长泰”;东壁门南侧北向依次为“故母北方大回鹘国圣天的子勅授秦国天公主陇西李氏”、“□甘州圣天可汗天公主”、“□大朝大于阗国大政大明天册全封至孝皇帝天皇后”、“故慈母勅授广平郡君太夫人宋氏”、出适翟氏之“故□谯县夫人”、出适阴氏之“故□谯县夫人”、出适邓氏之“□谯县夫人”、出适翟氏之“故□谯郡夫人”;东壁门北侧南向第一身供养人画像题记仅存“敕受”,南向第二身题记为“故□大□……沙门供养”,南向第三身为“故姨安国寺法律尼临坛大德沙门性真”,从第四身起,相继为“□甥甘州圣天可汗的子天公主”、“□甥甘州圣天可汗的子天公主”、“□甥甘州圣天可汗的子天公主”、“大朝大于阗国天册皇帝弟三女天公主李氏为新受太傅曹延禄姬”、“故伯母武威郡夫人阴氏”、“故母钜鹿郡君夫人索氏”、出适慕容氏之“故谯县夫人”、出适阎氏之“故姑谯县夫人”。

南壁下部曹氏家族 17 身女供养人之后,绘联屏佛传九扇,东起《云童子求师》至《树下诞生》。

(二)西壁

西壁为该窟正壁,上绘《五台山图》一铺,长约 13.4 米,高约 3.42 米,格局宏大,图像复杂,情节丰富,榜题详尽(表 2–2),为莫高窟《五台山图》仅见之鸿篇巨制。该图“详细描绘了从山西太原到河北镇州(河北正定县)方圆五百里地的山川形势,其中还画出大大小小的城郭、寺院、塔、

表 2–2　莫高窟文殊堂《五台山图》榜题

1	小贤兰若	2	封禅道者菴	3	河南道太原	4	□□□
5	太原白枧店	6	菩提之菴	7	降生之塔	8	光俨之塔
9	大清凉之寺	10	师子云中现	11	游台道人	12	南台之顶
13	圣灯化现	14	灵鸟现	15	□草兰若	16	师子云中现
17	灵应之寺	18	吉祥之菴	19	龙王池	20	严济院
21	文殊寺化身塔	22	雷雹云中现	23	罗汉一百五十现	24	云现罗汉百五十俱
25	菩萨千二百五十俱	26	菩萨一千二百五十云现	27	菩萨一千二百五十云俱	28	云化菩萨千二百五十会
29	大毒龙二百五十云	30	大金阁之寺	31	佛手云中现	32	道义兰若
33	青琉璃世思	34	通身光现	35	石佛兰若	36	化金桥现处
37	普贤之塔	38	兜率之菴	39	石岭关镇	40	送供天使
41	太原新店	42	太原三桥店	43	忻州定襄县	44	河东道山门西南
45	魏文帝箭孔山	46	莲花池塔	47	大王子之寺	48	弥勒之院
49	西台之顶	50	盃渡兰若	51	住塔道人	52	释迦之塔
53	广化之院	54	兜率之菴	55	青师子现	56	弘化之院
57	娑竭罗龙王现	58	普贤菩萨象驾神 □□ 云 中□会五台之□□赴□堂	59	金佛头云中现	60	大圣毗沙门天赴普贤会
61	南塔律寺	62	大贤之寺	63	华原观	64	龙宫兰若
65	应圣之院	66	骐驎云中现	67	圣佛足现	68	广化之院

续表

69	万圣之楼	70	佛陀波利罽宾从国来寻台峰遂见文殊菩萨化老人身路问其由	71	清风菴	72	大力金刚现
73	伏牛和尚庵	74	铁勒之寺	75	降龙兰若	76	无著和尚塔
77	资福和尚菴	78	明月池兰若	79	五台县西南大桥	80	五台县
81	千□□窟寺	82	赵四师庵	83	法华之庵	84	崇清之院
85	梵□山庵	86	万菩萨楼	87	新罗王塔	88	般若兰若
89	无量寿塔	90	取性道者菴	91	大建安之寺	92	大圣文殊真身殿
93	应化度塔	94	鹫峰之寺	95	大福圣之寺	96	大圣普贤真身
97	大圣文殊真身	98	楞伽之菴	99	金龙云中现	100	中台之顶
101	金龙云中现	102	游台之岭	103	林青之菴	104	吉祥庵
105	雪峰之寺	106	□□□	107	□守兰若	108	三世法界之寺
109	观音菩萨赴会	110	大圣文殊师利菩萨乘金色师子驾现祥云□□空虚谈数玄音响同龙吼	111	娑竭罗龙王现	112	大竹林之寺
113	降生兰若	114	东塔常住之院	115	金塔现	116	应理之寺
117	广明之圣寺	118	降龙和上之塔	119	仙山□□	120	降白法和尚院
121	贫女菴	122	送供道人	123	会应福寺	124	香容之院
125	解脱和尚庵	126	游台送供道人	127	咏白云法师院	128	那罗延窟
129	汉岭菴	130	释迦真身塔	131	河北道山门东南路	132	大佛光之寺

续表

133	邓隐安和尚塔	134	童子之菴	135	法照和尚菴	136	北台之顶现
137	白龙兰若	138	雷电现	139	三泉兰若	140	游台道人
141	毒龙堂	142	金五台之化现	143	毒龙二百五十降	144	化云菩萨一千二百五十
145	云□菩萨千二百五十	146	大华严之寺	147	天寿之寺	148	宝树兰若
149	五色光现	150	大夏岭	151	花严兰若	152	清凉□□□人瑞经论藏
153	弘化之寺	154	大法华之寺	155	佛陁波利见文殊化老人身问西国之梵	156	玉花之寺
157	白鹿泉兰若	158	阿育王瑞现塔	159	金色世界现	160	现□□□二百□□□□□
161	菩萨千二百五十现	162	阿罗汉一百二十五人俱	163	阿罗汉一百二十五人会	164	通光兰若
165	金界之寺	166	金刚窟	167	泥集僧殿	168	锁子骨和尚庵
169	金钟现	170	东台之顶	171	白鹤现	172	夫妻舍身殿
173	宝殿之寺	174	阿耨达池	175	俳佪兰若	176	白鹤现
177	顺圣之殿	178	功德天女现	179	兴教之塔	180	中天之阁
181	镇州城西大悲阁	182	□□□□	183	河北道镇州	184	新荣之店
185	新罗送供使	186	湖南送供使	187	柳泉店	188	龙泉店
189	高丽王使	190	灵口之店	191	石觜关镇	192	永昌之县
193	石觜关门	194	被磨俨院	195	青阳之岭		

草庵建筑共一百多处,其间又有高僧说法,信徒巡礼,著名史迹,以及各种灵异现象等等。"[①] 从具体形象之描绘观察,壁画上部主要表现云中显现与神变异象,据壁画榜题,自南向北主要见有"雷雹云中现"、"罗汉一百五十现"、"云现罗汉百五十俱"、"菩萨千二百五十俱"、"菩萨一千二百五十云现"、"菩萨一千二百五十云俱"、"云化菩萨千二百五十会"、"大毒龙二百五十云"、"佛手云中现"、"娑竭罗龙王现"、"普贤菩萨象驾神□□云中□会五台之□□赴□堂"、"金佛头云中现"、"大圣毗沙门天赴普贤会"、"骐驎云中现"、"金龙云中现"、"观音菩萨赴会"、"大圣文殊师利菩萨乘金色师子驾现祥云□□空虚谈数玄音响同龙吼"、"娑竭罗龙王现"、"化云菩萨一千二百五十"、"菩萨千二百五十现"、"阿罗汉一百二十五人俱"以及"阿罗汉一百二十五人会"等。

中部主要表现五台山之五座台,自南向北依次为南台、西台、中台、北台、东台,南台之上见有"师子云中现"、"游台道人"、"南台之顶"、"圣灯化现"、"灵鸟现"、"□草兰若"、"师子云中现"、"吉祥之菴"、"龙王池"以及"严济院";西台之上见有"西台之顶"、"盃渡兰若"、"住塔道人"、"释迦之塔"、"广化之院"、"兜率之菴"、"青师子现"、"弘化之院" 以及"清风菴"; 中台见有 "中台之顶"、"金龙云中现"、"游台之岭"、"林青之菴"、"吉祥庵"、"雪峰之寺"、"龙宫兰若"、"应圣之院"、"骐驎云中现" 以及"楞伽之菴";北台见有"北台之顶现"、"法照和尚菴"、"白龙兰若"、"雷电现"、"三泉兰若"、"游台道人"、"毒龙堂"、"童子之菴"、"降龙和上之塔"、"五色光现"、"大夏岭"以及"花严兰若";东台见有"东台之顶"、"白鹤现"、"夫妻舍身殿"、"宝殿之寺"、"阿耨达池"、"俳佪兰若"、"功德天女现"、"锁子骨和尚庵"以及"金钟现"。南台至东台之间描绘"大清凉之

---

①赵声良:《敦煌石窟艺术·莫高窟第六一窟(五代)》,南京:江苏美术出版社,1995 年,第15 页。

寺”、“大金阁之寺”、“大王子之寺”、“大贤之寺”、“大建安之寺”、“大福圣之寺”、“大竹林之寺”、“大佛光之寺”、“大华严之寺”、“大法华之寺”十所大寺。间绘“石佛兰若”、“青琉璃世思”、“道义兰若”、“普贤之塔”、“兜率之菴”、“弥勒之院”、“铁勒之寺”、“万圣之楼”、“大力金刚现”、“广化之院”、“应化度塔”、“鹫峰之寺”等。

图 2–6　“河东道山门西南”《五台山图》(局部)
莫高窟第 61 窟西壁

下部在连绵山峦之间，自南向北绘“河南道太原”、“太原白视店”、“石岭关镇”、“太原新店”、“太原三桥店”、“忻州定襄县”、“河东道山门西南”(图 2–6)、“魏文帝箭孔山”、“五台县西南大桥”、“五台县”、“河北道山门东南路”、“河北道镇州”、“石觜关镇”、“永昌之县”(图 2–7)、“石觜关门”、“青阳之岭”等从山西太原到河北镇州的城郭关隘，其间穿插描绘“送供天使”、“普贤之塔”、“降龙兰若”、“铁勒之寺”、“伏牛和尚庵”、“明月池兰若”、“千□□窟寺”、“赵四师庵”、“法华之庵”、“崇清之院”、“梵□山庵”、“降白法和尚院”、“贫女菴”、“送供道人”、“解脱和尚庵”、“游台送供道人”、“咏白云法师院”、“那罗延窟”、“汉岭菴”、“新罗送供使”、“湖南送供使”、“柳泉店”、“龙泉店”、“高丽王使”等名胜史迹、草庵店舍、商贾行旅、信徒巡礼、送贡使等等。

上中下三部分内容虽互有交错，但格局明晰。正如宿白先生所言，莫

图 2-7 “永昌之县”《五台山图》(局部)
莫高窟第 61 窟西壁

高窟文殊堂主室西壁《五台山图》“可以说是一幅山水人物画，也可以说是一张百卉图，其间更布满了大小寺院(楼阁界画)、传说故事，以及高僧说法、信徒巡礼等图像，而图的下方又是从太原经五台到镇州的鸟瞰图。所以它不仅给五台山历史补充了好多空白，并且又给我国建筑史、艺术史、佛教史和当时的服饰习尚等各方面都提供了崭新的史料。”①

《五台山图》下方为 15 扇联屏佛传，南起第一扇《击鼓报喜》、《九龙灌浴》，第二扇《阿私陀仙占相》，第三扇《七日丧母》，第四扇《姨母养育》，第五扇《八岁就学》，第六扇与第七扇《向师忍天学艺》，第八扇《游观农务》，第九扇《树下思惟》、《造三时殿》，第十扇至十二扇《角技议婚》，第十三扇《太子结婚》，第十四扇《后宫娱乐》，第十五扇《出游四门》、《决意出家》，与南壁后部九扇佛传以及北壁后部九扇佛传相连接，形成 33 扇联屏佛传壁画，每扇屏风高约 1.6 米，宽 0.87 米，总面积达 45.9 平方米，描绘 128 个情节，并有相应榜题，是莫高窟佛传壁画内容最丰富的遗例。

①宿白:《敦煌莫高窟中的〈五台山图〉》,《文物参考资料》1951 年第 2 卷第 5 期，第 49 页。

佛传是莫高窟最早出现的壁画题材之一，尤其是十六国北朝时期，广为盛行。佛传以宣扬佛陀释迦牟尼成佛事迹为主旨,《佛说太子瑞应本起经》、《修行本起经》、《普曜经》、《异出菩萨本起经》、《佛所行赞》、《佛本行集经》、《过去现在因果经》、《方广大庄严经》等佛教经典均有记载，据研究,莫高窟文殊堂佛传壁画系据《修行本起经》绘制。莫高窟第 275 窟主室南壁西侧阙形龛下“出游四门”为莫高窟现存最早的一幅佛传壁画遗例,北魏以后,佛传壁画虽有所增多,但多以“乘象入胎”、“夜半逾城”等经典情节为主,第 290 窟主室窟顶前部人字披东西披联环画佛传与莫高窟文殊堂联屏佛传是仅见的两例全面展现佛传故事的壁画。莫高窟文殊堂佛传壁画从南壁西侧下部开始,经西壁下部,再至北壁西侧下部,依云童子求师至树下诞生,击鼓报喜、九龙灌浴、阿私陀仙占相、七日丧母、姨母养育、八岁就学、向师忍天学艺、游观农务、树下思惟、造三时殿、角技议婚、太子结婚、后宫娱乐、出游四门、决意出家,夜半逾城至均分舍利的演进线索，层次清晰而鲜明的展现了佛陀释迦牟尼的成佛之路。

（三）北壁

北壁西起第一铺——《密严经变》。莫高窟《密严经变》遗存四铺,分别绘于第 55 窟、文殊堂、第 85 窟、第 150 窟,系据唐垂拱元年(685 年)地婆诃罗译《大乘密严经》绘制。《密严经变》图像格局可见两种,其一,画幅中部为释迦牟尼说法,上部绘密严图,下部以多组说法图表现释迦与菩萨问答情景;其二,在上述图像布局基础上,于画幅两侧各绘一条幅,表现释迦与菩萨问答情节。莫高窟文殊堂《密严经变》之图像布局属于前者,中部为一佛说法,两侧各有一菩萨,周围簇拥数十身菩萨。上部宫殿巍峨,楼阁耸立,“诸佛在于道中,威光照耀”乘祥云前来赴会。下部以八组《说法图》表现佛与菩萨问答景象。

北壁西起第二铺——《天请问经变》。《天请问经变》系据玄奘于唐贞观二十二年(649年)所译《佛说天请问经》绘制而成。《佛说天请问经》以佛与天之间的九问九答,阐释四谛、六度、持戒义理,言简意赅,佛理深邃。莫高窟《天请问经变》壁画遗存有约39铺,时代绵延唐宋。莫高窟文殊堂北壁《天请问经变》以佛陀说法为中心,周围表现佛与天问答情景。依榜题所示,问与答采取对称形式,如法会右下方天问"何人名得利,何人名失利,何者坚甲胄,何者利刀杖?"法会左下方即对应佛答"施者名得利,受者名失利,忍为坚甲胄,慧为利刀杖"。

北壁西起第三铺——《药师经变》(图2-8)。药师佛意译"药师琉璃光如来",为"东方净琉璃世界之教主",传其成佛时,发宏愿"除一切众生诸病,令身心安乐,证得无上菩提",因而甚受世人信仰,是中古最为流行的佛教信仰之一。在隋至西夏敦煌壁画中,图绘甚盛。壁画内容主要包括十二大愿、九横死、七佛、长幡、燃灯、斋僧、鼓乐等,以渲染药师佛"致福消灾"、"转祸为福"为主题。药师净土世界、九横死、十二大愿是唐代以来《药师经变》图像主体,九横死系指病而不治、被王法诛戮、纵欲过度而死、横被火焚、横为水溺、横为种种恶兽所噬、横坠山崖、横为毒药所害以及饥饿而死九种佛经所述人类不幸而亡的九种形态。十二大愿则包括:自他身光明炽盛之愿,威德巍巍开晓众生之愿,使众生饱满所欲而

图2-8 《药师经变》 莫高窟第61窟 主室北壁 五代

无乏少之愿，使一切众生安立大乘之愿，使一切众生行梵行、具三聚戒之愿，使一切不具者诸完具之愿，除一切众生众病，令身心安乐之愿，转女成男证得无上菩萨之愿，使诸行有情解脱开魔外道缠缚，邪思邪见稠林，引摄正见之愿，使众生解脱王法刑戮横难之愿，使饥渴众生得无上食之愿以及使贫乏无衣者得妙衣之愿。作为《药师经变》标志性内容，“九横死”与“十二大愿”旨在彰显药师佛“随所乐求，一切皆遂”的宗教意象。莫高窟文殊堂《药师经变》系依唐玄奘永徽元年(650 年)译《药师琉璃光如来本愿功德经》绘制。与《药师经变》传统图式不同，莫高窟文殊堂《药师经变》极力渲染药师琉璃光世界的华美景象，位于画幅中部的药师佛端坐说法，两旁侍立日光、月光菩萨，周围众多菩萨听法。

北壁西起第四铺——《华严经变》。《华严经变》依据之《大方广佛华严经》是华严宗据以立宗之重要经典，东晋佛陀跋陀罗初译，入唐以后，又有实叉难陀与般若译本。该经崇拜毗卢舍那佛，并认为世界即其显现，宣扬“法界缘起”，主张“顿入佛地”思想。《大方广佛华严经》东晋时虽已译出，但其广泛流行已至唐代，而《华严经变》出现于莫高窟已是中晚唐。莫高窟《华严经变》主要表现毗卢舍那净土世界，以七处九会、莲花藏及屏风故事为基本图式。莫高窟文殊堂《华严经变》即以七处九会为主体内容，据澄观《新译华严经七处九会颂释章》，七处九会为菩提道场会、普光法堂会、给孤独园会、忉利天会、夜摩天会、兜率天会、他化天会，壁画对此七处九会有具体表现，并用榜题标示，与佛经所述相合。壁画下部刻画“莲花藏庄严世界海”，中绘大朵莲花，内绘城池无数，莲花与香水海周围又绘无数小莲花，中绘各种用具，象征《华严经》中之莲花世界，寓示“微尘映世界，瞬间含永远”的宗教意涵。

北壁西起第五铺——《思益梵天所问经变》(图 2-9)。《思益梵天所问经变》系据《思益梵天所问经》绘制。《思益梵天所问经》讲述释迦牟尼佛在迦兰陀竹林为文殊师利、乾达婆、紧那罗等菩萨僧徒说法，十方无量

图 2-9 《思益梵天所问经变》
莫高窟第 61 窟主室北壁 五代

佛土百千万亿菩萨见佛圣光，皆来听法，东方清洁园佛土之思益梵天菩萨，与一万二千菩萨至此，向佛请问，释迦牟尼俱作解答，阐述大乘教义。莫高窟《思益梵天所问经变》遗存约十铺，莫高窟文殊堂《思益梵天所问经变》图像格局与《天请问经变》基本相同。

北壁五幅经变下方亦绘供养人行列，空间位置与南壁供养人像列对称。东向第一身为“故姑谯县夫人”，红地，高 39.5 厘米，宽 7 厘米，后依次为“姑谯县夫人”（第二身）、“故姨广平郡夫人”（第四身）、“故姨广平郡夫人”（第五身）、“故姨广平郡夫人”（第六身）、“姨广平郡夫人”（第七身）、“勅授太原郡夫人阎氏”（第八身）、“小娘子索氏”（第九身）、“嫂小娘子李氏”（第十身）、“嫂小娘子索氏”（第十一身）、“外甥小娘子阴氏”（第十二身）、“外甥小娘子任□”（第十三身）、“外甥小娘子任祐”（第十四身）、“外甥小娘子长应”（第十五身）以及“外甥小娘子长泰”（第十六身）。

北壁下部曹氏家族 16 身女供养人之后，绘佛传屏风九扇，东起《均分舍利》至《夜半逾城》。

（四）东壁

东壁绘《维摩诘经变》一铺，门上《佛国品》，门南文殊师利，文殊下绘回鹘公主等女供养人 8 身,门北维摩诘居士,维摩下宋绘比丘尼供养像三身及于阗公主等女供养人 4 身,五代绘女供养人 4 身。

《维摩诘经》(Vimalakīrti nirdesa sutra)是中古广为盛传的大乘佛典之一,该经于东汉中平五年(188 年)经严佛调初译传入中土,后经支谦、竺叔兰、竺法护、祇多蜜、鸠摩罗什、玄奘相继重译,至唐永徽七年(650 年)时,已有七个译本,传译极盛,“是在中国最受尊崇的经典著作中的佛教文学典范”并“在有文化的士大夫的佛教中扮演了十分重要的角色”[①],地位仅次于《大般若经》,是大乘佛教兴起所依据的重要经典[②]。《维摩诘经》的图像演绎始于东晋兴宁二年(364 年),是年,东晋画家顾恺之(348—409 年)在江宁瓦官寺北小殿首创维摩像,顾恺之之后,张墨、袁倩、陆探微、张僧繇、杨契丹、展子虔、杨廷光、孙尚子、阎立本、吴道子、范琼、孙位、朱繇、王维、贯休、刘行臣、杜齯龟、左全、孙知微、侯翌、丘文播、李公麟、张胜温等画家相继描绘维摩,使以《维摩诘经》为依托的《维摩诘变相》的发展,成为中国佛教艺术史上最为重要的艺术实践之一。

古译《维摩诘经》七种现仅存支谦《佛说维摩诘经》、鸠摩罗什《维摩诘所说经》以及玄奘《说无垢称经》三种,以支谦《佛说维摩诘经》最古。支谦本《佛说维摩诘经·诸法言品第五》:

> 佛复告文殊师利,汝诣维摩诘问疾。文殊师利白佛言,世尊,彼维摩诘虽优婆塞,入深法要,其德至淳,以辩才立,智不可称。一切菩萨法式悉闻,诸佛藏处无不得入。进御众魔降之以德,务行权慧非徒戏食。然犹复求依佛住者,欲于其中开度十方,于是众菩萨大弟子释梵四天王皆念,今得文殊师利与维摩

①[荷兰]许里和:《佛教征服中国》,李四龙,裴勇译,南京:江苏人民出版社,1998 年,第 68 页。

②《大唐西域记校注》,第 589 页。

诘二人共谈,不亦具足大道说哉。即时八千菩萨五百弟子百千天人,同意欲行。于是文殊师利与诸菩萨大弟子及诸天人眷属围绕,俱入维耶离大城。长者维摩诘心念,今文殊师利与大众俱来,吾将立空室合座为一座,以疾而卧。文殊师利既入其舍,见其室空,除去所有,更寝一床。①

《维摩诘经变》最初正是以该品所述“文殊师利与诸菩萨大弟子及诸天人眷属围绕,俱入维耶离大城”“诣维摩诘问疾”之情节演绎而来,并贯穿《维摩诘经变》发展始终。莫高窟文殊堂主室东壁《维摩诘经变》仍以《文殊师利问疾品》为中心展开,东壁门南侧壁面以文殊师利为中心,主要表现《佛国品》、《弟子品》、《菩萨品》、《文殊师利问疾品》、《不思议品》、《入不二法门品》、《香积佛品》、《佛道品》以及《嘱累品》之相关内容,北侧壁面以维摩诘为中心,描绘《佛国品》、《方便品》、《不思议品》、《观众生品》、《佛道品》、《香积佛品》、《见阿閦佛品》、《法供养品》之相关内容,莫高窟此前出现之维摩变诸品在这幅壁画中均有表现。其图像格局虽延续初唐220窟主室东壁《维摩变》奠立之传统,但气魄之雄伟,情节之完备,题记之详尽(附录4),实非前代《维摩变》可与之相比,尤其是《维摩诘经》全部十四品的形象呈现,在敦煌石窟《维摩变》遗例中,实为翘楚,是敦煌石窟晚期《维摩诘经变》代表作。

东壁门南侧壁画下部图画8身供养人像列,北向第一身形体最巨,高128厘米,宽10厘米,系“故母北方大回鹘国圣天的子勅授秦国天公主陇西李……”,第二身仅及前者半身,高约55厘米,宽7厘米,榜题“□甘州圣天可汗天公主一心供养”,第三身高约58厘米,为“□大朝大于阗国大政大明天册全封至孝皇帝天皇后一心供养”,第四身为“故慈母

①《大正藏》(第14册),第525页。

勅授广平郡君太夫人宋氏”，高约84厘米，仅次于第一身“天公主陇西李氏”与南壁第三身“浔阳翟氏”，第五至第八身均为故“谯县夫人”，均高约46厘米，宽约7厘米。

门北侧壁画下部供养人身数略多于南侧壁，为11身，南向第一身至第三身为比丘尼，其中，第一身高约79厘米，宽约11厘米，榜题漫漶，仅见“敕受”二字，第二身榜题亦不可辨，第三身为“故姨安国寺法律尼临坛大德沙门性真”，第四身至第六身均为“甘州圣天可汗的子天公主”。第七身高48厘米，宽21厘米，系“新受太傅曹延禄姬”“大朝大于阗国天册皇帝第三女天公主李氏”，该像绿地堆金之作法似为彰显身份而有意为之。第八身至第十一身体量相当，均高62厘米，宽7厘米，第八身为“故伯母武威郡夫人阴氏”，第九身为“故母钜鹿郡君夫人索氏”，第十身为出适慕容氏之“故谯县夫人”，第十一身为出适阎氏之“故姑谯县夫人”。

（五）窟顶

文殊堂窟顶为覆斗形，藻井绘团龙鹦鹉井心，四披绘垂幔。四披上绘十方诸佛，下千佛。西披千佛下绘飞天六身、供养菩萨二身，南披千佛中央绘南无天鼓音佛一铺，北披千佛中央绘南无最胜音佛一铺，东披千佛中央绘南无东方不动佛一铺，其中的天鼓音佛与最胜音佛属密教题材。顶东南角绘东方提头赖吒天王（残），西南角绘南方毗琉璃天王，西北角绘西方毗楼博叉天王，东北角绘北方毗沙门天王，“四大天王同时出现在大窟顶部四隅（第55、61、98、100、108、146、152、261窟），‘用以镇窟’，是曹氏画院时期天王题材的新形式”①。

①段文杰：《中国敦煌壁画全集》（敦煌五代·宋），天津：天津人民美术出版社，2006年，第10页。

第三章

文殊堂佛坛造像蠡测

文殊堂主室中部为一泥砌马蹄形佛坛，重层须弥座形式，分上下两层，周匝塑绘 73 个壶门，内绘伎乐[①]。佛坛上原有塑像，据法国学者保罗·伯希和（Paul Pelliot）随行摄影师查尔斯·努埃特（Charles Nouette）所摄照片[②]，佛坛造像在伯希和于 1908 年抵达敦煌之前已遭损毁，仅背屏上残存一狮尾以及其下堆叠而起的土台，应为狮身内部支撑物，现“仅存文殊坐骑的一前蹄和背屏上残留的狮子尾巴”[③]（图 3–1），有研究者认为，“在这些群像中，至少有文殊三尊之于阗国王与善财童子，与曹元忠时‘新样文殊’版画相一致。如果坛上有文殊五尊像，那么就与该画稿 P.4049 有极为密切之关系，二者极有可能就是相互影响的同时代作品。”[④]笔者注意到，无论是五代藏经洞“新样文殊”版画，还是“新样文殊”白描画稿（P.4049），抑或是莫高窟第 220 窟五代新样文殊壁画，其中的骑狮文殊形象与佛坛造像遗迹，均存在明显出入，显示其可能并非完全受到“新样文殊”的影响。

---

①孙毅华：《莫高窟内中心佛坛原貌探讨》，《敦煌研究》1993 年第 4 期，第 108 页。

②［法］伯希和：《伯希和敦煌石窟笔记》，耿升译，兰州：甘肃人民出版社，2007 年，图“第 117 号洞：背屏与藻井”。奥登堡于 1914—1915 年考察莫高窟时，亦摄有此窟照片，详见《俄藏敦煌艺术品》（第四册），上海：上海古籍出版社，2003 年，第 11 页。

③赵声良：《敦煌石窟艺术·莫高窟第六一窟（五代）》，南京：江苏美术出版社，1995 年，第 10 页。

④沙武田：《敦煌 P.4049“新样文殊”画稿及相关问题研究》，《敦煌研究》2005 年第 3 期，第 31 页。

图 3-1　文殊堂中心佛坛

一、敦煌石窟骑狮文殊像

敦煌壁画骑狮文殊像可以分为三种样式，其一，狮子斜左站立。莫高窟第 148 窟主室南壁盝顶帐形龛外东侧骑狮文殊为其代表。文殊头顶华盖，身后为火焰纹圆形头光与身光，背光绽放万丈光芒，半跏趺正面坐狮子所负莲座之上，即《大圣妙吉祥菩萨秘密八字陀罗尼修行曼荼罗次第仪轨法》所谓“金色放光明，乘狮子王座”[①]，狮子斜左站立，头部略倾右，龇牙瞋目，足踏莲花，狮身右侧为持缰之昆仑奴，身前下方为一披帛童子（图 3–2）。这一样式在晚唐时发展出宏大格局（图 3–3）。

图 3–2　文殊师利　莫高窟第 148 窟　盛唐

其二，狮子斜右站立。莫高窟第 159 窟

①《大正藏》（卷二十），第 790 页下。

主室西壁盝顶帐形龛外北侧《文殊变》中之骑狮文殊是一幅典型作品。吐蕃占领敦煌以后,骑狮文殊之图像格局出现较大变化,这在第159窟主室西壁骑狮文殊像中有明显反映,华盖下方的文殊师利,在圆形头光与身光映衬下,以3/4侧面形象,跏趺坐于方台莲座之上,方台为狮背负,其身向右,回首望左,狮尾高扬,狮身锦鞍前为执缰狮奴,周围菩萨眷属若干(图3-4)。晚唐格局又有新变,文殊手姿、执物、狮驮束腰莲台以及眷属布局转换是主要变化(图3-5)。归义军曹氏时期,"新样文殊"成为盛行一时的图像样式,其基本特征是文殊师利头顶华盖,身放光芒,坐骑狮上,狮子侧身向右,回首望左,足踏莲花,左为于阗国王驭狮,右为善财童子参拜。莫高窟第220窟甬道北壁翟奉达供养像上方之骑狮文殊是其典型代表(图3-6),藏经洞新样文殊版画及相关画稿(P.4049)与之相类(图3-7、图3-8)。相较前代骑狮文殊像,"新样文殊"在图像格局上明显清减,主体突出,尤其是于阗王取代昆仑奴执缰是该图样最为迥异之处,

图3-3 文殊变 莫高窟第9窟 晚唐

图3-4 文殊变 莫高窟第159窟 中唐

但狮子斜右站立之格局始终未变，可见其与 159 窟、196 窟骑狮文殊像之渊源。

图 3–5　文殊变　莫高窟第 196 窟　晚唐

其三，狮子正面站立。这是五代宋初与“新样文殊”同样十分流行的骑狮文殊样式，显著特点是图像普遍呈对称格局，这在榆林窟第 6 窟二层前室东壁北侧与榆林窟第 13 窟西壁门南《文殊变》中展露无遗。榆林窟第 6 窟二层前室东壁北侧《文殊变》中的骑狮文殊，全高近四米，据信

图 3–6　文殊　莫高窟第 220 窟　五代

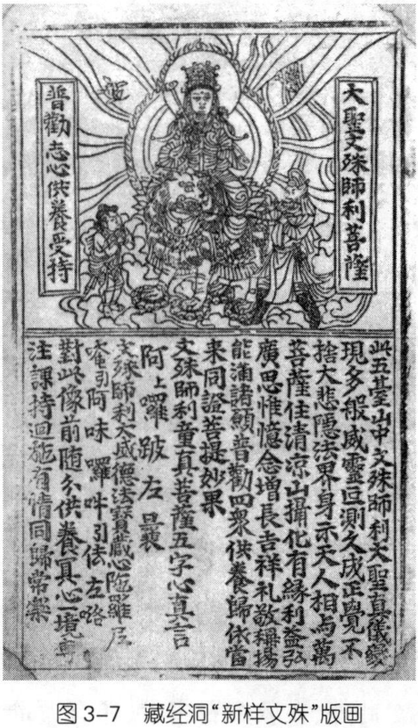

图 3–7　藏经洞“新样文殊”版画

图 3–8　P.4049“新样文殊”白描画稿

是五代宋初最为宏大的文殊乘狮像。与“新样文殊”迥然不同，此像并无象征“金色放光明”的光芒，文殊师利在火焰型头光与身光映衬下，手执金刚杵，半跏趺坐于莲台之上，莲台之下，为正面站立的狮子，狮子两侧，各立一持花供养菩萨。榆林窟第 13 窟西壁门南《文殊变》中的骑狮文殊，为四菩萨二童子组合，菩萨两两相对分立两侧，狮子前方两侧各有一小童，文殊则结跏趺坐于狮子背负之莲花座上，相比榆林窟第 6 窟骑狮文殊像，此像更加富于装饰趣味。（图 3–9）

在敦煌壁画中，三种骑狮文殊像经长期发展演化，各自均有成熟的图像样式，但就流行状况而言，五代以降，作为早期流行的样式，斜左站立的骑狮文殊像渐为斜右站立、正面站立的骑狮文殊像取而代之。

此外，在敦煌石窟中，还有大量骑狮文殊造像，多位于西壁佛龛外壁南侧或北侧，与普贤骑象塑像呈对立格局。坐狮姿态亦分上述三种，并因位置不同而各有侧重，一般而言，文殊像位于佛龛左侧，坐狮则斜左站立，文殊像位于佛龛右侧，坐狮则斜右站立，当然，其中也不乏正面站立者。骑狮文殊造像背后，多衬托《文殊变》或《五台山图》。文殊堂西壁《五台山图》的描绘、佛坛背屏文殊眷属的刻画以及佛坛骑狮文殊的塑造，展现的正是一铺塑绘结合的《文殊变》。考察现存遗迹，骑狮文殊像的塑造虽然不及壁画细腻生动，但姿势、动态、格局却与壁画基本一致。敦煌壁画《文殊变》中的骑狮文殊组合以及以《文殊变》或《五台山图》为背景的骑狮文殊造像为文殊堂佛坛造像提供了复原依据。

图 3-9　文殊　榆林窟第 6 窟

二、《文殊变》、《五台山图》与文殊造像

《文殊变》是莫高窟经变壁画重要题材,遗存约 130 余铺,最早遗例见于隋代第 408 窟,该窟东壁门南绘《普贤变》,门北绘《文殊变》,入唐以后,主要绘于主室西壁敞口龛外南北两侧,奠立此后《文殊变》图绘基本格局,敦煌落蕃之后,描绘极盛,骤增至 25 铺,晚唐五代更达到 60 余铺,此后渐衰,直至宋元。

敦煌《五台山图》的出现与《文殊变》甚有渊源,莫高窟第 222 窟《五台山图》为敦煌最早遗例,该图绘于西壁帐形龛外南北两侧上部,均已漫漶,下各绘毗沙门天王一身,与西壁相对之东壁门南绘《普贤变》,门北绘《文殊变》,《五台山图》与《文殊变》虽未绘于同一壁面,但相互对应的空间格局,显现出两幅图像之间基于宗教意涵层面的关联与互动。第 222 窟为吐蕃统治敦煌初期洞窟,唐德宗建中二年(781 年),吐蕃以"城下之盟"占据敦煌后,赤松德赞(755—797 年在位)对敦煌佛教极为扶持,尽管《五台山图》在中原早已流行,但其于敦煌落蕃之后初现敦煌,显然是吐蕃文殊信仰广泛盛行所致,吐蕃于唐穆宗长庆四年(824 年)遣使求

《五台山图》时，灵武节度使李进诚奏称“西戎尚此教，故来求之”[1]，藏语文献《拔协》、《贤者喜宴》[2] 所见吐蕃使臣前往德乌山（五台山）圣文殊菩萨殿求取寺院图样等相关记载也表明吐蕃文殊信仰之流行，莫高窟吐蕃时期《文殊变》图绘数量由盛唐的三铺骤增至 25 铺则更为直观的表明这一点。

继第 222 窟之后，第 159、第 237、第 361 窟相继绘有《五台山图》，但至吐蕃统治敦煌后期，第 159 与 237 窟《文殊变》均位于西壁佛龛外北侧，与南侧《普贤变》呈对称形式，《五台山图》绘于《文殊变》下方之联屏中，受唐代六曲画屏风尚影响，吐蕃时期敦煌大量出现屏风壁画，以屏风形式表现从属情节，从而起到映衬、拓展与丰富主体形象的图像功能。绘于《文殊变》下方联屏中的《五台山图》即属于这种屏风画，只是《文殊变》的组成部分，与《普贤变》下方联屏中之《普贤事迹》相同，在整个洞窟的宗教语境中，其意涵只因《文殊变》而显现，并不具有独立的图像意义。第 361 窟西壁佛床西、北壁以屏风二扇绘文殊显现与五台山，西、南壁以屏风二扇绘普贤显现与峨眉山，佛床上南北两侧塑像已失，据其后壁画内容，可推知佛床南侧应为骑象之普贤，北侧应为骑狮之文殊，两者正与其后之壁画相合。因此，第 361 窟《五台山图》实际上并不是一幅独立的图像，而是与文殊塑像共为一体，其图绘的意义与第 159、第 237 窟《五台山图》是一致的。

晚唐时代的敦煌，《文殊变》的描绘有增无减，在 30 余铺遗存中，仅第 144 窟与第 9 窟绘有《五台山图》，同时，这也是敦煌晚唐时代仅见的

---

①[宋]王钦若等:《册府元龟·外臣部·请求》(卷九九九)，北京:中华书局，1960 年，第11724 页。《旧唐书·敬宗本纪》亦有记载，但显简略，详见[后晋]刘昫等:《旧唐书·敬宗》(卷十七上)，北京:中华书局，1975 年，第 512 页。

②佟锦华，黄布凡:《拔协译注》，成都:四川民族出版社，1990 年，第 3、22、34~35 页；拔卧·祖拉陈瓦:《贤者喜宴》，北京:民族出版社，1984 年，第 302 页。

两幅《五台山图》。第144窟《五台山图》位于主室西壁佛龛外南侧《文殊变》中,前为文殊骑狮塑像,完全以文殊道场的背景形式出现,与龛外北侧以圣迹山水为背景的《普贤变》彼此对称,为习见之传统格局。第9窟《五台山图》绘于主室中心柱东向面龛内南壁,《文殊变》则绘于东壁门北,两者无明显空间对应关系,第9窟于公元9世纪末建成后,历经宋、元、清重修,中心柱东向龛内一铺九身造像为清代所塑,而与南壁《五台山图》对应之北壁绘《须达拏太子本生》,西壁则为《施身闻偈》与《萨埵太子本生》,考察莫高窟《文殊变》与《五台山图》演变理路,此龛《五台山图》的联屏形式显然延续自吐蕃传统,"很可能也可以拼合成一幅完整的五台山图"[①],并较中唐有更一步发展,但晚唐原塑之阙遗,让我们难以确信这幅壁画"是敦煌最后一处以独立屏风画形式出现的五台山图"[②]。此外,"在敦煌一带还有榆林窟第32、第19、第3窟和肃北五个庙第1窟也绘有五台山图,这两处的五台山图都是绘于文殊变中"[③]。

敦煌落蕃后骤然而兴的文殊信仰与《文殊变》的描绘,是《五台山图》出现于敦煌的直接诱因,而敦煌石窟《五台山图》的图像发展,亦自始至终贯穿于《文殊变》中,无论是彼此呼应的形式,还是融汇其中的形式,抑或是塑绘结合的形式,始终未有脱离。两者遗存数量的悬殊差异,则进一步表明《五台山图》之于《文殊变》的从属地位。五代时期,尽管《五台山图》以宏大格局绘于文殊堂主室西壁,但其从属地位实际上并未改变,本质仍然是寓示文殊道场——五台山的图画,映衬中心佛坛骑狮文殊造像,共同形成一幅塑绘结合的《文殊变》,这一表现形式与敦煌中唐以来文殊造像和《五台山图》的组合是一脉相承的。

---

①赵晓星:《吐蕃统治时期传入敦煌的中土图像:以五台山图为例》,《文艺研究》2010年第5期,第125页。

②《文艺研究》2010年第5期,第125页。

③赵声良:《莫高窟第61窟五台山图研究》,《敦煌研究》1993年第4期,第90页。

三、文殊堂佛坛造像蠡测

莫高窟第220窟甬道北壁中部“南无大圣文殊师利菩萨”是敦煌现存“新样文殊”最早遗例，此图下部墨书愿文榜题：

清信弟子节度押衙守随军[参]谋银青光禄大夫检校国子祭酒兼御史中丞上柱国浔阳翟奉达，抽减□贫之财，敬画新样大圣文殊师利[菩]萨一躯并侍从，兼供养菩萨一躯及[救苦]观世音菩萨一躯。标斯福者，先奉为造窟亡灵，神生净土，不坠三涂之灾；次[为]我过往慈父、长兄，匆(勿)溺幽间苦难，长遇善因；兼为见在老母，合家子孙，无诸灾障，报愿平安，福同萌芽，罪弃涓流绝笔之间，聊为颂曰：大圣文殊，瑞相巍巍，光照世界，感现千咸。

于时大唐同光三年岁次乙酉三月丁巳朔廿五日辛巳题记之耳。[1]

---

①沙武田：《敦煌P.4049“新样文殊”画稿及相关问题研究》，《敦煌研究》2005年第3期，第27页。

已有研究认为,“新样文殊”之特征,“主要是于阗国王、善财童子,以及佛陀波利、圣老人的出现,亦即文殊三尊、五尊像。”① 第 220 窟“新样文殊”中,于阗王取代昆仑奴为驭狮者是其最为突出的“新样”特征之一,图中的于阗王位于画面右侧,络腮胡须,头戴尖帽,足蹬毡靴,双手执缰,上侧榜书“大圣感得于阗普观受持供养……国王[于]……时”。尽管“新样文殊”粉本来源尚无定论,但于阗王形象的出现,无疑是于阗王国与归义军曹氏宗教互动之重要表现,据《归义军军资库己未、庚申、辛酉等年布纸破用历》(P.4640V)、敦煌曲《谒金门·开于阗》等相关史料,唐昭宗光化四年(901 年),于阗与瓜沙始有往还,曹议金继任归义军节度使后,双方往还明显增强,据荣新江先生研究,“在 1006 年于阗王国灭于黑韩王朝之前,于阗与敦煌的使节往来从未间断”②。尤其是该图出现于翟氏家窟,似乎格外意味深重。第 220 窟“新样文殊”为浔阳翟奉达③ 出资图绘,翟奉达在同光三年(925 年)重修第 220 窟甬道北壁时,已居高位,其对于壁画题材的选取,间接折射出归义军曹氏统治初期的民族政策、宗教倾向以及视觉趣味。

贺世哲先生以文殊堂主室南壁第三身女供养像旁“施主勑授浔阳郡夫人翟氏一心供养”题记为线索,结合对供养像之间称谓关系以及相关敦煌文书之考察,确定文殊堂“建窟时间的下限应在显德四年(957 年)九月以前”④,即浔阳翟氏尚未获封“凉国夫人”之时。曹元忠系曹议金第

①《敦煌研究》2005 年第 3 期,第 27 页。

②荣新江:《于阗王国与瓜沙曹氏》,《敦煌研究》1994 年第 2 期,第 114 页。

③翟奉达(883—约 961 年)本名再温,为汉朝丞相翟方进后人,翟奉达于后唐同光三年(925 年)前后任归义军节度押衙行军参谋银青光禄大夫国子祭酒兼御史中丞上柱国,后周显德年间(954—960 年)又为朝议郎、检校尚书工部员外、行沙州经学博士兼殿中侍御史赐绯鱼袋。参见吕钟:《重修敦煌县志》,兰州:甘肃人民出版社,2001 年,第 367 页。

④《敦煌研究文集》,第 252 页。

三子，兄元深卒后嗣位，时间在后晋天福九年（944 年）三月九日，开运三年（946 年）三月，后晋勅“以瓜州刺史曹元忠为沙州留后”[①]，尽管在《天福十四年（949 年）曹元忠牒》（S.4398）中，元忠自称“新授归义军节度观察留后光禄大夫检校司空兼御史大夫”[②]，但其实际上在开运二年（945 年）已自称司徒[③]，且至迟在开运四年（947 年）三至七月间，相继进称太保与太傅[④]。敦煌遗书显示，从后晋天福九年（944 年）至显德四年（957 年）间，相继有天福十年（945 年）“于阗班上监在敦煌写经供养”（P.2026）、天福十二年（947 年）六月“于阗使至沙州”（P.2641）、乾祐元年（948 年）“于阗使经敦煌入贡后汉”（《五代会要》卷二九）、广顺元年（951 年）“于阗使至沙州”（P.3160V）、显德二年（955 年）“于阗使、于阗博士逗留敦煌”（S.3728）、显德三年（956 年）七月七日“都头索子全出使于阗，八月廿二日抵达，觐见于阗王，十一月，还敦煌”（P.3016V）等于阗与曹氏往还史迹，但文殊堂现存遗迹，并未显现出受到“新样文殊”的影响。

笔者在对文殊堂的研究中，发现该窟的图像程序套用自中唐第 159 窟与 237 窟的图像格局，并于曹议金功德窟第 98 窟有直接借鉴，所不同的是，文殊堂南壁增加了《楞伽经变》，北壁增加了《密严经变》。该窟西壁《五台山图》，南壁《楞伽经变》、《弥勒经变》、《阿弥陀经变》、《法华经变》、《报恩经变》，北壁《密严经变》、《天请问经变》、《药师经变》、《华严经变》、《思益梵天经变》以及东壁《维摩诘经变》均为唐代以来的传统图像，而且，西壁《五台山图》与东壁《维摩经变》基于中央佛坛文殊造像的对应格局，在敦煌历史上已有先例，实际上是对莫高窟第 220、第 159、第

---

①《旧五代史·晋少帝纪》，卷八十四。

②姜亮夫：《瓜沙曹氏年表补正》，《杭州大学学报》1979 年第 1/2 期，第 96 页。

③[日]池田温：《中国古代籍帐研究》，东京：东京大学出版会，1979 年，第 654 页。

④《开运四年三月九日曹元忠疏》（P.3388）、《曹元忠造大慈大悲救苦观世音菩萨像》（P.4514）。

236、第 237、第 359、第 360 窟《维摩变》与《文殊变》对应格局的延续,不同的是,基于文殊堂的文殊主题,塑绘结合的《文殊变》以宏大的格局出现在世人面前。

20 世纪 60 年代,宿白先生考察文殊堂时,注意到该窟中心佛坛长方形低台"上存狮足迹四,与背屏上残存之狮尾相应,知坛上主像是骑狮文殊。狮足迹两侧各有两圆形座痕,原当立有菩萨四身。狮足迹两侧和前方各有二较小座痕:前两痕当是供养菩萨座迹;后二痕左者当是于阗国王像迹,右者为驭狮者迹。"[①] 沙武田先生则认为文殊堂中心佛坛上的造像"包括有文殊五尊像,并众天人、随从、眷属、护法等天众"[②],造像的遗失,让我们的判断变得极为困难,考察背屏残存画迹以狮尾为中线的对称格局以及佛坛塑像遗痕的对称布局(图 3-10),笔者以为,文殊堂中心佛坛文殊铺像与曹元忠时期"新样文殊"版画并不一致,文殊堂佛坛背屏狮尾遗存明显可见为垂直形状,与下方狮臀残迹呈贯穿之势,如果其"与曹元忠时'新样文殊'版画相一致"[③],则很难与"新样文殊"中狮子斜右站立,回首望左之姿态相契合,而佛坛上紧贴背屏底部狮子站立之土台,又极为窄狭,更难以塑造身躯呈横向展开的狮身。

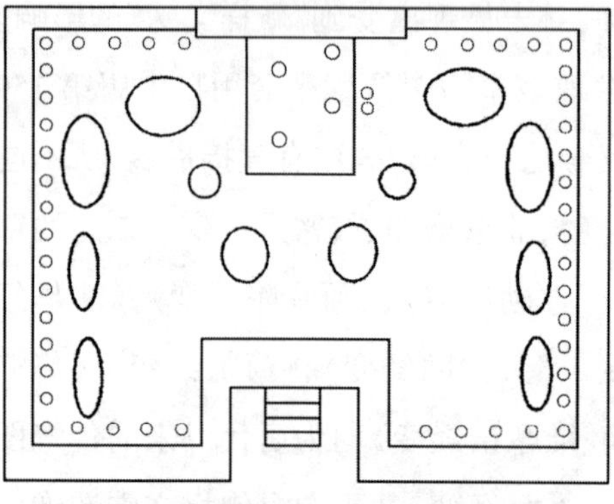

图 3-10　文殊堂中心佛坛遗迹示意
宿白　原绘　邹清泉　重绘

①宿白:《中国石窟寺研究》,北京:文物出版社,1996 年,第 293~295 页。

②沙武田,梁红:《莫高窟第 61 窟中心佛坛造像为绘塑结合"新样文殊变"试考》,见《云冈国际学术研讨会论文集》(研究卷),2005 年,第 456 页。

③沙武田:《敦煌 P.4049"新样文殊"画稿及相关问题研究》,《敦煌研究》2005 年第 3 期,第 31 页。

相关遗存显示，曹元忠时代的《文殊变》样式极为丰富，以榆林窟第6窟二层前室东壁北侧与榆林窟第13窟西壁门南《文殊变》（图3–11）为代表的骑狮文殊像在五代宋初的流行程度，并不亚于“新样文殊”，如果说文殊堂佛坛造像依据了当时流行的粉本，榆林窟第6窟与第13窟《文殊变》样式似乎也具有较大的可能。但其塑像究竟是骑狮文殊像左右两侧为八胁侍菩萨，坐狮前部左右为童子与昆仑奴，正前方为二供养菩萨；还是骑狮文殊像左右两侧为八胁侍菩萨，坐狮前部左右为善财童子与于阗王，正前方为二供养菩萨，也只能是历史的想像了。

图3–11　文殊变　榆林窟第13窟

第四章

文殊堂《五台山图》新考

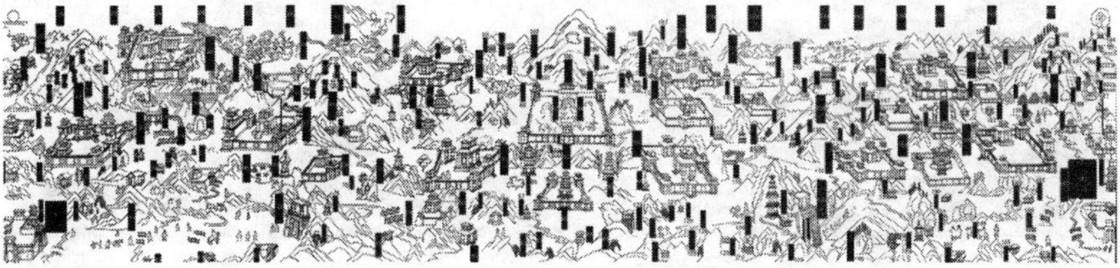

图 4–1　文殊堂《五台山图》(线摹)　赵声良　原绘　邹清泉　重绘

图 4–2　《五台山图·东台之顶》(局部)
莫高窟第 61 窟西壁

文殊堂《五台山图》绘于该窟主室西壁，幅长 13.45 米，高 3.42 米。画面按表现主题分上中下三层(图 4–1)，上层图绘“师子云中现”、“佛手云中现”、“菩萨千二百五十俱”、“云现罗汉百五十俱”、“金佛头云中现”、“大圣毗沙门天赴普贤会”、“金龙云中现”等神变异象；中层表现“石佛兰若”、“东台之顶”(图 4–2)、“南台之顶”、“西台之顶”、“大清凉之寺”(图 4–3)、“普贤之塔”、“弥勒之院”、“兜率之菴”、“大圣文殊真身殿”、“大佛光之寺”等寺院兰若；下层

图 4-3 《五台山图·大清凉之寺》(局部) 莫高窟第 61 窟西壁

描绘从山西太原到河北镇州(河北正定县)的山川形势,在连绵山峦之间,绘"河南道太原"、"太原白枧店"、"太原新店"、"太原三桥店"、"忻州定襄县"、"河东道山门西南"、"柳泉店"、"龙泉店"、"永昌之县"、"青阳之岭"等城郭关隘,其间穿插描绘名胜史迹、草庵店舍、商贾行旅、信徒巡礼、僧侣修行、送贡使等等。三层内容虽互有交错,但格局清晰。在敦煌现存《五台山图》遗例中(表 4–1),此幅壁画格局之宏大,图像之复杂,情节之丰富,榜题之详尽,为莫高窟现存《五台山图》所仅见,是归义军曹氏第四任节度使曹元忠时代(944—974 年)最为称著的作品之一。自 20 世纪 50 年代初进入现代学术视野以来,该图备受瞩目,经多年研究,其遗存序列、时代风格、图像内容、粉本源流等已基本辨明。

20 世纪 80 年代以来,伴随中国美术史研究重构艺术品"原境"学术潮流的演进,回归保存考古证据的"原始语境"(original context)在美术史研究中日益凸显。正如巫鸿教授所言,"足够的证据说明古人在创造佛教艺术和墓葬艺术时所遵循的恰恰不是'视觉'这个概念。检阅敦煌的功德

表 4-1 敦煌石窟《五台山图》遗例

石窟	窟号	时代	图像位置	备注
莫高窟	第 222 窟	中唐	主室西壁佛龛外壁南北两侧	无榜题、漫漶
	第 159 窟	中唐	主室西壁龛外北侧	无榜题
	第 237 窟	中唐	主室西壁盝顶帐形龛外北侧	榜题数则、漫漶
	第 361 窟	中唐	主室西壁盝顶帐形龛北侧	榜题数则、漫漶
	第 144 窟	中晚唐	主室西壁盝顶帐形龛外南侧	
	第 9 窟	晚唐	主室中心柱龛内南壁	
	第 61 窟	五代	主室西壁	榜题 195 则
榆林窟	第 3 窟	西夏	主室西壁门北侧	
	第 19 窟	五代	主室西壁门南侧	
	第 32 窟	五代	主室东壁门南侧	榜题数则
五个庙	第 1 窟	西夏	主室南壁门东侧	

记，造窟者所强调的是‘制作’而非‘观看’，因为只有通过制作他们才能积累功德。”① 在古人眼中，今人视为艺术瑰宝的敦煌石窟，只是他们往生佛国的“功德”，然而，在当代学术视野中，敦煌石窟的历史“身份”发生颠覆性改变，即由古人眼中的“功德”转换为研究古代社会生活、文化思想、宗教信仰、审美旨趣等的“材料”。这一身份的转换，令以“观看”为主导的图像本体研究一度占据主导。德国哲学家伽达默尔认为，“真正的历史对象根本就不是对象，而是自己和他者的统一体，或一种关系。在这种关系中，同时存在着历史的实在以及历史理解的实在。”② 在当代的这种

①[美]巫鸿:《美术史十议》，北京:三联书店，2008 年，第 11 页。

②[德]伽达默尔:《真理与方法》(上卷)，洪汉鼎译，上海:上海译文出版社，1999 年，第384~385 页。

“关系”中实现“历史理解的实在”,回归“原始语境”无疑是重要途径。实际上,“包括所有的人造物品，而不是那些美丽的和富有诗意的东西”[①]的宏观范畴的美术品,都有其存在的特殊“语境”。仅就文殊堂《五台山图》而言,其与该窟主室南壁《楞伽经变》、《弥勒经变》、《阿弥陀经变》、《法华经变》、《报恩经变》，北壁《密严经变》、《天请问经变》、《药师经变》、《华严经变》、《思益梵天经变》的图像组合,与东壁《维摩诘经变》的遥相呼应,明显有其与众不同的宗教用意,其“实体的存在”无疑是在与其他图像的“相互关联中表达的”[②]。(图 4-4)

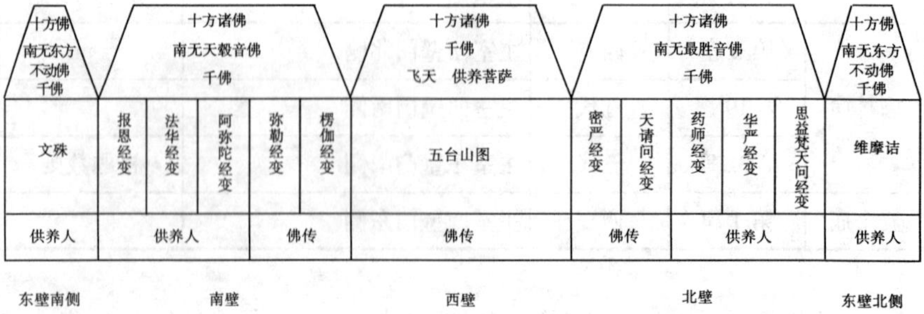

图 4-4　文殊堂主室壁画展开示意　邹清泉　绘

---

①George Kubler. The Shape of Time：Remarks of the History of Things.Yale University，1962，p.1.

②郭贵春:《论语境》,《哲学研究》1997 年第 4 期,第 48 页。

一、吐蕃统治敦煌与《五台山图》的兴起

五台山为山西五台至繁峙县境太行支脉，蜿蜒绮丽，崇岩叠翠，“其山五峦巍然，迥出群山之上，故谓五峰。……《仙经》云：五台山，名为紫府，常有紫气，仙人居之。”① 五台山从汉魏世人眼中之“仙者之都”转而为佛教名山肇端于西晋，竺法护（Dharmaraksa）译《文殊师利菩萨现宝藏陀罗尼经》谓：“有国名大振那，其中有山，名曰五顶，文殊师利居住，为诸众生于中说法”，是为中土附会五台山为文殊道场之始。东晋佛驮跋陀罗（Buddhabhadra/359—429 年）译《大方广佛华严经》（卷二十九）又谓“东北方有菩萨住处，名清凉山，过去诸菩萨常于中住；彼现有菩萨，名文殊师利，有一万菩萨眷属，常为说法。”② 北魏时期，五台山为文殊道场的观念流布渐广，北魏郦道元《水经注》即谓“北台之山，冬夏常冰雪，不可居，即文殊师利常镇毒龙之所”，且“僧徒善信之士多往礼焉”③。入唐以后，法

①《大正藏》第五十一卷。

②《大正藏》，第九册，第 590 页。

③［宋］李昉等：《太平御览》，北京：中华书局，1998 年，第 215 页。

藏(643—712年)于《华严经探玄记》(卷十五)确指"清凉山则是代州五台山"[①],澄观(738—839年)《大方广佛华严经疏》(卷四十七)谓"清凉山即代州雁门郡五台山"[②],窥基(632—682年)《妙法莲华经玄赞》(卷二)亦有文殊师利在"清凉五台山"[③]之语,五台山为文殊道场清凉山在唐代佛教界殆成定论。得益于文殊道场清凉山之附会,五台山佛教发展迅速,北朝末期已有伽蓝数所,李唐时代,华严信仰趋盛,五台山因其文殊道场之身份更是享誉中土,并位列四大佛教名山。

史籍所见《五台山图》之描绘,最早可溯至唐高宗龙朔年间(661—663年),《古清凉传》:"唐龙朔年中,频勑西京会昌寺沙门会赜共内侍掌扇张行弘等,往清凉山,检行圣迹。赜等,祗奉明诏,星驰顶谒,并将五台县吕玄览画师张公荣等十余人,共往中台之上。……赜,又以此山图为小帐,述略传一卷,广行三辅云。"[④]会昌寺沙门会赜等人奉高宗御诏检行五台山圣迹,表明华严信仰对李唐王朝已产生深刻影响,武则天后于长安二年(702年)"命工琢玉御容,入五台山,礼拜菩萨"[⑤]为直接佐证。会赜《五台山图》小帐、感法师《五台山化现图》、太原画博士《五台山化现图》、开元寺三门楼石刻《五台山图》、五台山法华院《五台山十寺血脉图》以及敦煌壁画《五台山图》等的描绘,无不仰及"国君之力",并基于"清凉圣迹,益听京畿;文殊宝化,昭扬道路"之文殊语境。

唐德宗建中二年(781年),沙州陷蕃[⑥],敦煌为吐蕃统治(781—848

①《大正藏》,第三十五册,第391页。

②《大正藏》,第三十五册,第859页。

③《大正藏》,第三十四册,第674页。

④[唐]慧祥:《古清凉传》,《大正藏》(51),东京:大正一切经刊行会,1924—1934年,第1098页。

⑤[宋]延一:《广清凉传》(卷上),《大正藏》,第51册,第1107页。

⑥史苇湘:《吐蕃王朝管辖沙州前后:敦煌遗书S.1438v〈书仪〉残卷的研究》,《敦煌研究》1983年第3期,第131~141页。

年）。吐蕃王朝极重佛教，在统治瓜沙等地 60 余年间，多有弘佛之举①。考察吐蕃时期敦煌石窟遗存，无论是图像格局，还是表现题材，抑或是艺术风格，无不呈现渐趋不同于唐代旧制的新面貌，《五台山图》正是这一时期始现敦煌的佛教美术新题材。

吐蕃统治敦煌时期《五台山图》遗存四例，绘于莫高窟第 159 窟、第 222 窟、第 237 窟以及第 361 窟。第 222 窟《五台山图》绘于吐蕃统治敦煌早期，为敦煌《五台山图》最早遗例。这幅图像分别绘于该窟主室西壁佛龛外南侧与北侧，南侧主体图像为文殊化现，画面在层峦之上绘三朵祥云，中间祥云之上描绘文殊师利半跏坐于脚踏莲花的狮子所驮莲花座上，两侧祥云之上分别描绘合十胡跪的五位菩萨，旁绘“吉祥圣鸟”，文殊化现上部之山峦景象，即为《五台山图》；北侧图像亦于山峦之上绘三朵祥云，云上自北向南依次描绘菩萨、佛手、居士，表现的是五台山于佛光之中化现诸种神异的圣迹，画面下部于山峦中绘一草庵，庵前有河流，对岸绘有一虎二人（其一模糊，其一合十礼拜）②。

第 159 窟约建于公元九世纪前半期，为吐蕃统治敦煌后期洞窟③。该窟《五台山图》绘于主室西壁龛外北侧《文殊变》下方两扇屏风中（图 4–5）。南侧屏风上部于祥云之中，表现两个菩萨头（中间）与两位居士（两侧）的化现形象，中部表现五台山之三台，中台上绘一伽蓝，伽蓝之前有一禅坐比丘，旁卧一虎，四围僧俗等，下部表现五台山之二台，自南向北依次表现佛陀波利遇文殊化现之白衣长者、居士与比丘、二居士拜塔、比

---

①樊锦诗、赵青兰：《吐蕃占领时期莫高窟洞窟的分期研究》，《敦煌研究》1994 年第 4 期，第 76~94 页。

②孙晓岗认为是“释普明遇虎”，见孙晓岗：《文殊菩萨图像学研究》，兰州：甘肃人民美术出版社，2007 年，第 86~87 页；赵晓星认为是“群虎如犬驯扰”之中台，见赵晓星：《吐蕃统治时期传入敦煌的中土图像：以五台山图为例》，《文艺研究》2010 年第 5 期，第 120 页。

③藤枝晃认为第 159 窟为吐蕃时期张家窟，详见[日]藤枝晃：《敦煌千佛洞の中兴——张氏诸窟を中心とした九世纪の佛窟造营》，《东方学报》1964 年第 35 卷，第 39~41 页。

图 4-5　莫高窟第 159 窟西壁　中唐

丘禅坐寺院之前与居士礼拜等情节。北侧屏风图像格局与南侧屏风略同,其上部自南向北依次刻画居士、文殊师利乘狮、佛手三组化现景象，中部亦绘三台,中台之上有三座佛塔，僧俗巡拜其间,下部绘二台,旁各有一座寺院,并有居士礼拜其前。(图 4-6、图 4-7)

图 4-6　莫高窟第 159 窟西壁北侧下部《五台山图》(左幅)

图 4-7　莫高窟第 159 窟西壁北侧下部《五台山图》(右幅)

第 237 窟与第 159 窟约建于同时，该窟《五台山图》绘于主室西壁盝顶帐形龛外北侧《文殊变》下部，为三联屏风格局（图 4–8）。南侧屏风上部绘居士等化现情景，中部绘寺院、居士礼拜、赶牛送贡情节，下部绘一伽蓝，并有两人居前礼拜。中间屏风上部绘文殊师利及其菩萨眷属化现，中部绘一伽蓝，伽蓝前绘四人相对礼拜，其右下方绘二人站立合十礼拜，下部亦绘一伽蓝，前有二比丘席坐。北侧屏风上部绘东台山以及佛手、居士等化现，中部绘“现座云狮子时”与圆光化现，下部绘北台山，山前有一伽蓝，并有佛陀波利遇文殊化现长者。第 361 窟《五台山图》绘于主室西壁盝顶帐形龛北侧西北两壁（图 4–9），该图拼合后主要分为上下两部分，上部为文殊师利与菩萨眷属化现空中，下部为五台山胜迹。相比第 222 窟、第 159 窟、第 237 窟《五台山图》，第 361 窟《五台山图》的图像格局拓展明显，画面情节趋于丰富，表现技巧更为成熟。

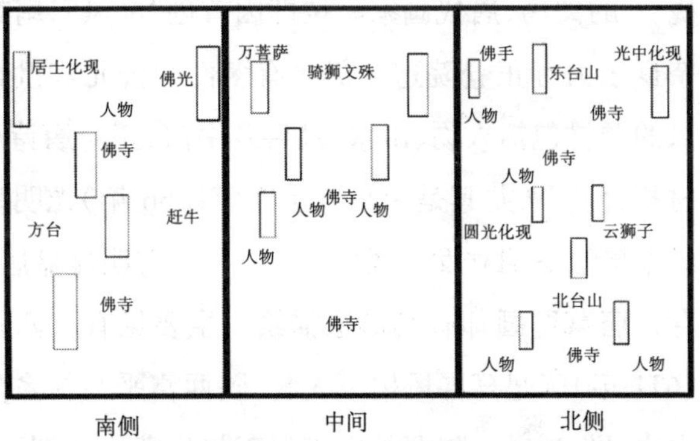

图 4–8　莫高窟第 237 窟《五台山图》示意
赵晓星　原绘　邹清泉　重绘

图 4–9　莫高窟第 361 窟西壁　中唐

莫高窟第 222 窟、第 159 窟、第 237

窟、第 361 窟《五台山图》的屏风格局,为吐蕃统治敦煌时期《五台山图》最为显著的图像样式。屏风为汉地世传之物,春秋战国已有此物,汉代初兴,唐代盛行,而且发展出极为精美的六曲画屏。据刘禹锡、李贺、李商隐、杜牧、皇甫冉、李白、白居易、杜甫等唐人诗作描述,唐代画屏之描绘盛极一时,并有边鸾、张璪、周昉、曹霸、韩幹等绘画名家参与其中,题材既有"疑是天边十二峰,飞入君家彩屏里"[①] 的山水,也有"斜倚玉窗鸾发女,拂尘犹自妒娇娆"[②] 的人物,又有"点素凝姿任画工,霜毛玉羽照帘栊"[③] 的禽鸟,唐代画家薛稷即因首创"屏风六扇鹤样"而享誉一时。日本奈良东大寺正仓院迄今仍藏有多件约公元八世纪后期的屏风,"这些屏风的题材包括人物、山水、鸟兽及书法,正与唐诗所咏唐代屏风的装饰题材相合。"[④] 尤其是天平胜宝八年(756 年)光明皇后施入东大寺的六扇纸本墨绘贴羽立女屏风(图 4-10),具有明显盛唐气象。国内虽无实物遗存,唐墓壁画却有其形象描绘,主要见有陕西礼泉东坪村唐咸亨二年(671 年)燕妃墓屏风树下人物、陕西富平吕村乡朱家道村唐墓六屏水墨山水(图 4-11)、陕西长安南里王村唐墓六屏树下仕女、新疆吐鲁番阿斯塔那 38 号唐墓屏风树下人物、阿斯塔那 216 号唐墓六屏鉴戒图、阿斯塔那 217 号唐墓六屏花鸟等,均为六曲屏风样式,既与文献记载吻合,又展现出唐代六曲画屏广泛图绘之盛景。

据史籍记载,吐蕃曾于唐长庆四年(824 年)遣使求《五台山图》,《册府元龟·外臣部》:

①李白《观元丹丘坐巫山屏风》。

②杜牧《屏风绝句》。

③钱起《画鹤篇》。

④杨泓:《逝去的风韵:杨泓谈文物》,北京:中华书局,2007 年,第 42 页。

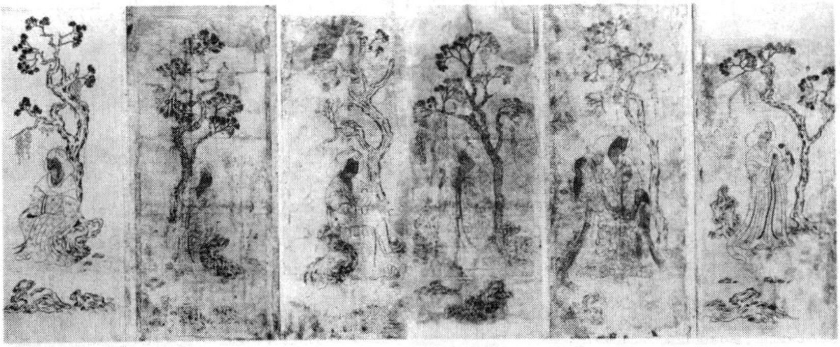

图 4-10　树下仕女画屏　纸本墨绘贴羽　756 年　奈良正仓院藏

图 4-11　六屏水墨山水壁画（摹本）　唐　陕西富平吕村乡朱家道村唐墓

穆宗长庆四年九月甲子，灵武节度使李进诚奏，吐蕃遣使求《五台山图》。山在代州，多浮图之迹，西戎尚此教，故来求之。①

①[宋]王钦若等：《册府元龟·外臣部·请求》（卷九九九），北京：中华书局，1960 年，第11724 页。《旧唐书·敬宗本纪》亦有记载，但显简略，详见[后晋]刘昫等：《旧唐书·敬宗》（卷十七上），北京：中华书局，1975 年，第 512 页。

穆宗长庆四年(824 年)九月时,吐蕃统治敦煌已近晚期,时距唐高宗龙朔年间(661—663 年)会赜初绘《五台山图》已 160 余年,尽管此图曾“广行三辅”,但实际并无确凿证据表明吐蕃于灵武节度使李进诚处所求《五台山图》与之相关。清道光年间(1821—1850 年)塌毁的正定开元寺三门石刻《五台山图》为唐乾元元年至大历十二年(758—777 年)作品,“其构图为竖式,中、东、北、中、南和西五个台所标题字方位旁均刻有一邱陇状,可见是在表现五台山的五个台,图左右上方各刻有一图相,但已无法辨认其状,右题‘菩萨□君’,左题‘菩萨□手’”[①],尽管“这幅图已具有后来的《五台山化现图》的基本样式:有五个台,以中台作为全图的中心,其余四个台上北、下南、左西、右东分布于中台四周,图上方左右分绘化现图像。”[②] 并且在年代上比会赜《五台山图》更为接近中唐时代,但与莫高窟吐蕃《五台山图》遗存相比,仍有诸多不同之处,尤其与 237 窟、361 窟四台偏居四角的格局区别明显。宋延一《广清凉传》记神英曾于唐开元四年(716 年)巡礼五台山法华院时,曾见《五台山十寺血脉图》,五台山自北朝以来渐成佛教圣地,至唐代已有伽蓝数所,敦煌遗书《失名行记》(S.529)记五台山“周围八百里,大寺十所”[③],《五台山曲子》(S.4012)亦见有“华严寺、竹林寺、金阁寺、佛图寺、零溪寺、法花寺、佛光寺、福圣寺、清凉寺、王子寺”[④] 十寺之名,莫高窟吐蕃《五台山图》遗存中,第 159 窟、第 237 窟、第 361 窟绘有寺院,第 159 窟未书榜题,第 237 窟榜题漫漶难辨,第 361 窟《五台山图》绘伽蓝 12 座,尚可辨认者有“宝

---

①张惠明:《敦煌〈五台山化现图〉早期底本的图像及其来源》,《敦煌研究》2000 年第 4 期,第 4 页。

②同上。

③郝春文:《英藏敦煌社会历史文献释录》(第三卷),北京:社会科学文献出版社,2003 年,第 47 页。

④杜斗城:《敦煌五台山文献校录研究》,太原:山西人民出版社,1991 年,第 89 页。

塔寺”、“万像寺”、“竹林寺”。五台山佛寺代有变迁，文献所见十寺或十二寺之名亦互有参差，尤其是榜题漫漶，已难深入辨析。《入唐求法巡礼记》记日僧圆仁于唐文宗开成五年（840 年）七月十八日，“欲向长安发去，头陀僧义圆见雇博士，自出帔袄子一领，画《五台山化现图》，拟付传日本国。为待画毕，不得发去。……廿六日，画《化现图》毕。”[①] 此图之创作，正与莫高窟第 159 窟、第 237 窟、第 361 窟《五台山图》图绘时间相符。

作为公元七至九世纪相继出现的《五台山图》，无论会赜《五台山图》、感法师《五台山化现图》、开元寺三门楼石刻《五台山图》、五台山法华院《五台山十寺血脉图》、太原画博士《五台山化现图》以及莫高窟吐蕃时期《五台山图》之间存在怎样的图像纠葛，有一点无疑是肯定的，即吐蕃统治敦煌所绘《五台山图》之屏风样式源自唐代盛行之六曲画屏。

①［日］圆仁：《入唐求法巡礼记校注》，白化文等校注，广州：花山文艺出版社，2007 年，第 317~318 页。

二、《文殊变》、《维摩变》与《五台山图》

《文殊变》是莫高窟经变壁画重要题材，遗存约 130 余铺，最早遗例见于隋代第 408 窟，该窟东壁门南绘《普贤变》，门北绘《文殊变》，入唐以后，主要绘于主室西壁敞口龛外南北两侧，奠立此后《文殊变》图绘基本格局，敦煌落蕃之后，描绘极盛，骤增至 25 铺，晚唐五代更达到 60 余铺，此后渐衰，直至宋元。

敦煌《五台山图》的出现与《文殊变》甚有渊源，莫高窟第 222 窟《五台山图》为敦煌最早遗例，该图绘于西壁帐形龛外南北两侧上部，均已漫漶，下各绘毗沙门天王一身，与西壁相对之东壁门南绘《普贤变》，门北绘《文殊变》，《五台山图》与《文殊变》虽未绘于同一壁面，但相互对应的空间格局显现出两幅图像之间基于宗教意涵层面的关联与互动。第 222 窟为吐蕃统治敦煌初期洞窟，唐德宗建中二年（781 年），吐蕃以“城下之盟”占据敦煌后，赤松德赞（755—797 年在位）对敦煌佛教极为扶持，尽管《五台山图》在中原早已流行，但其于敦煌落蕃之后初现敦煌，显然是吐蕃文殊信仰广泛盛行所致，吐蕃于唐穆宗长庆四年（824 年）遣使求

《五台山图》时，灵武节度使李进诚奏称"西戎尚此教，故来求之"[①]，藏语文献《拔协》、《贤者喜宴》[②]所见吐蕃使臣前往德乌山（五台山）圣文殊菩萨殿求取寺院图样等相关记载也表明吐蕃文殊信仰之流行，莫高窟吐蕃时期《文殊变》图绘数量由盛唐的三铺骤增至25铺则更为直观的表明了这一点。

继第222窟之后，第159、237、361窟相继绘有《五台山图》，但已至吐蕃统治敦煌后期，第159窟与237窟《文殊变》均位于西壁佛龛外北侧，与南侧《普贤变》呈对称形式，《五台山图》绘于《文殊变》下方联屏中，受唐代六曲画屏风尚影响，吐蕃时期的敦煌大量出现屏风壁画，以屏风的形式表现从属情节，从而起到映衬、拓展与丰富主体形象的图像功能，绘于《文殊变》下方联屏中的《五台山图》即属这种屏风画，实际上只是《文殊变》的组成部分，与《普贤变》下方联屏中之《普贤事迹》相同，在整个洞窟的宗教语境中，其意涵只因《文殊变》而显现，并不具有独立的图像意义。第361窟西壁佛床西、北壁以屏风二扇绘文殊显现与五台山，西、南壁以屏风二扇绘普贤显现与峨眉山，佛床上南北两侧塑像已失，据其后壁画内容，可推知佛床南侧应为骑象之普贤，北侧应为骑狮之文殊，两者正与其后之壁画相合。因此，第361窟《五台山图》实际上并不是一幅独立的图像，而是与文殊塑像共为一体，其图绘意义与第159、237窟《五台山图》是一致的。

晚唐时代的敦煌，《文殊变》的描绘有增无减，在30余铺遗存中，仅第144窟与第9窟绘有《五台山图》，同时，这也是敦煌晚唐时代仅见的

①[宋]王钦若等：《册府元龟·外臣部·请求》（卷九九九），北京：中华书局，1960年，第11724页。《旧唐书·敬宗本纪》亦有记载，但显简略，详见[后晋]刘昫等：《旧唐书·敬宗》（卷十七上），北京：中华书局，1975年，第512页。

②佟锦华，黄布凡：《拔协译注》，成都：四川民族出版社，1990年，第3、22、34~35页；拔卧·祖拉陈瓦：《贤者喜宴》，北京：民族出版社，1984年，第302页。

两幅《五台山图》。第144窟《五台山图》位于主室西壁佛龛外南侧《文殊变》中,前为文殊骑狮塑像,完全以文殊道场的背景形式出现,与龛外北侧以圣迹山水为背景的《普贤变》彼此对称,为习见之传统格局。第9窟《五台山图》绘于主室中心柱东向面龛内南壁,《文殊变》则绘于东壁门北,两者无明显空间对应关系,第9窟于公元九世纪末建成后,历经宋、元、清重修,中心柱东向龛内一铺九身造像为清代所塑,而与南壁《五台山图》对应之北壁绘《须达拏太子本生》,西壁则为《施身闻偈》与《萨埵太子本生》,考察莫高窟《文殊变》与《五台山图》演变理路,此龛《五台山图》联屏形式显然延续吐蕃传统,"很可能也可以拼合成一幅完整的五台山图"[①],并较中唐有更一步发展,但晚唐原塑之阙遗,让我们难以确信这幅壁画"是敦煌最后一处以独立屏风画形式出现的五台山图"[②]。此外,"在敦煌一带还有榆林窟第32、19、3窟和肃北五个庙第1窟也绘有五台山图,这两处的五台山图都是绘于文殊变中"[③]。

敦煌落蕃后骤兴的文殊信仰与《文殊变》的描绘,是《五台山图》出现于敦煌的直接诱因,而敦煌石窟《五台山图》的图像发展,亦自始至终贯穿于《文殊变》中,无论是彼此呼应的形式,还是融汇其中的形式,抑或是塑绘结合的形式,始终未有脱离。两者遗存数量的悬殊差异,进一步表明《五台山图》之于《文殊变》的从属地位。

在敦煌石窟《五台山图》遗存洞窟中,莫高窟第9窟、第61窟、第159窟、第237窟以及榆林窟第3窟、第32窟同时绘有《维摩变》,其中,第159窟与第237窟是在同一洞窟图绘《维摩变》与《五台山图》最早遗例。两窟《维摩变》均绘于主室东壁,第159窟门上《佛国品》,门南维摩

---

①赵晓星:《吐蕃统治时期传入敦煌的中土图像:以五台山图为例》,《文艺研究》2010年第5期,第125页。

②同上。

③赵声良:《莫高窟第61窟五台山图研究》,《敦煌研究》1993年第4期,第90页。

诘，下屏风三扇绘《弟子品》，门北文殊，下屏风三扇绘《方便品》，西壁盝顶帐形龛外北侧《文殊变》下方二扇屏风绘《五台山图》。第 237 窟《维摩变》格局与之略同，惟门南维摩诘下方屏风为四扇，绘《方便品》，门北文殊下方四扇屏风亦绘《方便品》，西壁盝顶帐形龛外北侧《文殊变》下方以三扇屏风绘《五台山图》。第 9 窟为晚唐窟，该窟《维摩变》绘于北壁，《五台山图》则位于中心龛柱东向面盝顶帐形龛南壁。第 61 窟《维摩变》绘于主室东壁，《五台山图》绘于与之相对的西壁。榆林窟第 32 窟为五代洞窟，该窟《维摩变》绘于主室北壁，《五台山图》位于东壁门南《文殊变》中。榆林窟第 3 窟为西夏遗构，主室西壁门上绘《维摩变》，门北绘《文殊变》，中有《五台山图》。其中，第 159 窟、第 237 窟、第 61 窟《维摩变》与《五台山图》在图像空间中呈对应格局。

第 159 窟与第 237 窟均为吐蕃统治敦煌晚期洞窟，两窟主室表现题材与图像格局基本相同，南壁均为《法华经变》、《观无量寿经变》、《弥勒经变》，北壁为《华严经变》、《药师经变》、《天请问经变》，东壁为《维摩诘经变》，西壁盝顶帐形龛内图像差异明显，但龛外南北侧图像则完全一致，南侧均为《普贤变》，下绘《普贤事迹图》；北侧均为《文殊变》，下绘《五台山图》。尽管莫高窟《维摩变》绘于主室东壁已见于初唐第 220 窟、盛唐第103 窟、第 121 窟等，但在第 159 窟与第 237 窟中，西壁《普贤变》与《文殊变》的出现，让洞窟壁画在其与东壁《维摩变》的彼此呼应中，显现出颇具匠心的图像程序，尤其是东壁《维摩变》北侧文殊师利与西壁盝顶帐形龛外北侧《文殊变》中文殊形象的相互对应，令其中隐含之程序设计愈益显明。

在莫高窟中唐《维摩变》遗存中，除第 186 窟绘于主室南壁、第 240 窟绘于西壁龛外，余均绘于主室东壁，而其中第 159、231、236、237、359、360 窟之《文殊变》均绘于主室西壁。在敦煌莫高窟，这种空间布局最早见于初唐第 220 窟，该窟东壁门上绘三身说法佛以及男女供养人各一身,门南绘维摩诘,门北绘文殊师利,西壁平顶敞口龛外南侧绘《普贤变》,北侧绘《文殊变》(图 4–12),与东壁《维摩变》相对。饶有意味的是,第 159、236、237、359、360 窟《维摩变》与《文殊变》均作如是布局,第 231 窟主室东壁门南为《报恩经变》,门北为《维摩变》,虽有变化,但与该窟西壁盝顶帐形龛外北侧《文殊变》仍然形成对应格局,明显可见《维摩变》与《文殊变》相向而绘的对立格局自初唐至中唐的渊源流变。(表 4–2)

图 4–12　骑狮文殊像　莫高窟第 220 窟西壁佛龛北侧　贞观十六年(642 年)

在《维摩变》与《文殊变》对应格局的演进历程中,《文殊变》作为与《维摩变》相对应的图像主体贯穿始终,于吐蕃统治敦煌时期出现的《五台山图》,尽管以相对独立的联屏形式出现,但实际上仍为《文殊变》不可或缺之组成部分,这一点与 159 窟东壁《维摩变》下方以六扇屏风表现《弟子品》、《方便品》是一致的。文殊堂西壁

表 4–2　莫高窟中唐《维摩变》与《文殊变》遗存

经变	窟号与布局			
	东壁	南壁	西壁	北壁
维摩变	7、21、133、159、231、236、237、359、360、369	186	240	
文殊变	92、185、222、258、361、366、386		202、205、112、144、159、200、231、235、236、237、238、359、360、361、370、468、474、	134、238、360

《五台山图》虽然格局宏大，但真正与东壁《维摩变》相对应的却并非《五台山图》，而是其与中央佛坛骑狮文殊像共同构成之《文殊变》，文殊堂的设计者基于洞窟的华严语境与文殊主题，采用塑绘结合的方法，表现了《文殊变》这一古老的图像母题。

三、文殊堂《五台山图》视觉传统

中国山水画在五代时期获得长足发展,荆浩、关仝为代表的北派山水与董源、巨然为代表的南派山水,交相辉映,集中展现了五代山水画的杰出成就。五代后梁画家荆浩“偶五季多故,遂退藏不仕,乃隐于太行之洪谷,自号‘洪谷子’,尝画山水树石以自适。”[①] 在北方壮美山川长期淘养之下,荆浩兼采吴道子与项容笔墨之所长,“成一家之体”,开创了气势宏伟的史诗般的山水画风。传为荆浩所绘《匡庐图》(图 4-13),格局宏大,气势恢宏,在以全景视像展现壮阔磅礴的北方山水的同时,体现了荆浩主张山水画“气质俱盛”的“图真”理想。在荆浩门生之中,关仝最为知名,其作《山溪待渡图》(台北故宫博物院藏)、《秋山晚翠图》(台北故宫博物院藏)以及《关山行旅图》(台北故宫博物院藏),“上突巍峰,下瞰穷谷,卓尔峭拔”[②],在承袭荆浩宏伟画风基础上,以“笔愈简而气愈壮,景愈少

①潘运告:《宋人画评》,长沙:湖南美术出版社,2010 年,第 108 页。

②《宋人画评》,第 108 页。

而意愈长”[①] 的面貌，将北派山水推至新境。南唐画家董源《潇湘图》（北京故宫博物院藏）（图 4–14）、《龙宿郊民图》（台北故宫博物院藏）、《夏山图》（上海博物馆藏）、《夏景山口待渡图》（辽宁省博物馆藏），巨然《层岩丛树图》（台北故宫博物院藏）、《溪山兰若图》（美国克利夫兰博物馆藏）、《万壑松风图》（上海博物馆藏），卫贤的《高士图》（故宫博物院藏）以及赵幹的《江行初雪图》（台北故宫博物院藏）等，虽无北派山水磅礴气势，却以“平淡天真”的面貌，开创了山水画的新风范，尤其是董源“云烟变灭，草木郁葱，真骇心动目之观”[②] 的笔墨创造，开创了中国山水画发展的新局面。荆、关、董、巨等五代画家的山水画作品，尽管审美视野、笔墨技巧、绘

图 4–13　《匡庐图》［五代］荆浩
绢本水墨　185.8 × 106.8 厘米
台北故宫博物院藏

图 4–14　《潇湘图卷》（局部）［五代］董源　绢本设色　北京故宫博物院藏

①岳仁：《宣和画谱》，长沙：湖南美术出版社，1999 年，第 225 页。
②［明］董其昌：《画禅室随笔》（卷二），上海：华东师范大学出版社，2012 年，第 86 页。

画风格等呈现明显地域差异,但却以集体性的成就,展现出五代山水画相当成熟的艺术面貌与历史高度。

宿白认为,文殊堂《五台山图》“可以说是一幅山水人物画,也可以说是一张百卉图,其间更布满了大小寺院(楼阁界画)、传说故事,以及高僧说法、信徒巡礼等图像,而图的下方又是从太原经五台到镇州的鸟瞰图。”① 严格而言,文殊堂《五台山图》实际上并非真正意义的山水画,无论是图像格局,还是题材内容,抑或是艺术水平,均与五代高度发展的山水画相去甚远。关于文殊堂《五台山图》所据粉本,宿白认为“当画在大历以后”② 内容应是“会昌废佛以前不久的五台写照”③。中国山水画发展至唐代宗李豫大历年间(766—779 年),业已形成青绿山水和水墨山水两种流派,现存传李思训《江帆楼阁图》(台北故宫博物院藏)、传李昭道《明皇幸蜀图》④(台北故宫博物院藏)展现出极高绘画技艺,陕西富平吕村乡朱家道村唐墓西壁所绘六屏水墨山水是迄今所见最早的独立水墨山水画(图 4–15),其“山体先用墨线勾出轮廓,远景平涂施色,树木以墨点点染,山体主要部分则以淡墨涂染皴擦,笔触有的类披麻皴,有的似斧劈皴。”⑤ 作为唐代水墨山水画的关键性实物遗存,朱家道村唐墓六屏水墨山水壁画的发现,表明至迟于唐大历(766—779 年)之前,唐代水墨

①宿白:《敦煌莫高窟中的〈五台山图〉》,《文物参考资料》1951 年第 2 卷第 5 期,第 49 页。

②宿白:《敦煌莫高窟中的〈五台山图〉》,载《文物参考资料》1951 年第 2 卷第 5 期,第 56 页。

③《文物参考资料》1951 年第 2 卷第 5 期,第 57 页。

④关于《明皇幸蜀图》年代之探讨,详见[日]古原宏伸:《唐人〈明皇幸蜀図〉》,载古原宏伸:《中国画卷の研究》,东京:中央公论美术出版,2005 年,第 129~134 页。杨新:《胡廷晖作品的发现与〈明皇幸蜀图〉的时代探讨》,《文物》1999 年第 10 期,第 94~100 页。郑又嘉:《元人画作或宋人摹本:石守谦对杨新看法的几点回应》,《典藏古美术》2000 年第 96 期,第 34~37 页。薛永年:《明皇幸蜀图与春山泛舟图断代》,《典藏古美术》2000 年第 96 期,第 38~39 页。

⑤贺西林,李清泉:《中国墓室壁画史》,北京:高等教育出版社,2009 年,第 191~192 页。

山水已发展至较高水平。河北曲阳西燕川村后唐同光二年(924年)王处直墓前室北壁正中山水壁画“全部以水墨描绘,笔墨雄浑粗放,表现力极强”①,是展现公元十世纪初叶北方地区山水画高度发展的关键性实物遗存(图4-16)。追溯现存唐五代山水画迹,文殊堂《五台山图》实难与中原经典山水画传统建立实质性联系。

图4-15　六屏式水墨山水(局部)
唐　陕西富平吕村乡
朱家道村唐墓

图4-16　水墨山水壁画(局部)
同光二年(924年)河北曲阳
五代后唐王处直墓

不同于文殊堂主室东壁《维摩变》由来已久的稳定的图像结构,文殊堂西壁《五台山图》的出现极为突兀,在莫高窟现存《五台山图》中,虽非

①贺西林,李清泉:《中国墓室壁画史》,北京:高等教育出版社,2009年,第220页。

空谷足音,却明显迥异其他《五台山图》。其一,格局宏大,文殊堂《五台山图》幅长13.45米,高3.42米,横贯西壁,其余《五台山图》一般以画屏形式绘于主室西壁佛龛外侧壁面,画幅甚小;其二,图像复杂,文殊堂《五台山图》自南向北依次为南台、西台、中台、北台、东台,其间以"空间单元"图式结构,布局约190余个图像,情节之丰富,远非其他《五台山图》堪与比肩;其三,榜题详尽,文殊堂《五台山图》共有榜题195则,虽然中唐第237、361窟《五台山图》亦有榜题,但囿于画幅局限,数量较少。虽然在中唐、晚唐以至五代的《五台山图》中,仍可见到贯穿《五台山图》发展始终而不可或缺的图像,如文殊化现、万菩萨、伽蓝、居士等,但格局的改变、内容的丰富以及题记的骤增,表明曹元忠统治敦煌时期出现的这幅《五台山图》,在曹元忠时代政治与佛教语境中,应是一幅"全新的"图像。考察文殊堂图像程序,绘于主室西壁的《五台山图》本质只是寓示文殊道场——五台山的图画,映衬中心佛坛骑狮文殊造像,共同形成一幅塑绘结合的《文殊变》。无论是宏大格局,还是复杂情节,抑或丰富题记,文殊堂《五台山图》史无前例的图像拓展,既为文殊堂文殊主题所决定,也为文殊堂宏大的空间结构所制约。

五代时期,南唐、西蜀相继设立画院,"为了适应大规模开窟造像的需要,曹氏仿效中原王朝,在其地方政府里也设立画院,有画院使管辖一批专门从事佛教艺术的画工。"[①] 曹元忠与夫人浔阳翟氏的功德窟——文殊堂壁画之绘制,显然出自画院画工之手。唐穆宗长庆四年(824年),吐蕃遣使求《五台山图》,而莫高窟中唐《五台山图》也显现出其与中原《五台山图》的血脉联系。尽管曹议金于后梁乾化四年(914年)代张承奉

①贺世哲:《敦煌莫高窟壁画中的〈维摩诘经变〉》,《敦煌研究》1982年第2期,第76页。关于曹氏画院的研究,详见姜伯勤:《敦煌的"画行"与"画院"》,载敦煌文物研究所:《1983年全国敦煌学术讨论会文集》(石窟艺术编)下,兰州:甘肃人民出版社,1987年,第172~191页。

执事瓜沙后奉中原正朔，继任子嗣亦交好中原朝廷，彼此时有往还，但文殊堂《五台山图》与中原艺术之间显然存在着更为复杂的姻亲脉络。“在唐代，有关城镇风光和文人庭院的叙事性图解，一部分演变为示意性的地图，另一部分则发展为风俗画。”①美国普林斯顿大学艺术考古系藏仿王维《辋川别业图》卷石刻拓片（1617 年）正是具有这种“叙事性图解”性质的作品，该图以环抱的群山形成一系列“空间单元”，中绘王维隐居之辋川别业（图 4–17）。文殊堂《五台山图》正是采用这一图式结构演绎而成（图 4–18）。这一图式结构有着久远的传统，在南北朝时代世俗与佛教艺术中，应用广泛，无论是四川成都万佛寺遗址出土南朝梁造像碑《西方净土变》石刻（图 4–19），还是北魏元谧石棺孝子石刻，抑或是敦煌北朝壁画（图 4–20），均可见到。此外，文殊堂《五台山图》中之草庵、山川、人物等的画法，亦均可在敦煌北朝以来的壁画中溯其原迹。

图 4–17　仿王维《辋川别业图》卷（局部）　1617 年　石刻拓片　普林斯顿大学艺术考古系藏

①[美]方闻：《超越再现：8 世纪至 14 世纪中国书画》，李维琨译，杭州：浙江大学出版社，2011 年，第 57 页。

图 4-18　五台山图·大建安之寺　莫高窟第 61 窟西壁

图 4-19　菩萨造像碑残段（背面局部）　南朝梁　四川成都万佛寺出土　四川省博物馆藏

图4-20　五百强盗成佛壁画(局部)　莫高窟第285窟南壁　西魏

曹元忠是归义军曹氏在位最久的一任节度使，从后晋天福九年(944年)嗣位至宋开宝七年(974年)卒世，前后长达30年。虽然敦煌遗书《开运四年(947年)归义军节度使曹元忠为其故兄追念请金光明寺僧疏》(P.3388)钤有“沙州节度使印”，而曹元忠亦以“归义军节度使”自居，但其“节度使”身份的“合法化”已至后周显德二年(955年)，是年五月“戊子，以沙州留后曹元忠为沙州节度使、检校太尉、同平章事。”[1] 在曹元忠于后晋天福九年(944年)嗣任故兄曹元深之位至后周显德二年(955年)诏赐其“沙州节度使”，其间11年，曹元忠实际上是以“沙州留后”的身份统治敦煌的。文殊堂正是曹元忠与夫人浔阳翟氏建造于这一“非常时期”的功德窟。

归义军曹氏统治时期的敦煌，文殊信仰极为流行[2]，不仅有《文殊法

①[宋]薛居正等:《旧五代史》,北京:中华书局,1976年,第1531页。

②党燕妮:《五台山文殊信仰及其在敦煌的流传》,《敦煌学辑刊》2004年第1期,第83~91页。

身礼》、《文殊师利菩萨无相十礼》、《五台山赞》、《五台山志》、《五台山曲子》、《礼五台山偈》、《往五台山行记》、《五台山诗》、《游五台山赞文》等的书写,而且有《文殊变》壁画的大量图绘,更见有“大圣文殊师利菩萨”版画的广泛雕印,尤其在曹元忠时代,达至鼎盛,文殊堂正是十世纪中期敦煌以文殊信仰为主导的佛教文化的物质性再现。然而,文殊堂在曹元忠执政之初的“非常时期”适时出现,又明显有其政治意蕴,是“物化在确定的时代和地区”[①] 并以“国家”、时代、阶级、宗教、政治等彼此凝聚的综合历史语境(Context)为前提的产物。

文殊堂是以文殊师利为主尊的洞窟, 这在敦煌历史上并无先例,该窟西壁《五台山图》,南壁《楞伽经变》、《弥勒经变》、《阿弥陀经变》、《法华经变》、《报恩经变》,北壁《密严经变》、《天请问经变》、《药师经变》、《华严经变》、《思益梵天经变》以及东壁《维摩诘经变》的选取,显然基于文殊主尊,尤其是东壁《维摩诘经变》与中央佛坛骑狮文殊造像及西壁《五台山图》的对应格局,十分恰当地烘托了文殊堂的主题。这一图像程序看似新颖,实则套用自中唐第 159 与 237 窟的图像格局,并于曹议金功德窟第 98 窟有直接借鉴,所不同的是,文殊堂南壁增加了《楞伽经变》,北壁增加了《密严经变》。西壁因衬托中心佛坛文殊造像之需要,绘以巨幅《五台山图》,而两者相合之后,实际上又构成一幅塑绘结合的《文殊变》。文殊堂《五台山图》应是直接脱胎于《文殊变》的佛教图像,曹氏画院在文殊堂的建造中,基于中央佛坛文殊造像之需要,解构了中唐以来的《五台山图》,并在敦煌历代传统图像基础上,运用“空间单元”这一图式结构,重构了适合文殊堂西壁壁面的《五台山图》,令其以“独立”而宏大的格局得以重生。

---

①《帕诺夫斯基与美术史基础》,第 8 页。

第五章

文殊堂《维摩经变》新识

东汉中平五年(188 年)严佛调初译《维摩诘经》(Vimalakīrti nirdesa sutra)以来,伴随着《维摩诘经》的译传,维摩信仰蔓延大江南北,产生广泛宗教影响,尤其在北魏中晚期,更见盛行。北朝以后,尽管唐代有"少列陈岵进注《维摩经》,得濠州刺史"[①],以及大中七年(853 年)宣宗李忱诏寿州刺史卢简辞进瓦官寺维摩画壁,"赐之金帛,以画示百寮,后收入内"[②] 的记载,但维摩信仰实际已渐呈式微之势。唐宋之际,宗教信仰日趋多样化,在归义军曹氏治下的敦煌地区,维摩信仰、华严信仰、文殊信仰、五台山信仰、毗沙门信仰、十王信仰、海龙王信仰、宾头卢信仰等彼此交错,并有琐罗亚斯德教(Zoroastuanizm)[③]、伊兰文化等杂陈其间,共同形成极为复杂的地域宗教文化语境。

从后梁乾化四年(914 年)至宋景祐三年(1036 年),敦煌一直为归义军曹氏统治,这是敦煌宗教文明与视觉文化晚期发展重要历史阶段。归义军曹氏极重佛教,据统计,"莫高窟现存五代窟三十个左右,宋代窟四

---

①[后晋]刘昫:《旧唐书》(卷一百五十三),北京:中华书局,1975 年,第 4086 页。

②[唐]张彦远:《历代名画记》(卷三),北京:人民美术出版社,2004 年,第 73 页。

③琐罗亚斯德教(Zoroastuanizm),又称祆教(Mazdaizm)、拜火教,由琐罗亚斯德创立,以《阿维斯陀》(Avesta)为其经典,主张善恶二元论。该教历史久远,最早可追溯至公元前六世纪,于安息(帕提亚)、贵霜王朝、阿契美尼德王朝曾广为流行。

十个左右，合计七十个左右”①。归义军曹氏时期的石窟，从曹议金时代(914—935年)即呈现出迥异前代的趋向，其后，洞窟规制、壁画格局、图像题材、艺术风格等时代特点更为明显。仅就图像而言，归义军曹氏时期的壁画虽然继续沿用前代题材，但这些绵延甚久的传统图像却因宗教语境的改变，而在新的空间逻辑中呈现出迥然不同的视觉内涵，文殊堂东壁《维摩经变》(图5-1、图5-2)正是这样一幅壁画。

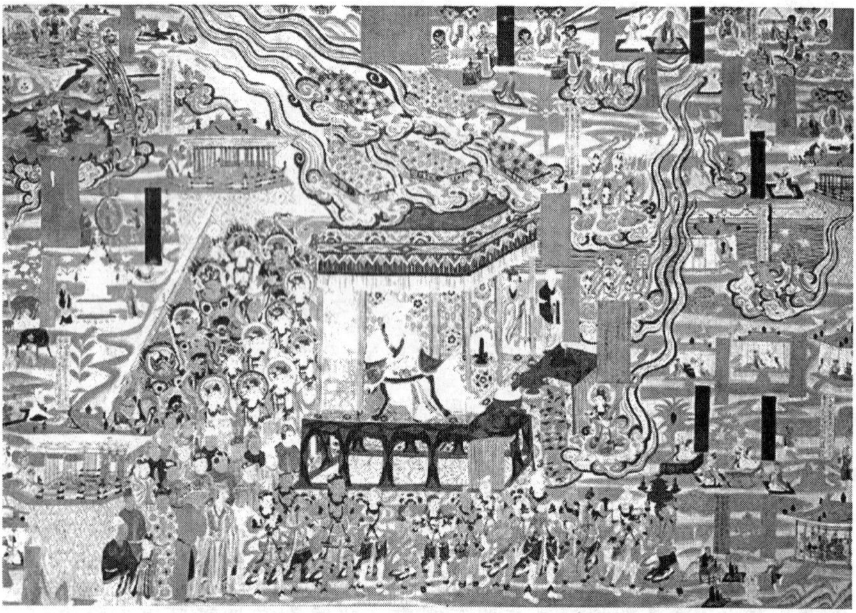

图5-1　《维摩变·维摩诘》　莫高窟第61窟主室东壁北侧　五代

①贺世哲：《敦煌莫高窟壁画中的〈维摩诘经变〉》，《敦煌研究》1982年第2期，第76页。

图 5-2　《维摩变·文殊师利》　莫高窟第 61 窟主室东壁南侧　五代

一、汉唐五代维摩信仰的发展

由于《维摩诘经》“其旨渊玄,非言象所测;道越三空,非二乘所议。超群数之表,绝有心之境,眇莽无为而无不为,罔知所以然而能然者”①,故而在其传入中土之后,“特别受到教内外的重视。一直到唐代几百年间,义学沙门普遍以《维摩诘经》为重要的研习内容”②。从东汉中平五年

①[梁]僧祐:《出三藏记集》(卷八),苏晋仁,萧錬子点校,北京:中华书局,1995年,第309页。

②孙昌武:《中国文学中的维摩与观音》,北京:高等教育出版社,1996年,第39页。

(188 年)至唐永徽七年(650 年),《维摩诘经》先后七次重译[①],亦基因于此。《维摩诘经》的广泛弘传,既渊源于其"文微而婉,厥旨幽而远"[②] 的优长,更与汉末以来中国社会普遍的宗教需求有密切关系。作为"中国最受尊崇的经典著作中的佛教文学典范" [③],《维摩诘经》"在有文化的士大夫的佛教中扮演了十分重要的角色"[④],"晋以来的名流,每一个人总有三种小玩意,一是《论语》和《孝经》,二是《老子》,三是《维摩诘经》"[⑤]。姚兴"每寻玩兹典,以为栖神之宅"[⑥],或可视为维摩信仰发展盛期典型心态。

从支谦于吴黄武年间(222—229 年)在建业重译该经后,维摩信仰的发展渐呈上升趋势,并最终在北魏中晚期宣武、孝明朝达至巅峰,史载宣武帝元恪"雅爱经史,尤长释氏之义"[⑦],永平二年(509 年)十一月己

---

①东汉中平五年(188 年),严佛调初译该经,世称《古维摩诘经》(二卷)。吴黄武年间(222—229 年),支谦在建业重译该经为《佛说维摩诘经》(二卷)。此后,竺叔兰于晋元康元年(291 年)译出《异维摩诘经》(三卷)、竺法护于太安二年(303 年)译出《维摩诘所说法门经》(一卷)、祇多蜜于东晋时译出《维摩诘经》(四卷)。后秦弘始八年(406 年),鸠摩罗什(Kumarajiva)奉敕在长安重译该经,名《维摩诘所说经》(三卷)。唐永徽七年(650 年),玄奘又译该经为《说无垢称经》(六卷)。另,藏经洞《净名经关中释抄卷上》[生 024(1351)]谓有六译,未记东晋祇多蜜译本,其文为:"爰至皇朝时移九代,此经翻传总有六译,第一,后汉刘氏灵帝代临淮清信士严佛调于洛阳白马寺译二卷,名维摩诘经;第二,吴朝孙氏大皇帝月支国优婆塞支谦于武康译三卷,名维摩诘所手不思议法门经;第三,西晋司马氏武帝沙门竺法护西域人,解三十六国语,于洛阳译一卷名维摩诘所说法门经;第四,东晋惠帝西域沙门竺叔兰元康六年洛阳译三卷,名毗摩罗诘经;第五,后秦姚兴弘始八年三藏沙门鸠摩罗什于长安大寺译三卷,名维摩诘所说经,即今所译之本是也;第六,唐朝三藏沙门玄奘贞观二十一年于长安大慈恩寺译六卷,名无垢称经。"见敦煌研究院:《敦煌遗书总目索引新编》,北京:中华书局,2000 年,第 455 页。

②《出三藏记集》(卷八),第 310 页。

③[荷兰]许里和:《佛教征服中国》,李四龙,裴勇译,南京:江苏人民出版社,1998 年,第 68 页。

④同上。

⑤鲁迅:《鲁迅全集》(卷五),北京:人民文学出版社,1998 年,第 310 页。

⑥《出三藏记集》(卷八),第 309~310 页。

⑦[北齐]魏收:《魏书》(卷八),北京:中华书局,1974 年,第 215 页。

丑,“于式乾殿为诸僧、朝臣讲《维摩诘经》”[1]。元恪衷情维摩,实受其师崔光(450—522年)影响[2],崔光历仕孝文、宣武、孝明三代,为三朝元老,精擅维摩,“每为沙门朝贵请讲维摩、十地经,听者常数百人”[3],加之其帝师身份,宣武、孝明先后受其影响,使维摩信仰在“上既崇之,下弥企尚”[4]的北魏社会迅速蔓衍。北魏皇室经营的云冈石窟、龙门石窟、巩县石窟众多维摩像迹正是北魏平城时代中后期至迁洛以后数代经营之遗存,此外,炳灵寺、麦积山等石窟以及各地散见北魏造像碑、金铜佛等亦多见维摩形象,由此可见北魏维摩信仰发展之盛,流传之广,影响之大。北魏时期建立的庞大的维摩信仰网络,尤其是民间基础极为深厚,影响远及此后北朝社会。

入唐以后,由于唐代宗教语境的改变,此时的维摩信仰与南北朝维摩信仰主旨已迥然不同。汤用彤在论及唐代佛教信仰时指出:

> 及至唐时帝王公卿以及士人,虽与释子文字之因缘犹盛,而谈玄之风尚早已衰灭。自初唐之唐临至晚唐之白居易,几专言冥报净土,求其如姚兴、萧衍、谢灵运、沈约之能谈玄理,已不可见。文宗朝,白居易官太子少傅时,劝一百四十八人结上生会,行弥勒净土业。万岁风痹,遂专志西方……盖当时士大夫根本之所以信佛者,即在作来生之计,净土之发达以至于几独占中华之释氏信仰者,盖在于此。[5]

---

①《魏书》(卷八),第209页。
②邹清泉:《北魏坐榻维摩画像源流考释》,《敦煌研究》2010年第4期,第67~73页。
③《魏书》(卷六十七),第1499页。
④《魏书》(卷一百一十四),第3042页。
⑤汤用彤:《隋唐佛教史稿》,北京:中华书局,1982年,第194页。

佛教信仰的转向，净土思想的流行，以及此时众多佛教经典相继译出，使曾经盛行一时的维摩信仰日趋萎缩，“渐渐蜕变为一种人生方式，以至是一种享受，一种机辨，已很少有深入的精神探索的意味”[①]。

唐宋之际的五代十国是群雄争霸、战乱纷仍的非常时期，同时也是社会思想发生深刻变革的历史阶段，在这一特殊的历史语境中，唐代后期已趋式微的维摩信仰此时更加衰颓。在莫高窟藏经洞纪年维摩写卷中[②]，五代纪年写卷仅见后蜀广政十年(947年)《维摩诘经讲经文》(P.2292b)，数量较北朝至唐代明显为少，由此也可判断五代维摩信仰的衰敝之势[③]。

北宋时期，作为“一种人生方式”的维摩信仰更加“高级化”，维摩诘在这时“被塑造成了善于处世的官僚的典型，特别成了官僚政治生活之外的‘私’生活的榜样”[④]，维摩信仰的流传更加局限。北宋中晚期，维摩信仰衰落趋势更加明显，苏东坡《维摩像唐杨惠之塑在天柱寺》：

> 今观古塑维摩像，病骨磊嵬如枯龟。乃知至人外生死，此身变化浮云随。世人岂不硕且好，身虽未病心已疲。此叟神完中有恃，谈笑可却千态罢。当其在时或问法，俯首无言心自知。至今遗像兀不语，与昔未死无增亏。田翁俚妇那肯顾，时有野鼠衔其髭。见之使人每自失，谁能与诘无言师。[⑤]

---

①《中国文学中的维摩与观音》，第160页。

②江素云统计藏经洞维摩写卷有约1039件，包括经文、经疏、变文、杂书等，见江素云：《〈维摩诘所说经〉敦煌写本综合目录》，台北：东初出版社，1991年，第2页。

③关于中古《维摩诘经》的书写，详见邹清泉：《中古敦煌〈维摩诘经〉的书写：以藏经洞维摩写卷为中心》，《敦煌学辑刊》2012年第1期，第57~67页。

④《中国文学中的维摩与观音》，第321页。

⑤[宋]苏轼：《苏东坡集》(第2册)，上海：商务印书馆，1930年，第10~11页。

两宋之际,“曾经让无数人向往的维摩居士的生活,曾经强烈地吸引过人们的维摩思想,这时几乎不再引起人们的兴趣了”①。

①《中国文学中的维摩与观音》,第357~358页。

二、归义军曹氏时期的《维摩经变》

在归义军曹氏统治敦煌期间，曹议金、曹元德、曹元深、曹元忠、曹延恭、曹延禄等历任节度使均信奉佛教，经营莫高窟不遗余力，敦煌当地仕宦望族亦随风而动，令归义军曹氏时期莫高窟的营建呈现一派盛景。据研究，归义军曹氏洞窟遗存中，第“98、100、108、5、6、22、61、146、53、121、261、342、44、334、335(以上系五代窟)、25、454、7、172、203、437、264、202(以上系宋代窟)等23个窟里画有《维摩诘经变》。这些经变大部分画在主室东壁(98、100、108、5、6、22、61、146、121、454、7等窟)，少数画在主室北壁(53、342、25等窟)。曹氏时期对许多前代洞窟的前室重修过。重修时，在一些洞窟前室西壁画《维摩诘经变》(334、335、261、172、203、264、437等窟)，也有少数画在前室南北壁(44、202窟)。”① (表5-1)归义军曹氏时期《维摩经变》的表现，基本延续隋唐既定格套，一般图绘在洞窟主室或前室，文殊师利和维摩诘一般分绘主(前)室门南北两侧，门上绘《佛国品》，周绘《方便品》、《弟子品》、《菩萨品》、《不思议品》等其他各

①贺世哲:《敦煌莫高窟壁画中的〈维摩诘经变〉》,《敦煌研究》1982年第2期，第76页。

表 5-1 莫高窟五代宋《维摩经变》

窟号	时代	位置
5 窟	五代	主室东壁,门南文殊菩萨,门北维摩诘居士。
6 窟	五代	主室东壁,门南文殊菩萨,门北维摩诘居士。
22 窟	五代	主室东壁,门北维摩诘居士,门南文殊菩萨(残)。
53 窟	中唐	主室北壁,上维摩诘居士变〔五代〕。
61 窟	五代	主室东壁,门上佛国品,门南文殊菩萨,门北维摩诘居士。
98 窟	五代	主室东壁,门上方便品,门南文殊菩萨,门北维摩诘居士。
100 窟	五代	主室东壁,门南文殊菩萨,门北维摩诘居士。
108 窟	五代	主室东壁,门上佛国品,门南文殊菩萨,门北维摩诘居士。
132 窟	晚唐	主室东壁,门南文殊菩萨,门北维摩诘居士。〔五代〕
146 窟	五代	主室东壁,门上佛国品,门南文殊菩萨,门北维摩诘居士。
261 窟	五代	前室西壁,门南文殊菩萨(残),门北维摩诘居士(残)。
288 窟	西魏	前室南壁,表层维摩诘居士变(残)。〔五代〕
334 窟	初唐	前室西壁,门南文殊菩萨,门北维摩诘居士。〔五代〕
369 窟	中唐	主室东壁,门上佛国品,门南文殊菩萨,门北维摩诘居士。〔五代〕
25 窟	宋	主室北壁,维摩诘居士变一铺。
172 窟	盛唐	前室西壁,门南文殊菩萨,门北维摩诘居士。〔北宋〕
202 窟	初唐	前室南北壁,南壁文殊菩萨,北壁维摩诘居士(漫漶)。〔宋〕
203 窟	初唐	前室西壁,门南文殊菩萨,门北维摩诘居士。〔宋〕
335 窟	初唐	前室西壁,门南北维摩诘居士变一铺(漫漶)。〔宋〕
437 窟	北魏	前室西壁,门南文殊菩萨,门北维摩诘居士。〔宋〕
454 窟	宋	主室东壁,门上佛国品,门南文殊菩萨,门北维摩诘居士。

品。这与隋唐时期，尤其是唐代莫高窟《维摩经变》的视觉传统基本一致。但作为“被物化在确定的时代和地区”[①]的视觉形象，归义军曹氏时期的《维摩经变》仍然展现了其独有的时代精神。

首先，规模宏大。曹氏时期“于经变诸作，犹能经营巨制”[②]，《维摩经变》在延承晚唐余绪同时，“出现一些规模空前巨大的作品”[③]，第98窟与文殊堂东壁《维摩经变》均为鸿篇巨制，第98窟为曹议金功德窟，建于后唐同光（923—925年）前后，该窟东壁《维摩经变》（图5-3），高2.95米，宽12.65米，在曹氏统治敦煌初期，即奠立此后《维摩经变》描绘的宏大格局。其次，榜题数量骤增。文殊堂主室东壁《维摩经变》榜题约存1 695字[④]，冠居莫高窟历代《维摩经变》榜题遗存之首，这些榜题分为红地墨书、绿地墨书、白地墨书以及墨书四种，繁简不一，多则190余字，少则几字，涉及《维摩诘经》全部十四品。再次，诸品兼有顾及。莫高窟隋唐时代的《维摩经变》，皆以《文殊师利问疾品》为中心，旁涉《佛国品》、《方便品》、《弟子品》、《不思议品》等，考察曹氏时期《维摩经变》，其对《文殊师利问疾品》以外其他诸品文本意象的描绘更为生动，这些描绘学堂、酒肆等日常生活的画面（图5-4、图5-5），皆以“动人意匠再现了生活”[⑤]，赋予“力虽不胜，尚思奋飞”[⑥]的曹氏《维摩经变》以浓郁生活气息。最后，维摩样式改变。自顾恺之于东晋兴宁二年（364年）在江宁瓦官寺北小殿首创维摩像以来[⑦]，维摩诘一直是历代《维摩经变》主体形象，自莫高窟第

①[美]迈克尔·安·霍丽：《帕诺夫斯基与美术史基础》，易英译，长沙：湖南美术出版社，1992年，第8页。

②谢稚柳：《鉴余杂稿》，上海：上海人民出版社，2007年，第18页。

③贺世哲：《敦煌莫高窟壁画中的〈维摩诘经变〉》，《敦煌研究》1982年第2期，第76页。

④《敦煌研究》1982年第2期，第77页。

⑤金维诺：《敦煌晚期的维摩变》，《文物》1959年第4期，第59页。

⑥《鉴余杂稿》，第18页。

⑦[唐]张彦远：《历代名画记》（卷五），北京：人民美术出版社，2004年，第113~114页。

图 5-3 《维摩变·维摩诘》 莫高窟第 98 窟主室东壁北侧　五代

图 5-4 《维摩变·学堂》 莫高窟第 98 窟主室东壁　五代

图 5-5 《维摩变·入诸酒肆》 莫高窟第 61 窟主室东壁北侧　五代

220 窟主室东壁唐贞观十六年(642 年)《维摩经变》确立坐帐维摩画像样式以后,终有唐一代始终未曾改变[①](图 5-6)。归义军曹氏主政瓜沙后,基于宗教语境的转换与时代精神的嬗变,曹氏洞窟在经营理念、营建规模、图绘格局等方面均有变化,此时,维摩居士的表现,不仅坐床大小有异、帐构装饰有别,维摩也迥异此前传统形象。随着维摩形态改变,隐几描绘出现新变,曹议金功德窟第 98 窟《维摩经变》在曹氏统治伊始,即改相沿甚久的前凭隐几为后凭[②],第 108 窟《维摩经变》亦为后凭,但在曹元忠统治时期营建的文殊堂(947—951 年)东壁《维摩经变》中,维摩居士凭靠之隐几仍为前凭,第 146 窟亦可见前凭隐几,其图样依据显然有别于第 98 窟、第 108 窟《维摩经变》。

---

①邹清泉:《莫高窟唐代坐帐维摩画像考论》,《敦煌研究》2012 年第 1 期,第 33~39 页。

②邹清泉:《隐几图考》,《文艺研究》2012 年第 2 期,第 130~135 页。

图 5-6　《维摩变·维摩诘》　莫高窟第 220 窟主室东壁南侧　贞观十六年(642 年)

相对隋唐时代数量众多的描绘，五代《维摩经变》明显偏少，但其鸿篇巨帙的图绘规模却远超前代，回溯中古佛教信仰的发展，这与归义军曹氏时期维摩信仰的式微趋势明显相悖。“历史的物事，或许可以通过将它们当作其当时环境条件下解决问题的方式，并通过在问题术语、文化与描述之间重构一种理性的关联，从而得到阐释”①，通过“时代之眼”(the Periodeye)审视作为“永恒理性”的一部分被物化于归义军曹氏时期敦煌莫高窟的《维摩经变》，其存在又有其“合理性”，这种“合理性”的阐释，显然要依赖于对曹氏时期所独有的宗教语境、“历史性”以及“时代精神”的解读。

①Michael Baxandall. *Patterns of Intention*: *on the Historical Explanation of Pictures*. Yale University Press，1985，p.35.

三、文殊堂《维摩经变》视觉传统、对应结构与空间逻辑

《维摩经变》是我国中古时代图绘最盛的佛教题材之一，在莫高窟、云冈、龙门、巩县、麦积山、炳灵寺等石窟有丰富遗存，造像碑、金铜佛以及宋元明清画卷也有图像表现。东晋画家顾恺之于瓦官寺北小殿所创维摩画像是中古《维摩经变》图像演绎的起点，北魏中后期则是《维摩经变》图像发展的转折点，由于帝室推动，维摩信仰弥漫整个北魏社会，维摩画像的表现随之而兴，影响远及唐宋以至明清。①

考察莫高窟《维摩经变》遗存，隋唐是其表现盛期，隋代《维摩经变》主要绘于主室西壁龛外（206 窟）、窟顶后部平顶（262 窟）、前室顶部（424 窟）、前室顶西披（425 窟），唐代《维摩经变》主要绘于主室东壁（220 窟）、主室西壁龛外（322 窟）、主室北壁后部（332 窟）、主室西壁（334 窟）、主室北壁（335 窟）（图 5–7）、主室西壁龛口（341 窟）、前室南壁（44 窟）以及西壁龛外（240 窟），维摩与文殊师利一般分绘南北两侧。莫高窟第 220

①邹清泉：《虎头金粟影：维摩画像研究献疑》，《故宫博物院院刊》2010 年第 4 期，第 57~67 页；邹清泉：《北魏坐榻维摩画像源流考释》，《敦煌研究》2010 年第 4 期，第 67~73 页。

窟主室东壁唐贞观十六年(642 年)《维摩经变》是莫高窟《维摩经变》发展的分水岭[①],该图不仅奠立敦煌此后数百年《维摩经变》图绘格局,还开启了《维摩经变》整铺绘于东壁的空间传统,这种绘于主室东壁的空间格局,从盛唐开始,渐成定式(表 5-2),在中唐、晚唐《维摩经变》遗存洞窟中,除第 186 窟、240 窟、9 窟、150 窟外,余均绘于主室东壁。

归义军曹氏时期《维摩经变》的空间布局明显延续自第 220 窟奠立的传统,第 5 窟、第 61 窟、第 98 窟、第 100 窟、第 454 窟等重要洞窟中的《维摩经变》均绘于主室东壁,但其宗教主题、空间逻辑、图像内涵以至视觉意味,却有明显差异。在归义军曹氏时期洞窟中,文殊堂是最为独特的洞窟之一,其独特之处,不仅体现在不同以往的文殊主题,还体现于精心构思的对应结构与空间逻辑。环视文殊堂空间格局、壁画内容、图像程序,其中以中央佛坛骑狮文殊为中心的题材选择与程序设计,极大地展现出曹氏画院工匠蕴含于空间逻辑中的缜密构思。

图 5-7　《维摩变》(局部)　莫高窟第 335 窟主室北壁　唐圣历年间(698—700 年)

①邹清泉:《莫高窟唐代坐帐维摩画像考论》,《敦煌研究》2012 年第 1 期,第 33~39 页。

表 5-2　莫高窟唐代《维摩经变》遗存洞窟图像分布

窟号	时代	东壁	南壁	西壁	北壁
68 窟	初唐		未详经变(残)	维摩经变	未详经变(残)
203 窟前室	初唐		宋代密教画(残)	维摩经变	说法佛、药师佛、观音等
203 窟主室	初唐	七佛、天王等	说法图	维摩经变	说法图
220 窟主室	初唐	维摩经变	阿弥陀经变	说法图、普贤变、文殊变等	药师经变
242 窟	初唐		经变	说法图、维摩经变	漫漶
322 窟	初唐	说法图、药师立佛、坐佛等	千佛、说法图	维摩经变、本生	千佛、阿弥陀经变
332 窟主室	初唐	珞珈山观音、灵鹫山说法图	赴会佛、涅槃变	菩萨等	赴会佛、维摩经变
334 室主室	初唐	十一面观音变	净土变	维摩经变	阿弥陀经变
335 窟主室	初唐	阿弥陀、说法图、药师佛	阿弥陀经变	法华经变、劳度叉斗圣变	维摩经变
341 窟主室	初唐	说法图	阿弥陀经变	维摩经变	弥勒经变
342 窟主室	初唐	观音经变	劳度叉斗圣变	维摩经变	维摩经变
44 窟前室	盛唐		维摩经变	经变	未详经变(残)
103 窟主室	盛唐	维摩经变	法华经变	菩萨等	观无量寿经变

续表

窟号	时代	东壁	南壁	西壁	北壁
121 窟主室	盛唐	维摩经变	说法图	普贤变、文殊变等	说法图
194 窟主室	盛唐	地藏、观音等	维摩经变		观无量寿经变
7 窟主室	中唐	维摩经变	药师经变、弥勒变	坐佛、观音等	观无量寿经变、天请问经变
133 窟主室	中唐	维摩经变变未详经变、弥勒经	未详经变、弥勒变		未详经变、金光明经变
159 窟主室	中唐	维摩经变	法华经变、观无量寿经变、弥勒经变	普贤变、文殊变、九横死、十二大愿等	华严经变、药师经变、天请问经变
186 窟	中唐		维摩经变		未详密教经变
231 窟主室	中唐	报恩经变、维摩经变	观无量寿经变、法华经变、天请问经变	瑞像图、本生、普贤变、文殊变等	药师经变、华严经变、弥勒经变
236 窟主室	中唐	维摩经变	观无量寿经变、楞伽经变	瑞像图、本生、普贤变、文殊变、坐佛等	药师经变、金刚经变
237 窟主室	中唐	维摩经变	法华经变、观无量寿经变、弥勒经变	瑞像图、本生、普贤变、文殊变	华严经变、药师经变、天请问经变

续表

窟号	时代	东壁	南壁	西壁	北壁
240 窟	中唐		观无量寿经变、天请问经变	弥勒经变、弥勒经变、维摩经变	药师经变、金刚经变
359 窟主室	中唐	维摩经变	阿弥陀经变、金刚经变	普贤变、文殊变、九横死等	药师经变、弥勒经变
360 窟主室	中唐	维摩经变	释迦曼荼罗、观无量寿经变、弥勒经变	普贤变、文殊变等	千手钵文殊、药师经变、天请问经变
9 窟主室	晚唐	普贤变、文殊变	劳度叉斗圣变	楞伽经变	维摩经变
12 窟主室	晚唐	维摩经变、报恩经变	法华经变、观无量寿经变、弥勒经变	佛传、普贤变、文殊变等	华严经变、药师经变、天请问经变
18 窟主室	晚唐	维摩经变	观无量寿经变、弥勒经变	观音普门品、文殊变、普贤变	药师经变、金刚经变
85 窟主室	晚唐	金光明经变、维摩经变	报恩经变、阿弥陀经变、金刚经变、贤愚经变	劳度叉斗圣变、贤愚经变	密严经变、药师经变、思益梵天问经变、贤愚经变
138 窟主室	晚唐	维摩经变、报恩经变	楞伽经变、金刚经变、阿弥陀经变、法华经变、天请问经变	药师佛、赴会菩萨等	金光明经变、报恩经变、药师经变、华严经变、弥勒经变

续表

窟号	时代	东壁	南壁	西壁	北壁
139窟	晚唐	维摩经变	不空绢索观音变	天请问经变	七佛等
150窟主室	晚唐	弥勒经变、阿弥陀经变、药师经变	金刚经变、维摩经变	药师佛、普贤变、文殊变	密严经变、未知名经变
156窟主室	晚唐	金光明经变、维摩经变、张议潮统军出行图、宋国夫人出行图	思益梵天问经变、阿弥陀经变、金刚经变、张议潮统军出行图	千手眼观音变、不空绢索观音变、如意轮观音变、十二大愿、九横死、普贤变、文殊变	报恩经变、药师经变、天请问经变、宋国夫人出行图

文殊堂四壁由《五台山图》、《楞伽经变》、《弥勒经变》、《阿弥陀经变》、《法华经变》、《报恩经变》、《密严经变》、《天请问经变》、《药师经变》、《华严经变》、《思益梵天经变》、《维摩经变》以及《佛传》等13幅主体性宗教壁画图绘而成，均为流传甚久的传统题材。其中，绘于文殊堂正壁——西壁的《五台山图》，具有极为重要的宗教意义[①]，以其众所周知的文殊道场的图像身份，在衬托中央佛坛骑狮文殊造像的同时[②]，寓示文殊堂的华严语境与文殊主题。南北两壁为对应格局，各自相对描绘五幅经变，南壁西起绘《楞伽经变》、《弥勒经变》、《阿弥陀经变》、《法华经变》及《报恩经变》，北壁西起绘《密严经变》、《天请问经变》、《药师经变》、《华严经变》及《思益梵天经变》，其中，《法华经变》与《华严经变》、《阿弥陀经变》(《观无量寿经变》)与《药师经变》、《弥勒经变》与《天请问经变》、《报恩经变》与《思益梵天经变》、《维摩经变》与《文殊变》的对应格局早在中唐时代第159窟、第237窟即已出现，虽然文殊堂增加了相互对应的《楞伽经变》与《密严经变》，但其他八铺经变的对应格局，显然基于其彼此间绵延甚久的对应传统，尽管文殊堂南北两壁经变壁画在题材、格局等方面延续传统，但在具体形象的描绘上，十分注重图像与洞窟主题之间的关联性，如南壁《法华经变》中《文殊赴会》(图5-8)的表现，即以文殊师利的视觉形象将《法华经变》统一于该窟华严语境与文殊主题之中。

一度沉寂的佛传壁画终于在曹元忠时代再度复兴，文殊堂主室南壁、西壁与北壁下部以联屏形式绘33扇佛传壁画，无论是宏大规模，还是丰富内容，均远超前代。屏风每扇高1.6米，宽0.87米，总面积达45.9平方米，并有文字榜题128则。据研究，这幅佛传壁画系据"隋开皇七至

①邹清泉:《敦煌壁画〈五台山图〉新考:以莫高窟第61窟为中心》,《中国国家博物馆馆刊》2014年第2期,第77~93页。

②邹清泉:《莫高窟第61窟佛坛造像蠡测》,《美术》2014年第2期,第118~121页。

图 5-8 莫高窟第 61 窟《法华经变》(局部) 五代

十一年(587—591年)天竺三藏闍那崛多译《佛本行集经》绘画,其中表现了此经文中的二十四品。佛传图结尾两扇屏风的涅槃部分,则是依据唐代义净译《根本说一切有部毗奈耶杂事》,唐代若那跋陀罗和会宁译《大般涅槃经后分》,以及中国人撰《佛母经》绘画。"① 壁画从主室南壁云童子请燃灯佛授记开始,依佛陀成佛之路次第展开,南壁佛传共绘 9 扇屏风,表现有故事情节的释迦世系;第 10 扇至第 24 扇绘于西壁,表现释迦宫廷生活与誓愿出家事迹;第 25 扇至第 33 扇绘于北壁,表现释迦降魔成道、初转法轮以及涅槃举哀。相比莫高窟第 290 窟横卷式构图形式,文殊堂佛传壁画的联屏格局是其突出特点,屏风画在中原有久远传统,初唐时始现敦煌,中唐时屏风画大量绘于洞窟四壁下方,文殊堂佛传壁画之空间格局显然延续自唐代传统。

佛传壁画尽管盛行一时,但随着宗教语境的数度转换,莫高窟佛传

---

①敦煌研究院:《敦煌石窟全集·佛传故事画卷》,香港:商务印书馆,2004 年,第 122 页。

壁画在北朝之后持续式微，唐贞观年间之后，图绘数量日益减少，至晚唐时，已完全边缘化。归义军节度使曹元忠时期（944—974年），在佛传壁画沉寂数百年后，以文殊堂、第454窟、榆林窟第33窟为代表的佛传壁画骤然中兴，这一态势的出现，有研究认为与末法思潮有关，佛教将释迦圆寂以后的佛法分为正、像、灭三个时期，正法时期为500年，法仪未改，佛法准确；像法时期为1000年，佛法虽有正法，却已"道化讹替"；末法时期为10000年，"佛法将灭"，在归义军曹氏时代，尽管历任节度使均试图交好周边民族，仍不免时有交战，尤其在与之有姻缘关系的于阗王国，末法思想极为流行，于是有研究指出，"曹氏政权为了自身政权和友好邻邦于阗国的安全，选用有末法思想的《佛本行集经》绘佛传故事画，以保护佛法，巩固归义军政权"①。不可否认，末法阶段即将到来的思想确曾影响敦煌，而归义军曹氏的确十分重视《佛本行集经》，佛经中也包含"如来佛法僧宝，速疾隐没不现世间，所有经书悉皆灭尽"的末法思想，但从曹氏时期佛传壁画的表现来看，两者应无必然联系。佛传壁画尽管在曹元忠时代出现宏大格局，但并没有延续太久，数量不多，与影响甚久的末法思想实难契合。其骤然出现，应与曹元忠及夫人浔阳翟氏个人信仰有更多联系。

文殊堂是以文殊师利为主尊的洞窟，而文殊信仰实属华严体系，故而文殊堂之文殊语境亦可视为华严语境。隋代天竺三藏阇那崛多在《佛本行集经》卷首署"归命大智海毗卢遮那佛"，毗卢遮那佛（卢舍那如来）为华严宗主尊，为智慧成就最高之佛，点明此经"是对华严宗和它的教主毗卢遮那佛的信仰"②。在藏经洞遗书中，发现有大量归义军曹氏时代的《佛本行集经》写本，其中，英藏斯坦因劫卷《佛本行集经》（S.0559）中见

①《敦煌石窟全集·佛传故事画卷》，第118页。

②《敦煌石窟全集·佛传故事画卷》，第116页。

有“瓜沙州大王印”,在曹氏归义军历史上,曹议金、曹元忠、曹延禄相继自称“瓜沙州大王”,该经无论归属何人,均表明归义军曹氏统治者对其是较为熟悉的。曹元忠夫妇营建之文殊堂、榆林窟第 36 窟、榆林窟第 33 窟均以《佛本行集经》为依据描绘佛传,应非偶然。关于文殊堂佛传壁画描绘的动机,无论是表现出归义军曹氏“挽救末法的决心”[①],还是出于曹元忠与浔阳翟氏的个人信仰,抑或是两者兼而有之,其归奉“毗卢遮那佛”的华严内涵与文殊堂华严语境的契合,表明正是文殊堂以文殊师利为主尊的华严语境,为佛传壁画的中兴创造了契机。而佛传壁画所据佛典《佛本行集经》包含之华严思想正是其得以绘于文殊堂的主因。

尽管《维摩经变》绘于主室东壁在敦煌已有久远传统,但文殊堂东壁《维摩经变》的描绘,显然并不仅仅是对唐代传统的延续,在文殊堂华严语境中,《维摩经变》的图绘别有深意。仅就文殊堂视觉形象而言,能主题鲜明地与西壁《五台山图》相对应,共同映衬中央佛坛之骑狮文殊造像,从而烘托文殊堂文殊主题的唯有《维摩经变》。虽然《维摩经变》最初演绎于《维摩经·文殊师利问疾品》,但《维摩经变》的图像格局,尤其是文殊师利在《维摩经变》中突出的视觉形象,是其得以绘于文殊堂的直接动因,而《维摩经变》绵延甚久的视觉意味亦因其图绘语境的转换而发生历史性改变。

①《敦煌佛传故事画卷》,第 12 页。

四、文殊语境中《维摩经变》视觉意味的转变

陈寅恪先生指出，“唐代之史可分为前后两期，前期结束南北朝相承之旧局面，后期开启赵宋以降之新局面。关于政治社会经济者如此，关于文化学术者亦莫不如此。”[①] 唐后期以至五代十国是唐宋之际社会生活、文化习俗、宗教信仰、视觉文明等发生历史转型的重要时期。在这一阶段，李唐政权的解体与五代诸国的纷争，导致文化思想由隋唐时代从长安到地方的辐射式传播途径，因五代十国政权的对峙格局，迅速多元化，同时由于权力的频繁更迭，又使这种多元化趋向更加复杂。唐宋之际的宗教信仰与视觉文化正是在这种纷纭复杂的历史语境中实现了历史性的转变。

在唐宋代际转换这一大的历史格局中，敦煌地区的社会生活、文化习俗、宗教信仰、视觉文明等也在发生着潜移默化的改变。李唐宗教语境的解构与归义军曹氏宗教文化的确立无不与之有密切关系。与中原王朝不同，归义军曹氏时期的敦煌是回鹘、于阗、吐蕃、粟特等多种族聚居之

①卢向前:《唐宋变革论》，合肥:黄山书社，2006 年，第 6 页。

地，宗教语境复杂，信仰多元，华严信仰、文殊信仰、五台山信仰、维摩信仰、法华信仰、毗沙门信仰、十王信仰、海龙王信仰、宾头卢信仰等杂相交错，信众各取所需，建窟供养。“8—11 世纪，五台山文殊信仰在中原地区臻至极盛，地处西鄙的敦煌也深受其影响”[①]，并在归义军曹氏时期达到历史高峰，藏经洞所出归义军曹氏时期《五台山赞》、《五台山曲子》、《辞娘赞文》、《往五台山行记》等写本以及数量众多的“大圣文殊师利菩萨”版画遗存，反映了归义军曹氏时期文殊信仰普遍流行的历史事实。在中国佛教史上，《维摩诘经》与禅学渊源甚深，其与《楞伽经》、《圆觉经》并称“禅门三经”[②]，藏经洞所出《楞伽经》、《金刚经》、《维摩诘经》等与禅学关系甚密的佛典[③]，数量庞大，透露出中古时代，尤其是唐五代敦煌地区禅学流行的一般情况。实际上，禅宗的发展虽然及时延缓了维摩信仰的急剧衰落，但归义军曹氏时期敦煌地区维摩信仰与《维摩经变》此消彼长的不平衡的发展趋向的深层动因，则是基于文殊信仰的盛行。

归义军曹氏时期的敦煌，宗教语境的转换，令古老图像或者遭到摒弃，或者重获新生，具有久远图像传统的《维摩经变》正是重获新生的图像之一。维摩信仰在唐代后期已趋式微，五代时期更显衰落，然而，归义军曹氏时期《维摩经变》的图绘显示，《维摩经变》并未因维摩信仰的边缘化而衰落，两者间此消彼长的反常现象，实际上是以《维摩经变》自身图式结构与宗教形象为动因。无论是莫高窟第 98 窟、108 窟、146 窟《维摩经变》（东壁）与《劳度叉斗圣变》（西壁）的对应格局，还是文殊堂、5 窟、6 窟《维摩经变》（东壁）与《文殊变》（西壁）彼此呼应的空间结构，均可看到

①党燕妮：《五台山文殊信仰及其在敦煌的流传》，《敦煌学辑刊》2004 年第 1 期，第 83 页。

②任继愈：《中国佛教史》（卷一），北京：中国社会科学出版社，1985 年，第 397 页。

③在藏经洞写卷遗存中，《楞伽经》、《金刚经》、《维摩诘经》遗存数量彼此相距甚远，其中以《金刚经》写卷数量最巨，仅就《金刚般若波罗蜜经》而言，就有约 1575 件之多，《维摩诘经》写本遗存次之，《楞伽经》数量最少。

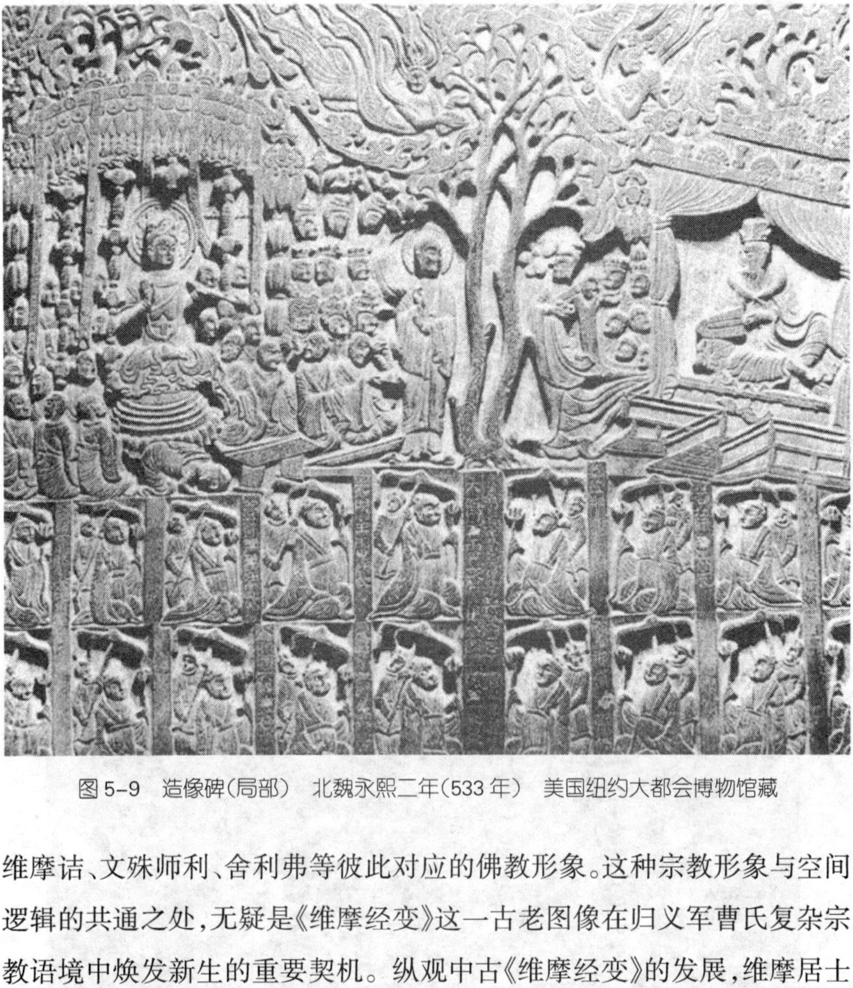

图 5-9　造像碑(局部)　北魏永熙二年(533 年)　美国纽约大都会博物馆藏

维摩诘、文殊师利、舍利弗等彼此对应的佛教形象。这种宗教形象与空间逻辑的共通之处,无疑是《维摩经变》这一古老图像在归义军曹氏复杂宗教语境中焕发新生的重要契机。纵观中古《维摩经变》的发展,维摩居士与文殊师利的对应结构在北魏时期已见端倪(图 5-9、图 5-10),后经长期发展,遂成格套,并为历代造窟者沿用,在文殊信仰广泛盛行的归义军曹氏时代,《维摩经变》的视觉主体已由维摩诘转换为文殊师利,敦煌石窟所见这一时期格局宏大的《维摩经变》的图绘,实际上是基于其时之文殊语境。在维摩信仰已呈颓势的归义军曹氏时期,《维摩经变》逆势而行的图绘与表现,正是这一历史现象的合理显现。

图 5-10 释迦牟尼坐像(背面) 北魏 铜鎏金台北故宫博物院藏

第六章

文殊堂佛传壁画稽考

一、莫高窟《佛传图》的表现主题与视觉传统：十六国至唐代

作为表现佛陀释迦牟尼一生事迹的壁画，莫高窟《佛传图》（表 6–1）表现内容主要取自《佛说太子瑞应本起经》（二卷）、《修行本起经》（二卷）、《普曜经》（八卷）、《异出菩萨本起经》（一卷）、《佛所行赞》（一卷）、《过去现在因果经》（四卷）、《佛本行集经》（六十卷）等佛教经典。不同于佛典对释迦牟尼生平的完整叙述，北周之前，莫高窟佛传壁画主要选取“出游四门”、“乘象入胎”、“夜半逾城” 等关键情节加以表现，“出游四门”是目前所知最早出现于敦煌的佛传壁画，其后，“乘象入胎”、“夜半逾城”、“树下诞生”、“释迦授戒”、“九龙灌顶”等陆续出现，至北周时始见完整表现释迦牟尼一生的佛传壁画。

莫高窟第 275 窟主室南壁圆券龛下所绘“出游四门”为北凉时代壁画遗存，也是莫高窟最早佛传壁画遗迹。“出游四门”是佛陀生涯中之重大事件，佛经记载，悉达多太子尽管生活奢华，但他“专精志道，不思欲乐”，在其出城游乐时，先后在东门、南门、西门、北门遇到老人、病人、死人与沙门，从而洞悟人生，“誓欲出家”，第 275 窟佛传壁画以横卷连环形式展现了这一佛经中的文字意象，壁画残存路遇老人与僧人情节，其余

残损,壁画写实,情节清晰,城门作为“出游四门”的标志物刻画的十分醒目,人物形象正是以城门为中心布列展开,北凉是莫高窟佛教艺术初创期,尽管此时已有中西合壁的迹象,但画面的西域风格,尤其是人物之异

表6-1 莫高窟十六国至唐代佛传壁画辑要

窟号	时代	位置	主题
第275窟	北凉	主室南壁西侧阙形龛下	出游四门
第431窟	北魏	主室中心塔柱南向面上层圆券龛外东西两侧	乘象入胎(东侧)、夜半逾城(西侧)
第290窟	北周	主室窟顶前部人字披东、西披	太子降生(东披)至佛为诸比丘说法(西披)
第278窟	隋	西壁内外层方口龛外南北两侧	夜半逾城(南侧上部)、乘象入胎(北侧上部)
第383窟	隋	主室西壁双层斜顶圆券龛外南北两侧	乘象入胎(南侧上部)、夜半逾城(北侧上部)
第397窟	隋	主室西壁内外层方口龛内层龛南北两侧	夜半逾城(南侧)、乘象入胎(北侧)
第57窟	初唐	主室西壁内外层圆券龛外南北两侧	夜半逾城(南侧上部)、乘象入胎(北侧上部)
第209窟	初唐	主室窟顶西披	乘象入胎、夜半逾城
第283窟	初唐	西壁斜顶敞口龛外南北两侧	夜半逾城(南侧上部)、乘象入胎(北侧上部)
第322窟	初唐	主室西壁内外层方口龛外层龛南北两壁	夜半逾城(南壁)、乘象入胎(北壁)
第329窟	初唐	主室西壁斜顶敞口龛龛顶	夜半逾城(南侧)、乘象入胎(北侧)、伎乐天、雷神等
第375窟	初唐	主室西壁平顶方口龛外南北两侧	夜半逾城(南侧上部)、乘象入胎(北侧上部)
第386窟	初唐	主室西壁斜顶敞口龛龛顶	乘象入胎(残)、夜半逾城(残)
第180窟	盛唐	主室西壁平顶敞口龛南壁	乘象入胎(东起)
第112窟	中唐	主室西壁盝形帐形龛南壁下方	九龙灌浴等

域面貌仍然占据主导。（图 6–1）

北魏以降，“乘象入胎”与“夜半逾城”渐多，北魏第 431 窟中心塔柱南向龛上层龛外两侧初现这一题材（图 6–2、图 6–3）。据《过去现在因果经》（求那跋陀罗译），古印度迦毗罗卫国国王净饭王与王后摩耶夫人常年苦于膝下无子，有一天，摩耶夫人于梦中见一菩萨骑白象入其腹中，遂有孕，并诞下乔达摩·悉达多太子，是为“乘象入胎”；悉达多太子长大后，彻悟生老病死，于夜半之时，骑马出城，剃发修行，终成正果，是为“夜半逾城”。第 431 窟中心塔柱南向龛上层龛外的“乘象入胎”表现一菩萨袒露上身，下着长裙，跪坐白象之上，天衣飘扬，并有双龙伴行；“夜半逾城”亦描绘一菩萨袒露上身，下着长裙，骑马而行，“马和象以相对

图 6–1　东门遇老人　莫高窟第 275 窟南壁　北凉

图6-2 乘象入胎 莫高窟第431窟
中心柱南向面上层 北魏

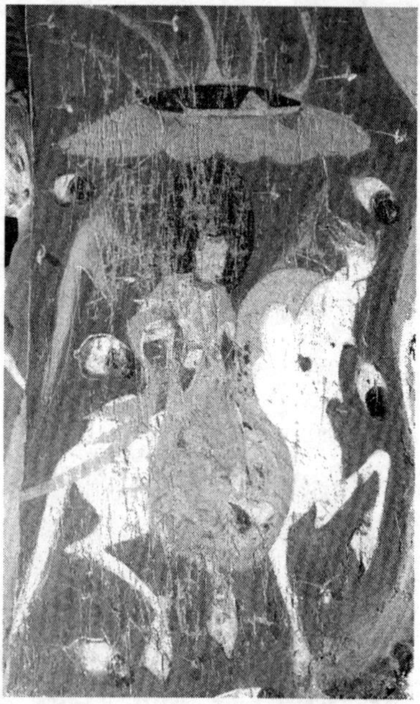

图6-3 逾城出家 莫高窟 第431窟
中心柱南向面上层 北魏

的方向作奔驰状,动态轻捷"[①],其空间格局与形象表达已不同于以桑奇大塔同类图像为代表的印度传统,据万庚育研究,"乘象入胎"与"夜半逾城"在北魏第431窟的对应格局,"实际上就是结合塑像,并以塑像为主来表现释迦牟尼本行事迹中'托胎'、'出家'和'成道'三个主要阶段,是《佛传》的雏形。"[②]北魏之后,尽管见有第290窟、文殊堂描绘释迦牟尼一生事迹的大型佛传,但始终居于主流的,仍然是"乘象入胎"与"夜半逾城"对应表现的格局。

莫高窟第290窟主室窟顶前部人字披东、西披佛传壁画与文殊堂主

①敦煌文物研究所:《1983年全国敦煌学术讨论会文集》(石窟艺术编上),兰州:甘肃人民出版社,1985年,第85页。

②《1983年全国敦煌学术讨论会文集》(石窟艺术编上),第85页。

室南壁、西壁、北壁佛传壁画可谓敦煌佛传壁画之双璧，两者均以情节丰富取胜。第 290 窟在场景表现上虽然少于文殊堂，但仍然基本完整的展现了释迦牟尼从“梦中受胎”至“逾城出家”再至“初转法轮”的成佛之路。图像“以六条横卷式平铺叙地连续排列在人字披顶的东、西披上”①。据贺世哲先生研究，第 290 窟佛传壁画共表现《修行本起经》所述 89 个情节（表 6-2），画面采用北周时期故事画特有的长卷式构图形式，以“S”形布

表 6-2　莫高窟第 290 窟佛传壁画内容

序号	情节	序号	情节	序号	情节
1	梦中受胎	2	摩耶说梦	3	出游观花
4	摩耶禅思	5	树下诞生	6	步步生莲
7	九龙灌顶	8	母子还宫	9	国王出迎
10	伏藏悉现	11	商人贡宝	12	太子命名
13	号天中天	14	回宫占相	15	丘墟皆平
16	巷道自净	17	枯树生叶	18	园生奇果
19	陆地生莲	20	宝藏自现	21	衣被满架
22	川流澄清	23	风停云散	24	细雨泽香
25	马生白驹	26	黄羊生羔	27	明月神珠
28	夜如白昼	29	日月不行	30	瑞星下现
31	宝盖覆宫	32	佳肴自生	33	瓫盛甘露
34	神送宝车	35	天神奉宝	36	白狮入城
37	天女自现	38	龙女绕宫	39	玉女执拂
40	天女列侍	41	天乐齐奏	42	刑狱废弛
43	毒虫隐伏	44	渔猎生慈	45	孕者生男

①《1983年全国敦煌学术讨论会文集》（石窟艺术编上），第86页。

续表

序号	情节	序号	情节	序号	情节
46	树神出现	47	青莲生狮	48	阿夷瞻省
49	阿夷观相	50	阿夷礼太子	51	修四时殿
52	君臣议太子学书	53	太子赴学	54	常念出家
55	议太子纳妃	56	召善见王求聘	57	裘夷献计
58	裘夷观艺	59	太子赴试	60	象塞城门
61	掷象与相扑	62	比试射艺	63	得胜回宫
64	掷瓔娶妃	65	复议娶妃	66	复娶二妃
67	王问裘夷	68	议太子游观	69	出东门遇老人
70	还宫愁思	71	出南门逢病人	72	思念大患
73	出西门见死人	74	忧思不食	75	出北门遇沙门
76	倍更忧思	77	树下观耕	78	王礼太子
79	誓欲出家	80	夜半逾城	81	命车匿还
81	车匿还宫	83	王命五人追太子	84	五人追寻
85	劝解国王	86	再寻太子	87	五人礼释迦
88	五人皈依	89	初转法轮		

局，并依时间先后，分三个部分依次表现了“梦中受胎”、“树下诞生”、“步步生莲”、“九龙灌顶”、“枯树生叶”、“园生奇果”、“风停云散”、“明月神珠”等释迦诞生前后之祥瑞异象；“太子赴学”、“常念出家”、“太子纳妃”、“掷瓔娶妃”、“出游四门”、“还宫愁思”、“夜半逾城”（图 6–4）等释迦弃国出家；以及“五人礼释迦”、“五人皈依”、“初转法轮”等释迦得道成佛的人生经历，画面完整，情节生动。其中，对《修行本起经》所记三十二瑞相的完整表现，为其最为突出之处，所占比重之大，可谓空谷足音，这

图 6-4　逾城出家　莫高窟第 290 窟人字披西披　北周

一作法显然是“相信瑞应降吉祥的表现”[①]与“南北朝时期社会上迷信图谶瑞应思想有密切关系”[②]。

北周第 290 窟佛传壁画显然并未改变北魏时期奠立的图绘传统，隋唐时代，《西方净土变》、《弥勒变》、《维摩变》、《法华变》、《药师变》、《涅槃变》、《普贤变》、《文殊变》、《华严变》等经变壁画普遍流行，本生、佛传、因缘等十六国北朝时期广泛流行的题材渐趋式微，仅就佛传而言，隋唐时代虽然仍有描绘，但极为简约，内容“仅有释迦乘象入胎、逾城出家、降魔成道、初转法轮、降伏毒龙、释迦回城说法等，以简单明了的事迹记述佛陀的一生。”[③]隋至初唐，尚可见第 397 窟、第 375 窟、第 278 窟、第 57 窟、第 283 窟、第 383 窟、第 322 窟、第 209 窟、第 329 窟、第 386 窟等

①敦煌研究院:《敦煌石窟全集·佛传故事画卷》，香港:商务印书馆，2004年，第57页。

②贺世哲:《莫高窟第290窟佛传画中的瑞应思想研究》，《敦煌研究》1997年第1期，第4页。

③《敦煌石窟全集·佛传故事画卷》，第81页。

图绘这一题材，唐代贞观年间（627—649 年）之后，则极为少见，仅有第 217 窟、第 156 窟等，几成末流。

隋至初唐佛传壁画布局延续北魏传统，即以主尊为中心的左右对称格局，“乘象入胎”与“夜半逾城”仍然是最常表现的内容，画面格局相比北魏并无较大改变，唯形象因技巧发展更显生动，附加内容增多。初唐以后，佛传壁画不仅数量锐减，形式陡转，表现主题也有明显变化，“释迦说法”、“释迦回城”、“罗睺罗出家”（图 6-5）、“降魔成道”取代“乘象入胎”

图 6-5　罗睺罗出家　莫高窟第 217 窟西壁龛顶北侧　盛唐

与"夜半逾城"，成为佛传壁画的中心，这时的佛传壁画，尽管依然通过释迦事迹点明主尊身份，进而强调释迦牟尼说法的洞窟主题，但相对早期的盛绘，则更像是唐代大乘经变壁画的点缀。

二、归义军曹氏时代的佛传壁画：以文殊堂《佛传图》为中心

一度沉寂的佛传壁画终于在曹元忠时代再度复兴。曹元忠与浔阳翟氏营建的文殊堂主室南壁、西壁与北壁下部以联屏形式绘 33 扇佛传壁画，无论是宏大的规模，还是丰富的内容，均远超前代。屏风每扇高 1.6 米，宽 0.87 米，总面积达 45.9 平方米，并有文字榜题 128 则。据研究，这幅佛传壁画系据“隋开皇七至十一年（587—591 年）天竺三藏闍那崛多译《佛本行集经》绘画，其中表现了此经文中的二十四品。佛传图结尾两扇屏风的涅槃部分，则是依据唐代义净译《根本说一切有部毗奈耶杂事》，唐代若那跋陀罗和会宁译《大般涅槃经后分》，以及中国人撰《佛母经》绘画。”①

壁画从主室南壁云童子请燃灯佛授记开始，依佛陀成佛之路次第展开，相继描绘《云童子求师》、《树下诞生》、《击鼓报喜》（图 6-6）、《九龙灌浴》、《阿私陀仙占相》、《七日丧母》、《姨母养育》、《八岁就学》、《向师忍天学艺》、《游观农务》、《树下思惟》、《造三时殿》、《角技议婚》、《太子结

①《敦煌石窟全集·佛传故事画卷》，第122页。

婚》、《后宫娱乐》、《出游四门》、《决意出家》、《夜半逾城》、《均分舍利》等128个内容。南壁佛传共绘九扇屏风，表现有故事情节的释迦世系；第十扇至第二十四扇绘于西壁，表现释迦宫廷生活与誓愿出家事迹；第二十五扇至第三十三扇绘于北壁，表现释迦降魔成道、初转法轮以及涅槃举哀。层次清晰，布局严谨，繁而不乱。相比莫高窟第290窟横卷式构图形式，文殊堂佛传壁画的联屏格局是其突出特点，屏风画在中原有久远传统，初唐时始现敦煌，中唐时屏风画大量出现于洞窟四壁下方，文殊堂佛传壁画之空间格局显然延续自唐代传统。

此外，榆林窟第36窟、第33窟与莫高窟第454窟也以屏风形式表现了佛传故事。榆林窟第36窟建于曹元忠时代，南北壁下部原各绘十扇屏风，现南壁遗存九扇，北壁仅存一扇，每扇描绘三至五个画面。画面与榜题均已漫漶，乘象入胎（图6-7）、树下诞生、步步生莲、九龙灌顶、太子学武、出门游观、佛陀说法、涅槃举哀、佛母奔丧等是尚可辨识的情节，画风与文殊堂佛传壁画相同。榆林窟第33窟同为

图6-6　步步生莲·还城报喜　莫高窟第61窟西壁下部　五代

曹元忠所建,该窟主室北壁西侧《佛传图》一改屏风格局,而以经变形式呈现,此画高 2.13 米,宽 3.58 米,中央以释迦牟尼降魔成道为中心,两侧以对联式条屏表现太子出宫、释迦苦行、牧女献乳、释迦涅槃等 12 个佛传情节(图 6-8)。经变式佛传壁画可谓曹元忠时代的独创,"显然是受到

图 6-7 乘象入胎 榆林窟第 36 窟南壁下部 五代

敦煌石窟久盛不衰的观无量寿经变、药师经变构图模式的影响。”[①] 第454 窟为曹延恭、曹延禄开凿,年代晚于文殊堂,但洞窟形制与布局依然延续前代,此窟佛传壁画共为20 扇联屏,共分五组,据研究,壁画系据《太子须达拏经》、《过去现在因果经》、《佛本行集经》、《根本说一切有部毗奈耶杂事》、《大般涅槃经》、《摩诃摩耶经》以及《佛母经》等多部经典绘制而成。壁画榜题与格局与文殊堂有明显渊源。

图 6-8 佛传壁画 榆林窟第 33 窟北壁西侧

①《敦煌石窟全集·佛传故事画卷》,第173页。

三、华严语境与佛传壁画的复兴

佛传壁画尽管盛行一时,但随着宗教语境的数度转换,莫高窟佛传壁画在北朝之后持续式微,唐贞观年间之后,图绘数量日益减少,至晚唐时,已完全边缘化。归义军节度使曹元忠时期(944—974年),在佛传壁画沉寂数百年后,以文殊堂、第454窟、榆林窟第33窟为代表的佛传壁画骤然中兴,这一态势的出现,有研究认为与末法思潮有关,佛教将释迦圆寂以后的佛法分为正、像、灭三个时期,正法时期为500年,法仪未改,佛法准确;像法时期为1 000年,佛法虽有正法,却已"道化讹替";末法时期为10 000年,"佛法将灭",在归义军曹氏时代,尽管历任节度使均试图交好周边民族,仍不免时有交战,尤其在与之有姻缘关系的于阗王国,末法思想极为流行,于是有研究指出,"曹氏政权为了自身政权和友好邻邦于阗国的安全,选用有末法思想的《佛本行集经》绘佛传故事画,以保护佛法,巩固归义军政权。"① 不可否认,末法阶段即将到来的思想确曾影响敦煌,而归义军曹氏的确十分重视《佛本行集经》,佛经中也包

①《敦煌石窟全集·佛传故事画卷》,第118页。

含“如来佛法僧宝,速疾隐没不现世间,所有经书悉皆灭尽”的末法思想,但从曹氏时期佛传壁画的表现来看,两者应无必然联系。

归义军曹氏统治敦煌120余年间,修建洞窟无数,并有曹氏画院参与其间,佛传壁画尽管在曹元忠时代出现宏大格局,但并没有延续太久,数量着实不多,实属昙花一现,与影响甚久的末法思想实难契合。它的骤然出现,可能与曹元忠及其夫人浔阳翟氏的个人信仰有更多的联系。文殊堂与榆林窟第36窟、第33窟均为曹元忠修建,可视之为佛传壁画得以中兴的始作俑者。环顾文殊堂主室,每一幅壁画无不以佛坛文殊造像为中心,佛传壁画尽管绘于南壁、西壁与北壁下部,但也概莫能外,壁画所据佛典《佛本行集经》包含之华严思想应是其得以绘于文殊堂的主因。

文殊堂是以文殊师利为主尊的洞窟,而文殊信仰实属华严体系,故而文殊堂之文殊语境亦可视为华严语境。隋代天竺三藏闍那崛多在《佛本行集经》卷首署“归命大智海毗卢遮那佛”,毗卢遮那佛(卢舍那如来)为华严宗主尊,为智慧成就最高之佛,点明此经“是对华严宗和它的教主毗卢遮那佛的信仰”[①]。在藏经洞遗书中,发现有大量归义军曹氏时代的《佛本行集经》写本,其中,英藏斯坦因劫卷《佛本行集经》(S.0559)中见有“瓜沙州大王印”,在曹氏归义军历史上,曹议金、曹元忠、曹延禄相继自称“瓜沙州大王”,该经无论归属何人,均表明归义军曹氏统治者对其是较为熟悉的,曹元忠夫妇营建之文殊堂、榆林窟第36窟、榆林窟第33窟均以《佛本行集经》为依据描绘佛传,应非偶然。

关于文殊堂佛传壁画描绘之动机,无论是表现出归义军曹氏“挽救末法的决心”[②],还是出于曹元忠与浔阳翟氏的个人信仰,抑或是两者兼而有之,其归奉“毗卢遮那佛”的华严内涵与文殊堂华严语境的契合,表明正是文殊堂以文殊师利为主尊的华严语境,为佛传壁画的中兴创造了契机。

---

①《敦煌石窟全集·佛传故事画卷》,第116页。

②《敦煌石窟全集·佛传故事画卷》,第12页。

第七章

曹元忠与浔阳翟氏画像研究

一、曹元忠与浔阳翟氏画像遗存

在继任归义军节度使之前与执政期间所建洞窟中，曹元忠供养像一般绘于父兄之后，而在其僚属所建功德窟中，其供养像一般绘于最前方。莫高窟第61、55、25、5、53、79、96、203、437、454等窟可见曹元忠（表7-1）与浔阳翟氏画像，其中，第61、55、25、53、96窟系曹元忠营建或重修洞窟。第61窟系曹元忠与浔阳翟氏功德窟，该窟甬道南北壁曹氏供养像为西夏壁画覆盖，但窟内南壁第三身浔阳翟氏供养像保存完好，旁书“施主勅授浔阳郡夫人翟氏一心供养”[①]，该像高110厘米，宽6厘米，远高其他诸像。位于莫高窟第61窟北侧的第55窟是曹元忠出资营建的另一大型洞窟，该窟甬道南壁底层供养人像列西向第4身为“窟主勅推诚奉国保塞功臣”曹元忠，该像高100厘米，宽17厘米。第25窟曹元忠供养像位于主室东壁门南侧供养人像列北向第一身。

①《敦煌莫高窟供养人题记》，第23页。

表 7-1 曹元忠供养像遗存

莫25窟	主室东壁门南侧供养人像列北向第一身	莫55窟	甬道南壁底层供养人像列西向第四身
	绿地,高 38 厘米,宽 8 厘米		绿地,高存 100 厘米,宽 17 厘米
	题记:窟主归义军节度使……		题记:窟主勅推诚奉国保塞功臣归义军……
莫79窟	甬道南壁	莫203窟	甬道南壁供养人像列西向第一身
	绿地,高 45 厘米,宽 4.5 厘米		绿地,高 116 厘米,宽 11 厘米
	题记:勅□□奉国保塞……进检校太……		题记:勅□诚奉□河西……
莫437窟	甬道南壁西向供养人像	莫454窟	甬道南壁供养人像列西向第四身
	绿地,高 120 厘米,宽 13.5 厘米		蓝地沥粉堆金字,高 170 厘米,宽 11 厘米
	题记:……归义军节……西平王曹元忠供养		题记:叔父勅推诚奉国保塞功臣归义军节度□□进□□□□□□书令天册□□□□元□□□
榆6窟	上层南壁供养像前者	榆19窟	后洞洞口甬道南壁
	题记:皇考推诚奉国……		题记:推诚奉国保塞功臣敕归义军节度特进检校太师兼中书令谯郡开国公曹元忠□□□□
榆25窟	第一身供养像(白灰涂,已不存)	榆33窟	主室甬道南壁西向第一身
	题记:推诚奉国保塞功臣敕归义军瓜沙等州节度使特进检校太师兼中书令谯郡开国公食邑一千五百户食实封七百户曹元忠一心供养		题记:推诚奉国保塞功臣归义军节度使检校太师兼中书令谯郡开国食邑……
榆34窟	主室甬道南壁西向第一身	榆36窟	后洞甬道南壁第一身
	题记:推诚奉国保塞功臣敕归义军节度使特进检校太师兼中书令谯郡开国公食邑一千……		题记:推诚奉国保塞功臣敕归义军节度特进检校太师兼中书令谯郡开国公食邑一千五百户实封七百户曹元忠

莫高窟第5窟窟主为曹元忠僚属“都头知版筑使”杜彦弘，该窟甬道北壁供养人像列西向第一身榜题“勅受凉国夫人浔阳翟氏”，该像绘于绿地壁面，高95厘米，宽12厘米，主室西壁龛下南侧供养人像列北向第六身为窟主杜彦弘，该像绿地，高68厘米，宽6.5厘米，考察该窟供养像题记，此窟应为“银青光禄大夫检校国子祭酒兼御史大夫”杜彦弘家窟，因其供职曹氏归义军，故在家族供养像前绘节度使曹元忠夫妇画像。莫高窟第203窟系曹元忠僚吏于建隆三年（962年）重修洞窟[①]，该窟甬道南壁供养人像列西向第一身榜题“勅□诚奉□河西”，此为曹元忠画像题名，其像绿地，高116厘米，宽11厘米，与此相对的甬道北壁供养人像列西向第一身题名虽仅余“勅授”二字，仍可判定为浔阳翟氏画像，该像高114厘米，宽8厘米。以此推之，莫高窟第5窟曹元忠供养像当在甬道南壁供养人像列西向第一身。第79窟重修时间与第203窟基本相同，该窟甬道南壁残存“勅□□奉国保塞……进检校太……”题记，榆林窟曹元忠画像见有“推诚奉国保塞功臣勅归义军节度特进检校太师兼中书令谯郡开国公曹元忠”题记，可确知第79窟这身高45厘米、宽4.5厘米的画像为曹元忠。第437窟原为北魏洞窟，宋开宝三年（970年）张定兴重修，该窟甬道南壁与北壁绘有“西平王”曹元忠与浔阳翟氏画像。

此外，榆林窟第6、19、25、33、34、36等窟亦可见其画像[②]，榆林窟第19窟后洞洞口甬道南壁第一身供养像、第25窟第一身供养像、第36窟后洞甬道南壁第一身供养像榜题均见有“曹元忠”，第33窟主室甬道南壁西向第一身供养像、第34窟主室甬道南壁西向第一身供养像榜题虽因字迹漫漶不见“曹元忠”铭记，但从遗存官历表述，可知这两身供养像均为曹元忠，据“推诚奉国保塞功臣勅归义军节度特进检校太师兼中书

---

①《敦煌研究文集》，第256页。

②苏莹辉：《榆林窟壁画供养者题名考略》，载樊锦诗，刘玉权：《中国敦煌学百年文库·考古卷》（一），兰州：甘肃文化出版社，1999年，第305~315页。

令谯郡开国公曹元忠□□□□”榜题所记官历,知第19窟、第25窟以及第34窟至迟应为宋乾德二年(964年)以后营建。榆林窟第19、33、34、36窟浔阳翟氏画像均见有“勅授凉国夫人浔阳翟氏”,浔阳翟氏于显德四年(957年)“从‘郡夫人’晋升为‘国夫人’”①,这与上述曹元忠画像题记官历表述相一致,故榆林窟第19、25、33、34、36等窟曹元忠与浔阳翟氏供养像之描绘应在曹元忠统治后期。榆林窟第6窟上层南壁供养像榜题见有“皇考推诚奉国”残字,因该窟系元忠子延禄营建,故这身画像亦系曹元忠。

考察莫高窟与榆林窟曹元忠画像遗存,榆林窟第6窟与第19窟供养像保存较好,余则漫漶,有的甚已不存(榆林窟第25窟)。榆林窟第6窟曹元忠画像绘于该窟上层南壁供养像列最前方,旁书“皇考推诚奉国……”题记,元忠身着袍服,面形略丰,帽翅平直,手执长柄香炉,形象刻画严谨。榆林窟第19窟曹元忠像绘于后洞洞口甬道南壁,旁书题记“推诚奉国保塞功臣勅归义军节度特进检校太师兼中书令谯郡开国公曹元忠□□□□”,该像头戴展翅幞头、身着圆领绛色袍服,腰配鱼袋与笏板,双手执香炉(图7-1),与榆林窟第24窟甬道南壁曹议金供养像一脉相

图7-1 曹元忠供养像 榆林窟第19窟甬道南壁 五代

①《敦煌研究文集》,第255页。

承(图7–2),惟面部更显生动。

浔阳翟氏画像遗存明显少于曹元忠,但保存情况却较曹元忠画像为好,莫高窟第 98 窟、第 61 窟、榆林窟第 19 窟(图 7–3)、第 34 窟、第 36 窟均有遗迹(表 7–2)。莫高窟第 98 窟主室北壁东端供养人像列东向第十身榜题“新妇小娘子翟氏供养”,为初嫁曹元忠的浔阳翟氏,故称“新妇”,系以曹议金儿媳身份出现,是现存浔阳翟氏最早的画像遗存。及至莫高窟第 61 窟,曹元忠嗣任节度使,浔阳翟氏已为“勅授浔阳郡夫人”,刻画位置转至主室南壁像列东向第三身,而且,其前方两身“谯县夫人”均高 43 ~ 55 厘米,浔阳翟氏则高 110 厘米,尽显尊贵,为其身份转换后的早期形象。莫高窟第 5 窟、第 437 窟、榆林窟第 19 窟、第 33 窟、第 34

图 7–2　曹议金供养像　榆林窟第 24 窟甬道南壁　五代

图 7–3　浔阳翟氏供养像　榆林窟第 19 窟甬道北壁　五代

表 7–2　浔阳翟氏画像遗存

莫 98 窟	主室北壁东端供养人像列东向第十身	莫 5 窟	甬道北壁供养人像列西向第一身
	白地,高 31 厘米,宽 7 厘米		绿地,高 95 厘米,宽 12 厘米
	题记:新妇小娘子翟氏供养		题记:勅受凉国夫人浔阳翟氏……
莫 61 窟	主室南壁供养人像列东向第三身	莫 203 窟	甬道北壁供养人像列西向第一身
	绿地,高 110 厘米,宽 6 厘米		绿地,高 114 厘米,宽 8 厘米
	题记:施主勅授浔阳郡夫人翟氏一心供养		题记:勅受……
莫 437 窟	甬道北壁西向供养人像	榆 19 窟	后洞洞口甬道北壁
	绿地,高 118 厘米,宽 11.5 厘米		题记:勅受凉国夫人寻阳郡翟氏一心供养
	题记:勅受凉国夫人浔□翟□一心□□		
榆 25 窟	前甬道北壁西侧	榆 33 窟	主室甬道北壁西向第一身
	敕授凉国夫人寻阳翟氏……		题记:勅受凉国夫人寻阳郡翟氏一心□□
榆 34 窟	主室甬道北壁西向第一身	榆 36 窟	主室甬道北壁
	题记:勅受凉国夫人寻阳郡翟氏一心供养		题记:勅受凉国夫人寻阳郡翟氏一心供养

窟、第 36 窟均为“勅授凉国夫人浔阳翟氏”,显示这些形象应为后周显德四年(957 年)浔阳翟氏晋升“国夫人”之后所绘。

现存浔阳翟氏供养像基本依循莫高窟第 61 窟翟氏画像格套，仅于头饰、着装等细节略有调整,如榆林窟第 34 窟主室甬道北壁西向第一身翟氏画像头饰花插四、步摇左右各一,而榆林窟第 36 窟主室甬道北壁翟氏画像头饰步摇则变为左右各三。细节各有不同,但浔阳翟氏画像,均形象秀美，装饰华丽。现存画像，普遍可见其头戴桃形凤冠，“满头行小梳”，两鬓插步摇，可谓“头上鸳鸯双翠翅”、“云鬓花冠金步摇”；眉施黛色，面染两颊，并贴花子，而成“满面纵横花靥”之貌；项戴瑟珠；身着大袖裙襦；肩披绣花帔子；腰系软带；手擎香炉，仪态端庄，尽显“同桂兰而永茂”①之“姱丽之容”。

浔阳翟氏面饰“花子”，据传由南朝宋武帝女寿阳公主梅花贴额而来，主要有云母、鱼鳞、螺钿、金箔、翠羽、珍珠等物，唐代已见流行，从南宋高宗后吴氏画像仍绘珍珠花钿观之（图 7–4），这一面饰之风绵延甚久，而莫高窟第 61 窟女性眷属面部多绘花钿，表明面饰“花子”在十世纪中叶的敦煌十分盛行。北宋前期，世俗社会曾一度流行“白角莹薄垂肩冠”，即用数把白角梳子以上下相合方式插于冠之左右，并呈对称之势，其上饰以金花、珠翠、簪钗、珍奇，等等，“垂肩冠”发展后期，逾制日甚，高者竟达三尺，极尽奢靡巧饰，白角又易以玳瑁、象牙，议者以为“服妖”，遂遭禁止。榆林窟第 19 窟浔阳翟氏画像描绘之时，翟氏已

图 7–4 宋高宗后坐像轴（局部） 绢本设色 189.4 × 104 厘米 台北故宫博物院藏

①《开宝七年（974年）二月归义军节度使曹元忠施入回向疏》（S.5973）。

从“郡夫人”晋升“国夫人”,时间不晚于后周显德四年(957 年),该窟浔阳翟氏画像“满头行小梳”已可见“白角莹薄垂肩冠”之端绪,但尚合礼制,是宋代“垂肩冠”发展早期形制,因其上有一桃形,与莫高窟第 61 窟主室东壁南侧回鹘公主供养像桃形冠饰甚有可似之处,北宋史上,曾数禁“胡人衣装”,浔阳翟氏“垂肩冠”上的桃形饰物,勾连起宋代衣冠与西域胡风之关联,而其上之花饰,似乎又可见宋代“一年景”之仿佛。

二、曹元忠夫妇与曹氏时代供养像

唐宋之际是敦煌供养人画像发生巨变的时期。首先是图绘位置的变化。十六国北朝时期，供养人画像一般绘于壁画或佛龛下方，高不盈尺，既表达了十六国北朝时期佛教在信徒中的崇高地位，也显现出供养者底层地位与卑微身份。“从盛唐开始，莫高窟的供养人画像开始上升到甬道两壁这样比较重要的位置”[①]，莫高窟第 130 窟甬道南北壁乐庭瓌家族供养像是莫高窟供养人画像史上的重要转折，等身的巨大尺幅，昭示赞助者与众不同的尊贵身份，同时，也预示供养人画像大像时代的到来。唐宋之际，供养人画像逐渐从壁画与佛龛下方转移至甬道两侧以至窟壁下方，形成两列相对前行的礼佛队列。归义军曹氏时代，供养像一般绘于窟壁下方与甬道两侧，男像普遍“画在入口甬道的两壁，面向窟内佛龛（坛），女像画在窟内前壁门之两侧以及有佛龛窟的龛下，僚属画在左右壁下部以及无佛龛窟的佛坛后壁下部”[②]，曹议金功德窟——莫高窟第

①张先堂：《莫高窟供养人画像的发展演变：以佛教史考察为中心》，《敦煌学辑刊》2008年第4期，第100页。

②关友惠：《敦煌壁画中的供养人画像》，《敦煌研究》1989年第3期，第18页。

98 窟供养人画像即依此结构序列展开。

第 98 窟现存供养人画像 170 余身,题记 168 则,是敦煌石窟描绘供养人画像最多的洞窟之一。从“故外王父前河西一十一州节度管内观察处置押蕃落支度营田等使金紫光禄大夫”、“节度押衙银青光禄大夫检校国子祭酒兼御史中丞上柱国”、“节度押衙知慈惠乡官银青光禄大夫检国校祭酒兼御史中丞上柱国”、“节度押衙知右厢行营虞候银青光禄大夫检校国子祭酒兼御史中丞上柱国”、“节度押衙知西道游守使银青光禄大夫检校太子宾客兼监察御史”、“释门法律临坛供奉大德”、“释门法律临坛供奉大德阐扬三教大法师”等榜题职衔来看,供养人均为晚唐五代敦煌地区节度使、达官显贵、世家大族以及高级僧侣等,其中不乏张议潮、索勋、翟奉达等敦煌历史上的重要人物。画像按官职、头衔、身份排列,张议潮、曹议金、索勋、李圣天(图 7–5)等地位较高者,形象较大,气势壮观。家庭女眷、普通官吏、寺院僧侣等相继次之,南壁《贤愚经变》下端东向第四十七身“节度押衙银青光禄大夫检校国子祭酒兼御史中丞上柱国□□□”画像仅高 10 厘米,与曹议金高达 239 厘米的供养像相比,地位悬殊可谓天壤之别。在庞大的供养人像列中,瓜沙最高统治者——归义军节度使居前,眷属、僚吏等相继随后,形象依尊卑由大至小,位居队列最前方及较前者,往往在形体、着衣、配饰、执物等方面凸显其尊贵身份。晚唐五代时期,伴随佛教的世俗化,“宗教信仰活动中逐渐掺杂了更多的世俗意念”[①],“供养人画像成为炫耀家族门第、权势声威的工具”[②]。

曹元忠治下的敦煌,供养人画像绘制基本因循旧制,又有新变,考察现存曹元忠画像遗迹,除莫高窟第 25 窟曹元忠绘于主室东壁门南侧外,

---

①张先堂:《莫高窟供养人画像的发展演变:以佛教史考察为中心》,《敦煌学辑刊》2008年第4期,第101页。

②张先堂:《莫高窟供养人画像的发展演变:以佛教史考察为中心》,《敦煌学辑刊》2008年第4期,第98页。

余均绘于甬道南壁；浔阳翟氏画像除莫高窟第61窟绘于主室南壁外，余均绘于甬道北壁，曹元忠与浔阳翟氏一般相对表现于甬道南北两壁，两者呈彼此对应的空间结构，明显不同于莫高窟第98窟甬道南壁绘曹议金父子供养像，北壁绘张议潮、索勋供养像的作法。这种节度使夫妇相对绘于甬道南北两壁，领衔整个供养人队列的作法，成为曹元忠时期供养人画像最为突出的范式结构，并在其后得到延续。

图7-5　于阗国王李圣天供养像　五代
莫高窟第98窟主室东壁门南

然而，曹元忠时代最重要的洞窟——莫高窟第61窟供养人画像的描绘，却并非这一作法，可视为曹元忠时代供养人画像遗存的特例。相比第98窟供养人画像复杂的人员构成，第61窟供养人画像相对较为纯粹，其中，既无异域他国的君王，也无曹氏政权的僚属，整个洞窟主室，均为女性供养人画像。主室南壁东向在出适陈氏之“故□谯县夫人”、出适慕容氏之“□谯县夫人”、“施主勅授浔阳郡夫人翟氏”画像之后，依次描绘“延”字辈女侄七人，“长”字辈外甥女二人，“新妇”五人；北壁东向依次刻画“故姑谯县夫人”二人，“故姨广平郡夫人”三人，“姨广平郡夫人”一人，“太原郡夫人阎氏”一人，“小娘子”一人，“嫂”二人，外甥女五人；东壁门南侧北向依次为“天公主陇西李氏”（图 7–6），“甘州圣天可汗天公主”，于阗“大政大明天册全封至孝皇帝天皇后”，故母“太夫人宋氏”，“谯县夫人”三人，“谯郡夫人”一人；东壁门北侧南向第一身供养人画像题记仅存“敕受”，南向第二身题记为“故□大□……沙门供养”，推测亦为女性，南向第三身为“故姨安国寺法律尼临坛大德沙门性真”，从第四身起，相继刻画“天公主”三人，后续“曹延

图 7–6　回鹘公主供养像　莫高窟第 61 窟主室东壁南侧　五代

禄姬”（图 7–7），“故伯母武威郡夫人阴氏” 一人，“故母钜鹿郡君夫人索氏”一人，“故谯县夫人”二人。

甬道五代原绘壁画为西夏重绘，从主室南壁东向第三身“施主敕授浔阳郡夫人翟氏一心供养”前方相继绘有“故□谯县夫人一心供养出适陈氏”、“□谯县夫人一心供养出适慕容氏”来看，尽管第 61 窟主室皆绘女性供养人的作法与第 98 窟明显不同，但于供养人行列中描绘故世先人的作法仍有延续，从题记称其“谯县夫人”考量，两者均为曹氏家族先辈，同时结合归义军曹氏供养人画像图绘传统判断，甬道南北壁所绘供养人应为故父曹议金、故兄曹元德、故兄曹元深以及曹元忠画像。此外，从第 98 窟南壁东端有“故婆甘州□□郡君太夫人□氏”、“故婆沙州诸军事夫人氾氏供养” 判断，如果莫高窟第 61 窟功德主仅为浔阳翟氏一人，那第 61 窟主室门南侧北向第四身供养人“故慈母敕授广平郡君太夫人宋氏一心供养”与东壁门北侧南向第九身供养人“故母钜鹿郡君夫人索氏一心供养”，则均应称为“故婆”，如此看来，甬道原来确应绘有曹元忠供养像，这一点与第 98 窟是一致的，但第 61 窟主室供养人画像皆为女性形象表明，这实际上是一座由浔

图 7–7　曹延禄姬供养像　莫高窟第 61 窟主室东壁北侧　五代

阳翟氏领衔归义军曹氏女性眷属开凿的佛教殿堂。

归义军曹氏第一任节度使曹议金曾取回鹘天公主为妻,“回鹘天公主非常崇信佛教,她不仅身体力行地参与各种佛事活动,而且经常组织和带动曹氏家人以及姻亲妇女从事施舍、供养之事”[①],浔阳翟氏适于曹氏后,受其影响,深谙佛教义理与护持之法,在曹元忠节度使身份未获中原王朝认可的“非常时期”,翟氏偕同家族女眷,营建了以当时最为流行的文殊师利菩萨为主尊的莫高窟第 61 窟,意在为夫祈福,佑其尽早获封。中国国家图书馆藏《启请文》(北图 7680)透露浔阳翟氏护夫极为心切,文谓“凉国夫人郎君小娘子等保□合宅安和,上下欢娱,内外清吉。遂乃结坛九处,转寂胜之金言。撒食五方,诵蜜音呪香焚百味,一一从向天来……又持福事,资益我大王,伏愿长崇佛日,永镇龙沙,秉政河西”[②],浔阳翟氏当年于曹元忠执政之初,根基未稳之时,开凿第 61 窟,正是为了“资益我大王,伏愿长崇佛日,永镇龙沙,秉政河西”。第 61 窟主室女性供养人画像的描绘,表明该窟实际功德主应为浔阳翟氏,即金维诺先生所指“此窟为曹元忠妻翟氏所修”[③],甬道南北壁图绘曹议金、曹元德、曹元深、曹元忠画像,只是礼仪性的作法。

其次,供养人画像服制,已显现代际转换的特点。宋代公服,“其制,曲领大袖,下施横襕,束以革带,幞头,乌皮靴。自王公至一命之士,通服之”[④],曹元忠头戴幞头,曲领长衣,腰束革带,斜插笏板,并佩鱼袋,与“节度使宜以鹘衔绶带,观察使宜以雁衔威仪”[⑤]之唐制已有不同,而近于宋

①陈菊霞:《敦煌翟氏研究》,施萍婷,郑炳林指导,兰州:兰州大学博士学位论文,2008年,第131页。

②黄永武:《敦煌宝藏》(卷一〇七),第303~304页。

③金维诺:《中国美术史论集》(中),哈尔滨:黑龙江美术出版社,2004年,第133页。

④[元]脱脱:《宋史·舆服》(卷一百五十三),北京:中华书局,1985年,第3561页。

⑤[后晋]刘昫:《旧唐书·德宗》(卷十三),北京:中华书局,1975年,第371页。

制。幞头又名折上巾，“五代渐变平直。国朝之制，君臣通服平脚”①，曹元忠幞头“平施两脚”，后垂二带向两侧平举，唐代幞头“帝服则脚上曲，人臣下垂”②，元忠幞头已非唐制，而“为宋式展翅幞头奠定基础”③（图7-8）。据研究，“就幞头脚的长短而言，大体是尊贵者的幞头脚较长，士

图7-8　宋神宗半身像　55.8×46.9厘米　绢本设色　台北故宫博物院藏

①《宋史·舆服》（卷一百五十三），第3564页。

②《宋史·舆服》（卷一百五十三），第3564页。

③沈从文：《中国古代服饰研究》，上海：上海书店出版社，2002年，第408页。

庶者的相比而言则显得短些”[①]，但曹元忠所戴幞头与莫高窟第220窟“新样文殊”壁画下方翟奉达等人所戴幞头似乎并无太大不同（图7–9），表明幞头尚未如入宋之后等级分明。

鱼袋“始曰鱼符，左一，右一。左者进内，右者随身，刻官姓名，出入合之。因盛以袋，故曰鱼袋。宋因之，其制以金银饰为鱼形，公服则系于带而垂于后，以明贵贱，非复如唐之符契也”[②]。曹元忠佩鱼悬挂革带下方，与宋摹唐阎立本《步辇图》所见佩鱼者（图7–10）用系带吊挂革带下方已有不同，与所见宋代系扎于革带者亦有明显区别。榆林窟第36窟后洞甬道南壁所绘曹元忠像与第19窟略同，但似未描绘鱼袋。此外，榆林窟曹元

图7–9　莫高窟第220窟北壁供养人画像　五代

①张蓓蓓：《宋代汉族服饰研究》，许星指导，苏州：苏州大学博士学位论文，2010年，第66页。

②《宋史·舆服》（卷一百五十三），第3568页。

忠画像多见其手执长柄香炉,“手捧香炉或香花,列队恭立或席跪礼拜”①,是莫高窟供养人画像传统画法,却与莫高窟第 203 窟、第 454 窟手执笏板的曹元忠像区别明显。

榆林窟第 19 窟甬道北壁浔阳翟氏供养像,“悉衣锦绣”、“大袖裙儒”、“犀玉满头”,极尽奢靡,裙襦“异常宽博”,已远超唐代,唐宋之际上层妇女极重花簪,“所戴花冠,讲究的加金玉玳瑁珠子,有的用金银珠翠制成各种花卉形状的簪、钗、梳篦插在发髻上,其形制繁简不一”②,浔阳翟氏发簪显然是极繁的,形制却与“裙儒”的中原风格不甚一致,似有回鹘之风,而莫高窟第 98 窟东壁门南于阗皇后供养像所戴凤顶型发簪(图 7-11),却是典型的唐风。河西是少数民族聚居地,归义军统治河西时,主

图 7-10　《步辇图》(局部)　宋摹本
[唐]阎立本　北京故宫博物院藏

图 7-11　于阗皇后供养像　莫高窟第 98 窟
主室东壁门南　五代

①关友惠:《敦煌壁画中的供养人画像》,《敦煌研究》1989年第3期,第16页。

②卢秀文:《敦煌石窟中的女供养人首饰:发簪》,《敦煌研究》2009年第2期,第27页。

要有吐蕃、吐谷浑、回鹘、羌、龙家等族，曹氏时期，回鹘、于阗是当时较为重要的少数民族政权，它们分居瓜沙东西，对曹氏政权呈夹击之势，从藏经洞所出遗书以及莫高窟壁画遗存观察，瓜沙曹氏与甘州回鹘和于阗李氏关系密切，曹议金时期，“对外积极同张氏归义军政权特别是张承奉的宿敌甘州回鹘联姻，娶回鹘天公主为妻，地位在汉族夫人之上，化解了甘州回鹘与归义军政权之间的矛盾”[①]，同时嫁女于阗尉迟氏，还交好中原王朝，归义军曹氏时代女性供养人装束交错混杂的特点，正是这一特殊政治地理背景的显现。

再次，画像形式的变化。晚唐以前，尽管供养人画像因时代不同而多有变化，但鳞次栉比的队列形式并未改变。张议潮统治敦煌时期，莫高窟第156窟《张议潮统军出行图》与《宋国夫人出行图》的出现为莫高窟供养人画像增添了新的形式。张议潮在大中二年（848年）率军收复瓜、沙后，于大中五年（851年）十一月受封归义军节度使，兼瓜、沙、甘等十一州观察使[②]，建于咸通二年至六年（861—865年）的第156窟，正是纪念张议潮收复河西的功德窟，窟内“张议潮统军□除吐蕃收复河西一道行图”与“宋国河内郡夫人宋氏出行图”，可视为“供养画出行图”，这种形式的供养人画像，在北魏时代的龙门石窟、巩县石窟已有先例，但在敦煌则是首次出现。画幅高一米，长约六米余，描绘100余个人物，壁画榜题详尽标示张议潮及其属吏身份。榆林窟第12窟“瓜州刺史慕容归盈出行图”、“慕容夫人出行图”，莫高窟第100窟“曹议金出行图”、“曹夫人回鹘公主出行图”延续了这一画像形式。第100窟是曹元德任内为乃父曹议金与回鹘夫人开凿的洞窟，“曹议金夫妇出行礼佛图”环绕窟内四壁下部，画面内容与第156窟“张议潮出行图”颇多相似，但主题却非“统军出

---

①郑炳林：《敦煌归义军史专题研究三编》，兰州：甘肃文化出版社，2005年，第532~533页。
②荣新江：《沙州张淮深与唐中央朝廷之关系》，《敦煌学辑刊》1990年第2期，第8页。

行”，宁强认为其“实际是一幅以出行图方式描绘的供养人像”[①]，需要注意的是，莫高窟第156窟、第100窟及榆林窟第12窟在描绘“出行图”的同时，于甬道南北两壁亦刻画供养人画像，表明这种“出行图”并不是真正意义的“供养画出行图”，而只是晚唐至五代前期敦煌特殊历史语境中出现的殊例，曹元忠时期戛然而止，或可说明这一问题。

在归义军曹氏统治敦煌120余年间，第四任节度使——曹元忠执事瓜沙时间最久，敦煌在其治下30年间（944—974年），社会稳定，政治清明，经济发展，“是曹氏政权的鼎盛期”[②]。作为归义军曹氏承前启后的关键人物，曹元忠与浔阳翟氏无疑是十世纪后半叶敦煌石窟最为重要的庇护者与赞助人，他们营建石窟、雕印经像、设斋度僧、写经祈福、舍施供养等崇佛盛举，极大地推动了唐宋之际敦煌宗教文明与视觉文化的发展，仅就供养人画像而言，曹元忠时期有选择的接续了乃父曹议金时代的画像传统，进一步发展了盛唐时代出现的于甬道表现供养人的作法，形成历任节度使绘于甬道两壁，眷属僚吏绘于窟室；或节度使夫妇相对绘于甬道两壁，眷属绘于窟室的图绘结构。这种前大后小，尊繁卑简，队列浩荡的作法，对十世纪后期敦煌石窟供养人画像的表现产生普遍影响，并因相沿甚久而渐成格套，以至陈陈相因，生气全无，谢稚柳先生谓之“风规槁木，情采死灰”[③]，并非过激之论。

“每一门艺术都有它在艺术上达到了完满发展的繁荣期，前此有一个准备期，后此有一个衰落期。因为艺术作品全部都是精神产品，像自然界产品那样，不可能一步就达到完美，而是要经过开始、进展、完成和终

①宁强：《曹议金夫妇出行礼佛图》，樊锦诗，刘玉权：《中国敦煌学百年文库·考古卷》（三），兰州：甘肃文化出版社，1999年，第293页。

②《敦煌研究文集》，第250页。

③谢稚柳：《鉴余杂稿》，上海：上海人民美术出版社，1979年，第12页。

结,要经过抽苗、开花和枯谢。"[①] 按德国哲学家黑格尔的理论,归义军曹氏时代正处于敦煌石窟发展的"衰落期","风规槁木,情采死灰"似可归因于此,然而,回溯敦煌石窟的发展,我们发现,在敦煌的历史上,"程式化"的表现一直贯穿供养人画像发展始终,并非曹氏时代所仅见,因而不能简单地将其视为曹氏时代石窟艺术"衰落"的基本特征。

帕诺夫斯基认为,"对任何一个历史时期的文化阐释都依赖于对所有文化现象之间的相互关系的沿革的解释"[②],实际上,盛唐第 130 窟乐庭瓌家族供养像的出现,已为曹氏时代供养像的"程式化"埋下伏笔。曹氏时期,巨幅画像与庞大队列的描绘,向画工提出挑战,仔细观之,可以体察到,画工似已无力应对。原因显然是复杂的,其一,画像尺幅明显超出画工自然运笔范围,线描表现与形象刻画难免流于粗疏;其二,受限于石窟整体布局和宗教仪轨,曹氏时期供养像的表现形式完全"格套化",形象塑造进入"模件体系",从而抹煞了供养人画像的"多样性"与"独特性";其三,封建社会的等级制度与约定俗成的供养体系, 成为供养人画像发展难以逾越的鸿沟;其四,题记传统成为制约供养人画像发展的桎梏,曹氏时期,"供养人画像成为炫耀家族门第、权势声威的工具"[③],题记既能标明官职、头衔、身份,又能让供养人在画像群中具有较高辨识度,因而显得更加重要,形象似乎已居次位;其五,曹氏时代供养人画像的表现具有"想像"成分,显示其"象征性"明显高于"真实性"。不可否认,在归义军曹氏时代供养像中,曹议金、曹元忠、浔阳翟氏、李圣天、于阗皇后等人的画像,似乎并未进入"模件体系","个性化"的形象表现,显示其可能确有"历史依据"。

---

①[德]黑格尔:《美学》(第三卷/上册),朱光潜译,北京:商务印书馆,1996年,第5页。

②[美]迈克尔·安·霍丽:《帕诺夫斯基与美术史基础》,易英译,长沙:湖南美术出版社,1992年,第8页。

③张先堂:《莫高窟供养人画像的发展演变:以佛教史考察为中心》,《敦煌学辑刊》2008年第4期,第98页。

第八章

文殊堂图像程序与视觉意象

一、文殊堂视觉结构与空间逻辑

巫鸿先生认为，“足够的证据说明古人在创造佛教艺术和墓葬艺术时所遵循的恰恰不是‘视觉’这个概念。检阅敦煌的功德记，造窟者所强调的是‘制作’而非‘观看’，因为只有通过制作他们才能积累功德。”[①]尽管如此，当进入文殊堂时，还是可以明显感觉到其中的视觉结构，正如“闭圹之后不复发”、“欲人之弗得见”的古代墓葬，其虽然不为观赏，但在制作中，仍然遵循着一套图像的程序与空间的逻辑。石窟与墓葬尽管在功能、形制、主题等诸多方面不尽相同，但它作为“一种生产性想像的经验官能的产物”[②]，其制作同样有着潜在的范式，并受到“物化在确定的时代和地区”[③]的宗教信仰、文化思想、赞助趣味等意识形态的制约。

在敦煌石窟中，文殊堂造像与壁画的组合可谓独树一帜。主室中部佛坛造像无疑是洞窟中心所在，尽管文殊堂的营造“所遵循的恰恰不是

①[美]巫鸿：《美术史十议》，北京：生活·读书·新知三联书店，2008年，第11页。

②《帕诺夫斯基与美术史基础》，第109页。

③《帕诺夫斯基与美术史基础》，第8页。

‘视觉’这个概念”,但其视觉程序却非常富于逻辑性。环顾四壁,无论是西壁《五台山图》,还是东壁《维摩变》,抑或是南北壁经变,甚至是南壁、西壁、北壁下部《佛传图》,以及背屏后部刘萨诃瑞像,其之于中心佛坛的指向性十分明显,空间上的对应关系非常明确。

《五台山图》、《楞伽经变》、《弥勒经变》、《阿弥陀经变》、《法华经变》、《报恩经变》、《密严经变》、《天请问经变》、《药师经变》、《华严经变》、《思益梵天经变》以及《维摩经变》是文殊堂主体壁画图像。其中,绘于正壁(西壁)的《五台山图》最为关键,尽管《五台山图》在莫高窟第222窟(中唐)已经出现,并有数铺遗存,但它以前所未有的巨大尺幅绘于文殊堂正壁,寓意明显,作为莫高窟《文殊变》的重要图像组成,《五台山图》并不是实际风景的图绘性再现,而是以“叙事性的图解”寓示文殊道场——五台山,尽管文殊堂《五台山图》格局宏大,但中心佛坛骑狮文殊造像组合的出现表明,《五台山图》并未脱离中唐以来其从属《文殊变》的附庸地位,它的描绘,只是映衬中心佛坛的文殊造像,共同形成一幅塑绘结合的《文殊变》。

文殊堂东壁《维摩变》的表现,更加强化了西壁《五台山图》与佛坛文殊造像塑绘结合的《文殊变》的核心地位。相比中唐出现于敦煌的《五台山图》,《维摩变》的历史要更为久远,而且,在敦煌石窟中,《维摩变》绘于主室东壁也渊源已久。莫高窟第220窟始见《维摩变》绘于主室东壁,且与之相对之西壁平顶敞口龛外北侧绘《文殊变》,其后,第159、236、237、359、360窟《维摩变》与《文殊变》亦为如此格局。我们有理由相信,曹元忠与浔阳翟氏营造的文殊堂借鉴了初唐以来《维摩变》与《文殊变》相对表现的空间格局与视觉经验,并在文殊堂以文殊造像为中心的文殊语境中,实现了两者宗教与图像内涵的紧密结合。

文殊堂主室南壁、西壁、北壁下部描绘《佛传》壁画,这与莫高窟第98窟在相同位置描绘《贤愚经变》是迥然不同的,这一不同之处,实际上也是文殊堂的文殊语境所致。隋天竺三藏闍那崛多译《佛本行集经》卷首署"归命大智海毗卢遮那佛",可见这部佛典"是对华严宗和它的教主毗卢遮那佛的信仰"[1]。毗卢遮那佛(卢舍那如来)为华严宗主尊,文殊信仰即属华严体系,而文殊堂《佛传》壁画正是依据此经描绘,其宗教内涵与文殊主题正相吻合。[2]

文殊堂南北两壁描绘的十铺经变,除《楞伽经变》与《密严经变》外,余《弥勒经变》、《阿弥陀经变》、《法华经变》、《报恩经变》、《天请问经变》、《药师经变》、《华严经变》以及《思益梵天经变》八铺经变在图像程序上与曹议金功德窟——第 98 窟基本相同,与中唐第 159 窟与 237 窟的图像格局也有明显相同之处,而这两窟中的《维摩变》与《文殊变》正是对应的空间格局,其中的《天请问经变》、《药师经变》、《华严经变》、《弥勒经变》、《阿弥陀经变》、《法华经变》更是渊源甚久,当敦煌进入归义军曹氏时代,这些经变早已成为经典图像,在某种程度上,图像样式与组合形式的经典性,甚至会超越图像的内涵,从而为后人想当然地认为它们之间存在必然联系。文殊堂主室南北两壁经变图像的选取,应同时受到文殊堂文殊语境与经典图像组合的双重制约。

---

①樊锦诗:《敦煌佛传故事画卷》,香港:商务印书馆(香港)有限公司,2004年,第116页。

②见邹清泉:《莫高窟第61窟〈维摩经变〉新识》,《美术学报》2013年第2期,第40~50页。

二、浔阳翟氏与文殊堂

1931年,吴曼公在北京获得一件藏经洞唐代残经写卷,该写卷为糙米色纸本,长一尺四寸三分,宽七寸六分,背面衬裱辛亥年款分配窟龛燃灯名数写本,俗谓《腊八燃灯分配窟龛名数》,录文于下:

十二月八日□(夜)□□□(社)人遍窟然灯分配窟龛名

□阇梨北大像已北至司徒窟计六十一盏张都□(衙)窟两盏大王天公主窟□

两盏大像下层两盏司徒两盏大像天王四盏

□(李)禅司徒北至灵图寺六十窟翟家窟两盏□家窟两盏宋家窟两盏莫高窟第61窟两盏

□(张)僧政崖下独煞神至狼子神堂六十盏独煞神□(五)盏

□法律第二层阴家窟至□(文)□(殊)窟上层□(令)□(狐)□家窟六十五盏内三圣小龛各然一盏

□都头吴和尚已南至天龙八部窟计八十窟刹心内龛然在

里边

□(索)幸者第二层至第三层□□(家)八金光窟八十窟内龛刹心然在里边

□阴押衙梁僧政第二层□ (普)□窟至文殊堂又至灵图寺窟至陈家窟六十三窟有三圣龛然在里边

王行者南头第二层六十窟何□(法)师窟两盏刹心佛堂两盏大像上层四盏至□

花□

□(安)押衙□押衙吴□(和)尚窟至天王堂卅六窟吴和尚窟三盏七佛七盏天王堂两盏

□□郎□阴家窟至南大像五十二盏□八龛阴家窟三盏王家两盏宋□窟两盏□□

□三盏大像四盏吴家窟四盏大像天王四盏

右件社人依其所配好生□(精)心注炙不得懈怠触秽如有阙然及秽不尽者近人

罚布一尺充为工廨近下之人痛戈决尻杖十五的天□免辛亥年十二月七日□门僧政道真①

金维诺先生据此抄件所载洞窟俗称、燃灯盏数，比照莫高窟现存窟迹，对“张都衙窟”、“大王天公主窟”、“大像天王”、“翟家窟”、“社众窟”、“文殊堂”等窟龛名属及位置作了探索，认为，“‘文殊堂’是敦编第61窟。中部文殊塑像已残毁，但是背屏尚残留狮尾，西壁画有文殊师利所在的五台山图，五台山图中部并且画有‘大圣文殊真身殿’，可以肯定‘文殊

①金维诺：《中国美术史论集》(中)，哈尔滨：黑龙江美术出版社，2004年，第139~140页。

堂’即指此窟。此窟为曹元忠妻翟氏所修,是时曹元忠已卒。”[①]

文殊堂为莫高窟第61窟并无疑议,但窟主归属曾多有歧见,主要集中于曹元忠、浔阳翟氏以及曹延禄三人。该窟甬道壁画为西夏重绘,男供养像已不可考,贺世哲先生以该窟主室南壁第三身女供养像旁“施主勅授浔阳郡夫人翟氏一心供养”题记为线索,结合对供养像之间称谓关系以及相关敦煌文书之考察,“断定六十一窟窟主是曹元忠夫妇”[②],“建窟时间的下限应在显德四年(957年)九月以前”[③],即浔阳翟氏尚未获封“凉国夫人”之时。据现有材料,浔阳翟氏共见有三种身份,一为曹议金时代的“新妇小娘子”,二为曹元忠时代的“浔阳郡夫人”与“凉国夫人”,三为曹延禄时代的“秦国太夫人”,法藏《梁国夫人浔阳翟氏疏》(P.2982)书写于后周显德四年(957年),尾题“显德四年九月日弟子梁国夫人浔阳翟氏疏”[④],表明浔阳翟氏至迟于后周显德四年(957年)已升为“梁(凉)国夫人”,题写“施主勅授浔阳郡夫人翟氏一心供养”的文殊堂显然应建于显德四年(957年)之前,而曹元忠卒于宋开宝七年(974年),是以文殊堂绝非曹元忠卒后而建。郝春文先生考证认为,“现既已考证出该窟之‘启窟斋’在九四七年,其建成时间亦当在是年”[⑤],英藏《归义军节度使曹元忠、浔阳郡夫人翟氏布施疏》(S.2687(1))则进一步明确了文殊堂的建成时间,疏文为:

1. 弟子河(西)归义军节度瓜沙等州管内

---

①《中国美术史论集》(中),第133页。

②贺世哲,孙修身:《瓜沙曹氏与敦煌莫高窟》,载敦煌文物研究所:《敦煌研究文集》,兰州:甘肃人民出版社,1982年,第251页。

③《敦煌研究文集》,第252页。

④《法藏敦煌西域文献》(第20册),第314页。

⑤宁可,郝春文:《敦煌社邑文书辑校》,南京:江苏古籍出版社,1997年,第166页。

2．营田观察处置押蕃落等使、特进

3．检校太傅、谯郡开国侯、食邑一千

4．户曹元忠、浔阳郡夫人翟氏，先奉为

5．国安人泰，万方伏款于台庭；社稷恒

6．昌，四远来宾于王化；狼烟息焰，千门快

7．乐而延祥；塞虏无喧，万户获逢于喜庆。

8．府主宠禄，膺五岳而长隆；寿比

9．王乔，等五星而永曜。合宅姻眷，俱沐祯祥；内

10．外枝罗，俱沾福佑。已躬康吉，贤圣护

11．持；法界有情，皆成妙果。敬造万色锦绣经

12．巾一条，施入宕泉窟，永充共(供)养。于时大汉

13．天福十三年丁未岁(947 年)十一月壬子朔十九日庚

14．午毕功纪。[1]

陈菊霞认为此疏实为《莫高窟第 61 窟毕功疏文》，并将文殊堂“建成时间准确定在天福十二年(947 年)十一月”[2]。

尽管文殊堂甬道壁画为后代重绘，但考察莫高窟第 5 窟、98 窟、100 窟、108 窟甬道南北壁男供养像的描绘情况，曹元忠像应绘于文殊堂甬道南壁。我们在一般意义上虽然可将文殊堂视为曹元忠与浔阳翟氏的功德窟，但文殊堂主室女性供养人画像的描绘，表明文殊堂的实际功德主应为浔阳翟氏，即金维诺先生所指“此窟为曹元忠妻翟氏所修”。回望曹元忠时代的敦煌，我们发现，曹元忠于后晋天福九年(944 年)嗣任故兄

①《英藏敦煌文献》(第四卷)，第190页。

②陈菊霞：《敦煌翟氏研究》，施萍婷，郑炳林指导，兰州：兰州大学博士学位论文，2008年，第121页。

曹元深之位后，一直是以“沙州留后”的身份统治敦煌，直至后周显德二年(955 年)五月“戊子，以沙州留后曹元忠为沙州节度使、检校太尉、同平章事”①，换言之，在后晋天福九年(944 年)至后周显德二年(955 年)十一年间，曹元忠并未获得“合法”的节度使身份，而文殊堂正是建造于这一“非常时期”的洞窟。其中隐情，极为耐人寻味。

归义军曹氏第一任节度使曹议金曾取回鹘天公主为妻，“回鹘天公主非常崇信佛教，她不仅身体力行地参与各种佛事活动，而且经常组织和带动曹氏家人以及姻亲妇女从事施舍、供养之事”②，浔阳翟氏适于曹氏后，受其影响，深谙佛教义理与护持之法，在曹元忠节度使身份未获中原王朝认可的“非常时期”，翟氏偕同家族女眷，营建了以当时最为流行的文殊师利菩萨为主尊的文殊堂，意在为夫祈福，佑其尽早获封。中国国家图书馆藏《启请文》(北图 7680)透露浔阳翟氏护夫是极为心切的，文谓“凉国夫人郎君小娘子等保□合宅安和，上下欢娱，内外清吉。遂乃结坛九处，转寂胜之金言。撒食五方，诵蜜音呪香焚百味，一一从向天来……又持福事，资益我大王，伏愿长崇佛日，永镇龙沙，秉政河西”③，浔阳翟氏当年于曹元忠执政之初，根基未稳之时，开凿文殊堂，正是为了“资益我大王，伏愿长崇佛日，永镇龙沙，秉政河西”。

---

①[宋]薛居正等：《旧五代史》，北京：中华书局，1976年，第1531页。

②陈菊霞：《敦煌翟氏研究》，施萍婷，郑炳林指导，兰州：兰州大学博士学位论文，2008年，第131页。

③黄永武：《敦煌宝藏》(卷一〇七)，第303~304页。

附录一　曹元忠时代纪年

后晋出帝石重贵	天福九年/开运元年　甲辰　944 年七月
	开运二年/天福十年　乙巳　945 年
	开运三年/天福十一年　丙午　946 年
后汉高祖刘暠	开运四年/天福十二年　丁未　947 年
	乾祐元年/天福十三年　戊申　948 年二月
后汉隐帝刘承祐	乾祐二年/天福十四年　己酉　949 年
	乾祐三年　庚戌　950 年
后周太祖郭威	广顺元年/乾祐四年　辛亥　951 年
	广顺二年　壬子　952 年
	广顺三年　癸丑　953 年
	显德元年/广顺四年　甲寅　954 年
后周世宗柴荣	显德二年/广顺五年　乙卯　955 年
	显德三年　丙辰　956 年
	显德四年　丁巳　957 年
	显德五年　戊午　958 年
	显德六年　己未　959 年
后周恭帝柴宗训	显德七年　庚申　960 年
	显德八年　辛酉　961 年

续表

宋太祖赵匡胤	建隆元年　庚申　960年
	建隆二年　辛酉　961年
	建隆三年　壬戌　962年
	建隆四年/乾德元年　癸亥　963年十一月
	乾德二年　甲子　964年
	乾德三年　乙丑　965年
	乾德四年　丙寅　966年
	乾德五年　丁卯　967年
	乾德六年/开宝元年　戊辰　968年十一月
	开宝二年/乾德七年　己巳　969年
	开宝三年/乾德八年　庚午　970年
	开宝四年　辛未　971年
	开宝五年　壬申　972年
	开宝六年　癸酉　973年
	开宝七年　甲戌　974年

附录二　曹元忠史事

《曹元忠史事》系据目前已公布敦煌文书、莫高窟壁画题记、《旧五代史》、《新五代史》、《宋书》、《辽史》、《宋会要辑稿》、《续资治通鉴》、《续资治通鉴长编》、《文献通考》、《陇右金石录补》、《西夏书事》及相关研究资料整理而成，年代始于天福九年(944年)，迄于开宝七年(974年)。

天福九年/开运元年(944年)

3月9日，曹元深卒，弟元忠继任，称仆射。元深生前于莫高窟建窟一所(22窟)。

11月，净土寺沙门愿荣写《降魔变押座文》，为府主曹元忠颂德。(P.2187a)

孔僧统亡，氾僧统继任。

慕容氏重修莫高窟一龛(205窟)。

天福十年/开运二年(945年)

正月，法律张和尚卒。

正月26日，某人撰写《张和尚生前写真赞并序》。(P.3792)

正月，相国寺主上座赐紫弘演正言，当讲佐街僧录圆鉴。(P.2603)

2月，上司内外都孔目官检校左散骑常侍上骑都尉孔明亮撰《张安信邈真赞并序》。(P.3390)

曹元忠任归义军节度使。(P.2992)

金光明寺比丘庆遂为追念故僧政百日设供。(S.5718)

翟奉达撰《寿昌县地境》。

开运三年 / 天福十一年 / 广政九年(946 年)

12 月 3 日,节度管内诸司都勾押孔目官兼御史大夫杨继恩撰《阎海员邈真赞并序》。(P.2482)

12 月 27 日,某人写《佛说父母恩重经》一卷。(S.1907)

12 月,归义军左马步都押衙王文通勘寻寡妇阿龙还田并陈状。(P.3257)

开运四年 / 天福十二年 / 广政十年(947 年)

7 月 15 日,曹元忠造大慈大悲救苦观世音菩萨像。(P.4514)

8 月 9 日,西川静真禅院某僧写《维摩诘经讲经文》第 20 卷文书。(P.2292b)

归义军节度使曹元忠为其故兄大祥追念请金光明寺僧。(P.3388)

11 月,"河西归义军节度瓜沙管内营田观察处置押蕃落等使特进检校大傅开国侯食邑一千户曹元忠浔阳郡夫人翟氏布施"。(S.2687)

曹元忠开龙兴、灵图二寺,设斋"施红锦一匹,新造经袟贰拾个,充龙兴寺。"(S.3556)

曹元忠命沙州匠人雷延美雕刻版画大圣毗沙门天王、观世音菩萨。

天福十三年 / 乾祐元年(948 年)

三界寺观音院主道真等修莫高窟南大像窟(130 窟)。

回鹘、于阗遣使贡于后汉。

天福十四年 / 乾祐二年(949 年)

4 月 20 日,金光明寺律师保员书《归依三宝文》(S.4300)。

5 月 15 日,曹元忠命雷庭美雕印《金刚经》,"普施受持"。(P.4514、P.4516)

5月，新授归义军节度观察留后曹元忠遣步军教练梁再通献硇砂十斤。

6月，节度押衙张盈润在莫高窟第108窟前室南壁题诗并序。（S.4398）

8月22日，曹元忠建窟檐。（S.518）

9月26日，灵图寺僧戒昌写《妙法莲华经卷第七》。（龙009(6036)）

10月16日，报恩寺僧愿德写《纳音甲子占人姓行法》。（P.3175）

曹元忠自称节度留后检校司空。

节度押衙樊文升奉命遣写《王梵志诗集》(一卷)等。（P.4094a）

乾祐三年(950年)

正月25日，某人写《天地开辟以来帝王记》一卷。（P.4016）

4月9日，金光明寺僧写《王梵志诗集卷第三》。（P.2914）

4月，张盈润造浮图一所，并撰《孟授上祖庄上浮图功德记并序》。（P.3390）

5月15日，归义军节度使特进检校太傅兼御史大夫谯郡开国侯曹元忠，命雷延美雕印《金刚般若波罗蜜经》，普施受持，以建功德。（P.4515）

5月，道真等从曹元忠游三危山圣王寺。

曹元忠于莫高窟建文殊堂(61窟)。

曹元忠于是年称太保，至广顺五年(955)。

归义军节度使曹元忠施雕《金刚般若波罗蜜经》。（P.5415）

乾祐四年(951年)

岁次辛亥蕤宾之月，某人于宕泉大圣先严寺讲堂后弥勒院写《净土念佛诵经观行仪卷下》。（P.2963）

12月7日，僧政道真发布《十二月八日□□□□人遍窟燃灯分配窟龛名》。

广顺二年(952 年)

智清抵达敦煌,沙州僧人抄其所携之《禅源诸全集都序》。

沙州遣僧兴奉表入朝。

广顺三年(953 年)

正月 23 日,某人写《佛说延寿命经》。(日本龙谷大学藏)

4 月 20 日,三界寺禅僧法保写《频婆娑罗王后宫采女功德意供养塔生天因缘变》。(S.3491、P.3051)

8 月,曹元忠于莫高窟造二千仁斋。

8 月 21 日,某人写《梁朝傅大士颂金刚经序》。(P.3325)

莫高窟第 123、124、125 三窟前室重修。

广顺四年/显德元年(954 年)

3 月,沙州大德于京城内,请长白山人李琬抄《赞皇帝归依三宝》十首、《左街僧录圆鉴大师云辩十慈悲偈》等。

广顺五年/显德二年(955 年)

2 月 17 日,学士郎马富德书《秦妇吟一卷》。(P.3780)

3 月 23 日,"设东窟工匠,付设司柴壹束。"(S.3728)

5 月,曹元忠及子延敬遣使入贡于周。后周以元忠为归义军节度使检校太保,延敬为瓜州团练使,并铸印赐之。

8 月,僧政兼阐扬三教大法师赐紫沙门道林撰《张福庆和尚邈真赞并序》。(S.5405)

9 月 26 日,某人书不知名文字。(P.3697a)

曹元忠遣使入贡,后周授元忠为归义军节度使检校太尉同中书门下平章事,曹延恭为瓜州团练使,各铸印赐之。

显德三年(956 年)

3 月,三界寺僧法宝出使西州。

8 月,僧政张福庆卒。

8 月 2 日,某人书《三冬雪诗》。(S.5572a)

“登仕郎守州学博士翟奉达”书《显德三年丙辰岁具注历日并序》并勘校。(S.0095)

任延朝画菩萨像。(大英博物馆藏敦煌绢画)

显德四年(957 年)

9 月,凉国夫人浔阳翟氏为“愿亡过尊者早游极乐之宫,见在枝罗,长临福禄之庆,”特作舍施。(P.2982)

显德五年(958 年)

3 月 1 日,“夜,(翟奉达) 家母阿婆马氏身故。”(天津博物馆藏 175《佛说无常经》)

3 月 7 日, 亡母马氏开七斋,“夫检校尚书工部员外郎翟奉达忆念,敬写无常经一卷,敬画宝髻如来佛一铺,每七至三周年,每写斋经一卷追福,愿阿娘托影神游往生好处,勿落三涂之灾,永充供养。”(天津博物馆藏 175《佛说无常经》)

3 月 14 日,翟奉达为亡母马氏二七斋,写《佛说水月观音菩萨经》一卷。(P.2055)

3 月 21 日,翟奉达为亡母马氏三七斋,写《咒魅经》一卷。(P.2055)

3 月 28 日,翟奉达为亡母马氏四七斋,写《佛说天请问经》一卷。(P.2055)

4 月 5 日,翟奉达为亡母马氏五七斋,写《佛说阎罗王授记经》一卷。(北图冈字 44、P.2055)

4 月 12 日,翟奉达为亡母马氏六七斋,写《佛说护诸童子经》一卷。(P.2055)

4 月 19 日,翟奉达为亡母马氏收七斋,写《般若心经》一卷。(P.2055)

6 月 11 日,翟奉达为亡母马氏百日斋,写《佛说盂兰盆经》一卷。(P.2055)

7月,西川善兴大寺西院法主僧法宗西行取经,暂居敦煌。

11月13日,敦煌某寺判官与当寺徒众就该寺常住什物点割。(S.1776)

12月15日,大云寺学士郎写《开蒙要训一卷》。(S.5463a)

西川兴善大寺僧法宗往西天取经,道经沙州。

显德六年(959年)

正月3日,女人结社,并立社约。(S.527)

2月17日,"纸匠张留住贷面叁斗。"(S.5845)

3月7日,翟奉达为亡母马氏一年斋写佛母经一卷。(P.2055)

4月8日,瓜州永兴禅院禅师惠光,发心敬写《延寿命经》、《续命经》、《天请问经》3卷,计写49卷。(P.2374c)

"朝议郎检校尚书工部员外行沙州经学博士兼殿中御史赐绯鱼袋翟奉达撰"《显德六年已未岁具注历日并序》(P.2623)

显德七年(960年)

7月1日,大云寺学郎邓清子书《新集吉凶书仪·凶仪卷下》。(P.3886)

建隆二年(961年)

2月10日,"曹元忠为父大王忌晨追念设供"。(S.2974)

3月7日,翟奉达为亡母马氏三年斋写善恶因果经一卷。(P.2055)

11月,沙州节度使曹元忠、瓜州团练使曹延恭等使献玉鞍勒马。

建隆三年(962年)

正月,宋朝封曹元忠为检校太傅兼中书令归义军节度使沙州刺史,延敬为本州岛防御使,赐名延恭。

5月4日,律师僧保德写《和戒文一本》,比丘僧慈愿诵。(制005(8362))

曹元忠于莫高窟建窟一所(55窟)。又于榆林窟开窟一所。

乾德二年(964年)

正月28日,三界寺"师主释门僧正讲论大法师赐紫道真""授菩提最

八关斋戒牒”。(P.3392)

“三界寺授李憨儿八关斋戒牒”(P.2994、P.3414)

9 月 15 日，三界寺授张氏戒牒，“授戒师主释门僧正□□道真”。(P.3320)

僧继业等沙门三百人求舍利及贝多叶书，自阶州出塞西行，由灵武、西凉、甘、肃、瓜、沙等州，入伊吾、高昌、焉耆、于阗、疏勒……往天竺。

乾德三年(965 年)

正月 15 日，三界寺“授戒师主释门僧政赐紫沙门道真”“授李憨儿五戒牒”。(P.3455)

正月 28 日，三界寺“授戒师主释门僧政法师赐紫沙门道真”“授张氏八关斋戒牒”(S.347、P.3143)

9 月，三界寺授戒。(S.5313)

12 月，甘州回鹘可汗、于阗国王及瓜、沙州皆遣使来朝，贡马千匹、橐驼五百头、玉五百团、琥珀五百斤。

乾德四年(966 年)

正月 15 日，“三界寺授菩提最五戒牒”。(S.4844)

5 月 1 日，曹延晟写《大般若经》，施入显德寺。

5 月 15 日，“三界寺授李憨儿八关斋戒牒”。(P.3140)

5 月，归义军节度使曹元忠夫妇重修莫高窟北大像下三层，参加工程计十二寺，僧人二百四十人、木匠五十六人、泥匠十人。

9 日，曹元忠及夫人巡礼莫高窟，于大王窟(98 窟)内，请僧抄写《大佛名经》，沙州 17 大寺，每寺施舍一部；又一部，遣使送至西州，补充其大藏所阙。又修北大像弥勒(96 窟)，至 6 月 2 日毕，4 日回城。

10 月 9 日，米法达写《佛说七阶礼佛名经》。(冬 024(8308))

乾德五年(967 年)

岁次丁卯 7 月 21 日，某人因疾写《救诸众生苦难经》、《新菩萨经》一

卷。(S.3417)

乾德六年/开宝元年(968年)

2月,宋朝西天取经僧继从经敦煌,抄《妙法莲华经赞文》,呈曹元忠。

5月,曹延清绘观音像。

9月,某人写《妙法莲华经卷第七》。(菜066(5957))

11月,甘州回鹘及于阗、沙州使人各贡驼马方物。

乾德七年/开宝二年(969年)

4月15日,大乘贤者兼当学禅录何江通,发心敬写大小经三策子,计九卷。

11月,归义军与宋朝断绝往来。

宋慈顺为故男小祥日设斋请三界寺僧。(P.3367)

乾德八年/开宝三年(970年)

正月14日,知术院弟子阎海真写《茶酒论一卷并序》。(P.2718b)

正月25日,比丘福惠等16人立约于莫高窟营造佛窟。26日,莫高窟第427窟窟檐建成。(S.3540)

正月26日,敦煌乡书手兼随身判官李福延,写《十二时》一卷。(P.3604)

王氏于莫高窟重修窟檐落成。

福惠等16人于莫高窟造窟一所(449窟)。

开宝五年(972年)

张长继书《庐山远公话》。(S.2073)

开宝七年(974年)

正月28日,金光明寺僧王会长、张僧奴、令狐富通、阎延定四人等,舍《观音多心经》一卷。

6月6日,曹元忠卒,子延恭继任,称太保;延禄任副使(S.5972、S.5973、P.3827)。

附录三　曹元忠时代写本

《曹元忠时代写本》对藏经洞所出天福九年（944 年）至开宝七年（974 年）曹元忠统治瓜沙时期写本遗存作了辑录，年代之判断主要依据写本题记及目前学界的研究，部分书写年代未详的写本暂付阙如。

天福九年（944 年）

天福九年正月释门僧政善光牒（S.4537）、甲辰岁一月已后净土寺直岁惠安手下诸色入破历（P.2032）、甲辰年净土寺食物帐（P.2032）、降魔变押座文（P.2187a）

天福拾年 / 开运二年（945 年）

天福十年金光明寺比丘庆遂为追念故僧政百日设供疏（S.5718）、乙巳年净土寺入历（P.2040）、赞普满偈十首（P.2603）、开运二年十二月归义军左马步都押衙王文通勘寻寡妇阿龙还田陈状（P.3257）、张和尚生前写真赞并序（P.3792）、杂写咒语（腾 006V（8378））

天福拾壹年 / 开运三年（946 年）

佛说父母恩重经（S.1907）、阎海员邈真赞并序（P.2482）

天福拾贰年 / 广政十年 / 开运四年（947 年）

大汉天福十二年十一月河西归义军节度瓜沙管内营田观察处置押

蕃落等使特进检校大傅开国侯食邑一千户曹元忠浔阳郡夫人翟氏布施疏（S.2687）、开运四年三月九日曹元忠疏（P.3388）、维摩诘经讲经文（P.2292b）、丁未年宴设司帐（P.2641）、开运四年归义军节度使曹元忠为其故兄大祥追念请金光明寺僧疏（P.3388）

天福十三年（948 年）

曹元忠夫妇布施疏（S.2687）

天福十四年（949 年）

杂写（S.518）、王梵志诗集一卷（P.4094a）、归依三宝文（S.4300）、天福十四年曹元忠牒（S.4398）、纳音甲子占人姓行法（P.3175）、妙法莲华经卷第七（龙 009（6036））

乾祐三年 / 天福十五年（950 年）

王梵志诗集卷第三（P.2914）、庚戌年某寺麸历（P.3264）、孟受上祖庄上浮图功德记并序（P.3390b）、天地开辟以来帝王记一卷（P.4016）、印本金刚般若波罗蜜经（P.4515）

乾祐四年（951 年）

乾祐四年都僧统帖（S.3879）、净土念佛诵经观行仪卷下（P.2963）、辛亥年十二月八日□□□社人遍窟燃灯分配窟龛名数（敦煌研究院藏）

广顺三年（953 年）

频婆娑罗王后宫采女功德意供养塔生天因缘变（S.3491、P.3051）、梁朝傅大士颂金刚经序（P.3325）、佛说延寿命经（日本龙谷大学藏）

显德元年（954 年）

交割讲下所施麦粟帐（P.2846）

显德二年（955 年）

张福庆和尚邈真赞并序（S.5405）、广顺五年正月吕富延阴义进状（P.3727）、秦妇吟一卷（P.3780）、不知名文字（P.3697a）

显德三年(956年)

显德三年丙辰岁具注历日(S.0095)、三冬雪诗(S.5572a)、梁愿清疏(P.5014)、显德三年任延朝画菩萨像记(大英博物馆藏绢画)

显德四年(957年)

显德四年九月凉国夫人浔阳翟氏舍施疏

显德五年(958年)

开蒙要训一卷(S.5463a)、于阗天兴九年走马使□富住状(P.3016)、显德五年四月押衙安员进牒(P.3501)、佛说无常经(天津博物馆藏175号)

显德六年(959年)

佛说天请问经一卷(P.2374c)、显德六年己未岁具注历日并序(P.2623)、显德六年十二月曹保升牒(P.3556)

显德七年(960年)

新集吉凶书仪·凶仪卷下(P.3886)

建隆二年(961年)

建隆二年二月十日曹元忠为父大王忌晨追念设供疏(S.2974)

建隆三年(962年)

和戒文一本,散花乐(制005(8362))

乾德二年(964年)

乾德二年九月十五日三界寺授张氏戒牒(P.3320)、甲子年正月二十八日三界寺授菩提最八关斋戒牒(P.3392)、甲子年正月二十八日三界寺授李憨儿八关斋戒牒(P.3414)

乾德三年(965年)

乙丑年九月三界寺授戒牒(S.5313)、乾德三年正月十五日三界寺授李憨儿五戒牒(P.3455)、乾德三年正月二十八日三界寺授张氏八关斋戒牒(S.347、P.3143)、佛说七阶礼佛名经(冬024(8308))

乾德四年（966 年）

乾德四年正月十五日三界寺授菩提最五戒牒（S.4844）、乾德四年五月十五日三界寺授李憨儿八关斋戒牒（P.3140）

乾德五年（967 年）

救诸众生苦难经 / 新菩萨经一卷（S.3417）

乾德六年（968 年）

妙法莲华经卷第七（莱 066（5957））

乾德七年（969 年）

佛说斋法清净经（S.5646c）、己巳年宋慈顺为故男小祥日设斋请三界寺僧疏（P.3367）

开宝三年（970 年）

茶酒论一卷并序（P.2718b）、十二时（P.3604）

开宝五年（972 年）

庐山远公话（S.2073）

开宝七年（974 年）

星占书残本（P.4071a）、般若波罗蜜多心经（P.3351b）

附录四　文殊堂《维摩变》榜题与经文辑校

《文殊堂〈维摩变〉榜题与经文辑校》以贺世哲先生校录之文殊堂东壁维摩变榜题为基础，分为《维摩诘部分》与《文殊师利部分》，校以鸠摩罗什《维摩诘所说经》。其中，维14、维20、维32、维33、维34、文24、文25榜题漫漶，文殊师利部分的文3、文21、文22榜题于经文中无相应经文，均付阙如。

维摩诘部分

【榜题】菩萨净土成佛时,国王(上)无有三恶八难,自守戒行,不讥彼阙。【白地墨书】〔维 1〕

【经文】菩萨成佛时,国土无有三恶八难,自守戒行,不讥彼阙,是菩萨净土。【《维摩诘所说经·佛国品》】

【榜题】维摩诘见诸虚□□之人,妄起所作,是身无知如□□□木之喻。【红地墨书】〔维 2〕

【经文】是身为空,离我我所。是身无知,如草木瓦砾。【《维摩诘所说经·方便品》】

【榜题】维摩诘见诸幻人,是身如梦,为虚妄见,身如浮云,须臾变灭,如日之影喻。【白地墨书】〔维 3〕

【经文】是身如梦,为虚妄见。是身如浮云,须臾变灭。【《维摩诘所说经·方便品》】

【榜题】是时维摩诘游诸世界……人无□□像从叶缘现,□□镜□□。【墨书】〔维 4〕

【经文】是身如影,从业缘现。【《维摩诘所说经·方便品》】

【榜题】若在王子,王子中尊,示其忠孝……。【绿地墨书】〔维 5〕

【经文】若在王子,王子中尊,示以忠孝。【《维摩诘所说经·方便品》】

【榜题】若在长者,长者中尊,为说胜法,令心惠施,坚求大道。【红地墨书】〔维 6〕

【经文】若在长者,长者中尊,为说胜法。【《维摩诘所说经·方便品》】

【榜题】若在居士,居士中尊,断其贪著,离妄思念,寻求无想。【红地墨书】〔维 7〕

【经文】若在居士,居士中尊,断其贪著。【《维摩诘所说经·方便品》】

【榜题】维摩诘以幻喻是身如毒蛇怨贼，如空，阴界入诸所共合成，而为患厌。【红地墨书】〔维 8〕

【经文】是身如毒蛇，如怨贼，如空聚，阴界诸入所共合成。诸仁者，此可患厌当乐佛身。【《维摩诘所说经·方便品》】

【榜题】是身无人如水，钩龟不实，四大为空聚虚幻，徒兹妄味。【白地墨书】〔维 9〕

【经文】是身无人为如水，是身不实四大为家。【《维摩诘所说经·方便品》】

【榜题】若在梵王，梵王中尊，以为德，宣示于教，由诲以为智惠。【墨书】〔维 10〕

【经文】若在梵天，梵天中尊，诲以胜慧。【《维摩诘所说经·方便品》】

【榜题】若在帝释，帝释中尊，说真经典，□其意者，诲以胜惠。【墨书】〔维 11〕

【经文】若在帝释，帝释中尊，示现无常。【《维摩诘所说经·方便品》】

【榜题】维摩诘为游诸方所，入讲论处，尊以大乘，以宣入佛之理，问答佛境何由。【红地墨书】〔维 12〕

【经文】游诸四卫，饶益众生，入治政法，救护一切，入讲论处，导以大乘。【《维摩诘所说经·方便品》】

【榜题】或入诸酒肆，共坐诸□□教谈章，广为方□□□生患□立其志。【绿地墨书】〔维 13〕

【经文】入诸酒肆，能立其志。【《维摩诘所说经·方便品》】

【榜题】漫漶〔维 14〕

【榜题】若在大臣，大臣中尊，维摩诘以正法教，理诸人民，无有差□。【白地墨书】〔维 15〕

【经文】若在大臣，大臣中尊，教以正法。【《维摩诘所说经·方便品》】

【榜题】若在婆罗门，婆罗门中尊，以广说□，度诸……。【绿地墨书】

〔维 16〕

【经文】若在婆罗门,婆罗门中尊,除其我慢。【《维摩诘所说经·方便品》】

【榜题】若在内官,内官中尊,示以正法,化诸宫女,尽得果□。【红地墨书】〔维 17〕

【经文】若在内官,内官中尊,化政宫女。【《维摩诘所说经·方便品》】

【榜题】舍……于林……维摩诘□□不必是坐为宴坐也,夫宴坐不于三界现身意,是为宴坐,现诸威仪口口是宴坐。【墨书】〔维 18〕

【经文】忆念我昔曾于林中宴坐树下,时维摩诘来谓我言,唯舍利弗,不必是坐为宴坐也,夫宴坐者,不于三界现身意,是为宴坐,不起灭定而现诸威仪,是为宴坐。【《维摩诘所说经·方便品》】

【榜题】尔时长者维磨诘问文殊师利, 仁者游于无量千万亿阿僧祇国,何等佛土有好上妙功德成就师子之坐? 文殊师利言,居士,东方度三十六恒河沙国,有世界,名须弥相,其佛号须弥灯王,今见在,彼佛身长八万四千由旬,师子座高八万四千由旬。时维摩诘现神通力,即时彼佛遣三万二千师子之坐,高广严净,来入维摩诘室,诸大弟子,释梵四天王、菩萨等,昔所未现,其室广博,悉苞容三万二千师子之坐,无所妨碍,亦不迫迮,悉现如故。【红地墨书】〔维 19〕

【经文】尔时长者维摩诘问文殊师利,仁者,游于无量千万亿阿僧祇国,何等佛土有好上妙功德成就师子之座。文殊师利言,居士,东方度三十六恒河沙国,有世界,名须弥相,其佛号须弥灯王,今现在,彼佛身长八万四千由旬,其师子座高八万四千由旬,严饰第一。于是长者维摩诘,现神通力,即时彼佛遣三万二千师子座,高广严净,来入维摩诘室,诸菩萨大弟子,释梵四天王等,昔所未见。其室广博,悉皆包容三万二千师子座,无所妨碍,于毗耶离城及阎浮提四天下,亦不迫迮,悉见如故。【《维摩诘所说经·不思议品》】

【榜题】漫漶,残存“时”字【绿地】〔维 20〕

【榜题】尔时维摩诘语舍利□是天女……九十二亿,游戏神通□□具足……□不退,以本□故,随……教化众生。【绿地墨书】〔维 21〕

【经文】尔时维摩诘语舍利弗,是天女已曾供养九十二亿佛已,能游戏菩萨神通,所愿具足得无生忍,住不退转。以本愿故,随意能现,教化众生。【《维摩诘所说经·观众生品》】

【榜题】尔时会中有菩萨,名……问维摩诘言……是谁奴婢僮仆……方便以为父……由□□。【绿地墨书】〔维 22〕

【经文】尔时会中有菩萨,名普现色身,问维摩诘言,居士,父母妻子亲戚眷属吏民知识悉为是谁。奴婢僮仆象马车乘皆何所在。于是维摩诘以偈答曰:智度菩萨母,方便以为父,一切众导师,无不由是生,法喜以为妻,慈悲心为女,善心诚实男,毕竟空寂舍,弟子众尘劳,随意之所转,道品善知识,由是成正觉。【《维摩诘所说经·佛道品》】

【榜题】示行瞋恚,于诸众生,无有恚□,示行愚痴,而以智惠,调伏其心,示其悭贪,而舍内外所有,不借身命,示其毁禁,如安住持戒,乃至小罪,犹怀大惧。【红地墨书】〔维 23〕

【经文】示行瞋恚,于诸众生,无有恚阂,示行愚痴,而以智慧,调伏其心,示其悭贪,而舍内外所有,不惜身命,示行毁禁,而安住净戒,乃至小罪,犹怀大惧。【《维摩诘所说经·佛道品》】

【榜题】尔时世尊以难化之人,心如猨猴,若干种法制御其心,乃可调伏,加诸楚毒,乃至彻骨,然后调伏,入□以……智惠,摄诸愚痴,常以四法,成就众生。【墨书】〔维 24〕

【经文】以难化之人心如猿猴故,以若干种法制御其心乃可调伏,譬如象马□□不调,加诸楚毒,乃至彻骨,然后调伏,如是刚强难化众生故,以一切苦切之言乃可入律。【《维摩诘所说经·香积佛品》】

【榜题】 香积世界香德以诸菩萨垂空下于毗耶离城观其维摩诘说法

之时，并蒙其益。【红地墨书】〔维 25〕

【经文】时化菩萨既受钵饭，与彼九百万菩萨俱承佛威神及维摩诘力，于彼世界忽然不现，须臾之间至维摩诘舍。【《维摩诘所说经·香积佛品》】

【榜题】香积世界香积菩萨即获三昧，所有功德悉皆具足，来往维摩诘城，从空赴室，听闻妙法，叹不可思议矣。【白地墨书】〔维 26〕

【经文】菩萨各各坐香树下，闻斯妙香，即获一切德藏三昧，得是三昧者，菩萨所有功德皆悉具足。【《维摩诘所说经·香积佛品》】

【榜题】众香菩萨问维摩诘娑婆世界从何说法化众生。维摩诘言；此土众生□疆，释迦以一切苦切之语随□□此□。【墨书】〔维 27〕

【经文】彼诸菩萨问维摩诘，今世尊释迦牟尼以何说法，维摩诘言，此土众生刚强难化故，佛为说刚强之语，以调伏之。【《维摩诘所说经·香积佛品》】

【榜题】大士见化菩萨问娑婆世界为在何许，即以问佛。佛告之曰：下方度如□二恒沙界，名释迦牟尼。【白地墨书】〔维 28〕

【经文】彼诸大士见化菩萨叹未曾有，今此上人从何所来，娑婆世界为在何许，云何名为乐小法者，即以问佛。佛告之曰，下方度如四十二恒河沙佛土，有世界名娑婆，佛号释迦牟尼。【《维摩诘所说经·香积佛品》】

【榜题】时维摩诘不起于坐，化一菩萨，往上方界分，度如□二恒沙佛土众香国请饭时化菩萨既受钵饭， 与九百万菩萨承佛威神及维摩力，须臾之时，(至)维摩诘舍，饭香普薰毗耶离城，及三千大千世界。婆罗门居士等闻是香气，身意快然，叹未曾有大不思议。【红地墨书】〔维 29〕

【经文】于是维摩诘，不起于坐，居众前化作菩萨，相好光明威德殊胜蔽于众会。而告之曰，汝往上方界，分度如四十二恒河沙佛土，有国名众香，佛号香积，与诸菩萨方共坐食。【《维摩诘所说经·香积佛品》】

【榜题】是时大众渴仰，欲见妙喜世界无动如来及其菩萨……所念时维摩……□溪谷江河大……天龙……落男女大……来……提人亦登

……彼诸天妙喜世界。【绿地墨书】〔维 30〕

【经文】是时大众渴仰,欲见妙喜世界无动如来及其菩萨声闻之众,佛知一切众会所念,告维摩诘言,善男子为此众会,现妙喜国无动如来及诸菩萨声闻之众,众皆欲见,于是维摩诘心念,吾当不起于座接妙喜国,铁围山川溪谷江河,大海泉源须弥诸山,及日月星宿,天龙鬼神梵天等宫,并诸菩萨声闻之众,城邑聚落男女大小,乃至无动如来及菩提树诸妙莲华,能于十方作佛事者,三道宝阶从阎浮提至忉利天,以此宝阶诸天来下,悉为礼敬无动如来,听受经法阎浮提人,亦登其阶,上升忉利见彼诸天,妙喜世界成就如是无量功德。【《维摩诘所说经·见阿□佛品》】

【榜题】时善男子等,或于一劫,或减一劫,恭敬奉诸供养,佛灭后以一一全身舍利起七宝塔,纵广一四天下,高至梵天,妙刹庄严。【红地墨书】〔维 31〕

【经文】若有善男子善女人,或一劫,或减一劫,恭敬尊重赞叹供养奉诸所安,至诸佛灭后,以一一全身舍利起七宝塔,纵广一四天下,高至梵天,表刹庄严。【《维摩诘所说经·法供养品》】

【榜题】漫漶,残存:"尔时……佛所……。"〔维 32〕

【榜题】漫漶,残存"尔时……。"【绿地】〔维 33〕

【榜题】漫漶【绿地】〔维 34〕

文殊师利部分

【榜题】……侍从从彼上界来……耶城中观此化众说法。【绿地墨书】〔文 1〕

【经文】复有万梵天王尸弃等,从余四天下来诣佛所而听法。复有万二千天帝亦从余四天下来在会坐。并余大威力诸天、龙神、夜叉、乾达婆、阿修罗、迦楼罗、紧那罗、摩睺罗迦等悉来会坐,诸比丘、比丘尼、优婆塞、优婆夷俱来会坐,彼时佛与无量百千之众恭敬围绕而为说法。【《佛说维摩诘经·佛国品》】

【榜题】长者子将诸资具供养如来。【红地墨书】〔文 2〕

【经文】尔时毗耶离城有长者子,名曰宝积,与五百长者子俱持七宝盖来诣佛所,头面礼足,各以其盖,共供养佛。【《佛说维摩诘经·佛国品》】

【榜题】舍利弗在经行处,化乞之次,维摩诘现,又问彼以何戒化其人所。【白地墨书】〔文 3〕

【经文】无

【榜题】□那律□□住于一处经经(行)说时□维摩诘向仁者释迦牟尼说□□天眼常在三昧。【墨书】〔文 4〕

【经文】佛告阿那律,汝行诣维摩诘问疾。阿那律白佛言,世尊,我不堪任诣彼问疾。所以者何,忆念我昔于一处经行,时有梵王名曰严净,与万梵俱放净光明来诣我所,稽首作礼问我言,几何阿那律天眼所见,我即答言,仁者,吾见此释迦牟尼佛土三千大千世界,如观掌中菴摩勒果,时维摩诘来谓我言,唯阿那律,天眼所见为作相耶,无作相耶。假使作相则与外道五通等。若无作相即是无为不应有见,世尊,我时默然,彼诸梵闻其言得未曾有,即为作礼而问曰,世孰有真天眼者,维摩诘言,有佛世尊

得真天眼，常在三昧，悉见诸佛国不以二相。【《维摩诘所说经·弟子品》】

【榜题】尔时持世菩萨住于静室，时魔波旬从万二千天女，状如帝释。来诣我所，以其眷属□□，于时维摩言□□。【绿地墨书】〔文 5〕

【经文】佛告持世菩萨，汝行诣维摩诘问疾，持世白佛言，世尊，我不堪任诣彼问疾，所以者何，忆念我昔住于静室，时魔波旬从万二千天女，状如帝释鼓乐絃歌来诣我所，与其眷属稽首我足，合掌恭敬于一面立，我意谓是帝释，而语之言，善来□尸迦，虽福应有，不当自恣，当观五欲无常以求善本，于身命财而修坚法，即语我言，正士，受是万二千天女可备扫洒，我言，□尸迦，无以此非法之物要我沙门释子，此非我宜，所言未讫时维摩诘来谓我言。【《维摩诘所说经·菩萨品》】

【榜题】尔时天女头面礼维摩诘足，随魔还宫。【红地墨书】〔文 6〕

【经文】尔时天女，头面礼维摩诘足，随魔还宫，忽然不现。【《维摩诘所说经·菩萨品》】

【榜题】维摩诘以□人众诸菩萨如来佛道□有道场，种种譬□。【墨书】〔文 7〕

【经文】佛告光严童子，汝行诣维摩诘问疾，光严白佛言，世尊，我不堪任诣彼问疾，所以者何，忆念我昔出毗耶离大城，时维摩诘方入城，我即为作礼而问言，居士从何所来，答我言，吾从道场来，我问道场者何所是，答曰，直心是道场，无虚假故；发行是道场，能办事故；深心是道场，增益功德故；菩提心是道场，无错谬故；布施是道场，不望报故；持戒是道场，得愿具故；忍辱是道场，于诸众生心无碍故；精进是道场，不懈退故；禅定是道场，心调柔故；智慧是道场，现见诸法故；慈是道场，等众生故；悲是道场，忍疲苦故；喜是道场，悦乐法故；舍是道场，憎爱断故；神通是道场，成就六通故；解脱是道场，能背舍故；方便是道场，教化众生故；四摄是道场，摄众生故；多闻是道场，如闻行故；伏心是道场，正观诸法故；三十七品是道场，舍有位法故；谛是道场，不诳世间故；缘起是道场，无明乃至老死皆无尽故；诸烦恼是道场，知如实故；众生是道场，知无我故；一切法是道场，知诸法空故；降摩是道场，不倾动故；三界是道场，无所趣故；师子吼是道场，无所畏故；力无畏不共法是道场，无诸过故；三明是道场，无余碍故；一念知一切法是道场，成就一切智故。如是善男子。菩萨若应诸波罗蜜教化众生，诸有所作举足下足，当知皆从道场来住于佛法矣。【《维摩诘所说经·菩萨品》】

【榜题】……乘空如来以问□……入毗耶离城□□。【绿地墨书】〔文8〕

【经文】于是文殊师利与诸菩萨大弟子众及诸天人恭敬围绕入毗耶离大城。【《维摩诘所说经·文殊师利问疾品》】

【榜题】尔时诸众持诸供具往毗耶城，诣赴文殊、维摩说身无常，厌离有苦，乐于涅槃。【白地墨书】〔文9〕

【经文】尔时文殊师利问维摩诘言。菩萨应云何慰喻有疾菩萨。维摩诘言。说身无常不说厌离于身。说身有苦不说乐于涅槃。【《维摩诘所说经·文殊师利问疾品》】

【榜题】文殊菩萨问维摩诘言，是疾何所因起？菩萨疾者以大悲起。文殊师利言，居士，此室何以空无侍者，维摩诘言，诸佛国土亦复如是。【红地墨书】〔文10〕

【经文】又言，是疾何所因起，菩萨病者以大悲起。文殊师利言，居士，此室何以空无侍者，维摩诘言，诸佛国土亦复皆空。【《维摩诘所说经·文殊师利问疾品》】

【榜题】尔时文殊师利菩萨当承佛圣旨，诣彼问疾。于是众中诸菩萨、大弟子、释梵四天王、八千菩萨、五百声闻、百千天人，皆欲随从入毗耶离大城。【绿地墨书】〔文11〕

【经文】尔时佛告文殊师利。汝行诣维摩诘问疾。文殊师利白佛言。世尊。彼上人者难为酬对。深达实相善说法要。辩才无滞智慧无碍。一切菩萨法式悉知。诸佛秘藏无不得入降伏众魔游戏神通。其慧方便昔已得度。虽然当承佛圣旨诣彼问疾。于是众中诸菩萨大弟子释梵四天王等咸作是念。今二大士文殊师利维摩诘共谈。必说妙法。即时八千菩萨五百声闻。百千天人皆欲随从。【《维摩诘所说经·文殊师利问疾品》】

【榜题】尔时文殊师利菩萨赴诸会毗耶离城时。【墨书】〔文12〕

【经文】于是文殊师利与诸菩萨大弟子众及诸天人恭敬围绕入毗耶离大城。【《维摩诘所说经·文殊师利问疾品》】

【榜题】菩萨能以神通,十方世界上中下音,皆能变之,今(令)作佛声,现释梵众,并诸婇女,降从天来,听不二句。【白地墨书】〔文13〕

【经文】菩萨能以神通现作佛身,或现辟支佛身,或现声闻身,或现帝释身,或现梵王身,或现世主身,或现转轮王身,又十方世界所有众声,上中下音皆能变之令作佛声,演出无常苦空无我之音,及十方诸佛所说种种之法,皆于其中,普令得闻。【《维摩诘所说经·不思议品》】

【榜题】舍利弗,我今略说菩萨不可思议解脱之力。【墨书】〔文14〕

【经文】舍利弗,我今略说菩萨不可思议解脱之力。【《维摩诘所说经·不思议品》】

【榜题】尔时诸大弟子、四万六千声闻、菩萨摩诃萨、天龙八部、释梵等众俱持师子座,奉上丈殊,请□维摩不思议之教。【绿地墨书】〔文15〕

【经文】尔时维摩诘语文殊师利就师子座,与诸菩萨上人俱坐,当自立身如彼座像,其得神通菩萨即自变形,为四万二千由旬坐师子座。【《维摩诘所说经·不思议品》】

【榜题】……文……诸人众□□方丈之室讲□不二□门各□□说之,会中有菩萨名法自在,说言诸□者,生灭二法本不空(生),今亦不灭。【绿地墨书】〔文16〕

【经文】尔时维摩诘,谓众菩萨言,诸仁者,云何菩萨入不二法门,各随所乐说之,会中有菩萨名法自在,说言,诸仁者,生灭为二,法本不生,

今则无灭。得此无生法忍,是为入不二法门。【《维摩诘所说经·入不二法门品》】

【榜题】珠顶王菩萨曰,正道邪道为二,住正道者则不分别,离此二者,是为入不二之法门。【墨书】〔文 17〕

【经文】珠顶王菩萨曰,正道邪道为二,住正道者则不分别是邪是正,离此二者,是为入不二之法门。【《维摩诘所说经·入不二法门品》】

【榜题】漫漶,残存:……尔时……菩萨……俱□法二见□不二法门。【绿地】〔文 18〕

【经文】时维摩诘默然无言,文殊师利叹曰,善哉善哉,乃至无有文字语言,是真入不二法门。说是入不二法门品时,于此众中五千菩萨,皆入不二法门得无生法忍。【《维摩诘所说经·入不二法门品》】

【榜题】于是上方香积如来以香钵咸满香饭,与化菩萨,将持诣下娑婆世界,供养释迦牟尼佛,文殊维摩说法之会,随欲所食,诸大众俱香芬普益,听不思议。【红地墨书】〔文 19〕

【经文】于是香积如来以众香钵盛满香饭,与化菩萨,时彼九百万菩萨俱发声言,我欲诣娑婆世界供养释迦牟尼佛,并欲见维摩诘等诸菩萨众,佛言可往。摄汝身香,无令彼诸众生起惑著心,又当舍汝本形,勿使彼国求菩萨者而自鄙耻,又汝于彼莫怀轻贱而作痴想,所以者何,十方国土皆如虚空,又诸佛为欲化诸乐小法者,不尽现其清净土耳。【《维摩诘所说经·香积佛品》】

【榜题】时长者维摩诘以诸菩萨对佛而说偈言。【白地墨书】〔文 20〕

【经文】于是维摩诘以偈答曰。【《维摩诘所说经·佛道品》】

于是长者子宝积即于佛前以偈颂曰。【《维摩诘所说经·佛国品》】

【榜题】……天释帝梵众诸宝……文殊时维摩诘化现如事。【红地墨书】〔文 21〕

【经文】无

【榜题】 从帝释宫将现七……□下□来诣………前供养象马……。【绿地墨书】〔文 22〕

【经文】无

【榜题】 尔时维摩诘以释梵天王持七宝众于阎浮提界，供养释迦如来，请说法化根本因缘，令开情惑。【红地墨书】〔文 23〕

【经文】于是佛告弥勒菩萨言，弥勒，我今以是无量亿阿僧祇劫所集阿耨多罗三藐三菩提法，付嘱于汝，如是辈经于佛灭后末世之中，汝等当以神力广宣流布于阎浮提，无令断绝，所以者何，未来世中当有善男子、善女人，及天龙、鬼神、乾达婆、罗刹等。发阿耨多罗三藐三菩提心，乐于大法，若使不闻如是等经则失善利，如此辈人闻是等经，必多信乐发希有心，当以顶受随诸众生，所应得利而为广说。【《维摩诘所说经·嘱累品》】

【榜题】漫漶〔文 24〕

【榜题】漫漶〔文 25〕

附录五 文殊堂供养人画像题识

文殊堂甬道北壁(上下排)、南壁,主室南壁、北壁以及东壁壁面上书写有数量众多的供养人题识,其中,甬道北壁11则、南壁1则,主室南壁17则、北壁16则、东壁南侧8则、东壁北侧11则,并有1则天庆五年(1115年)4月20日的游人题记,并录之。

甬道				
位置		色地	尺寸	题记内容
北壁上排	东向第一身	灰地	高22cm、宽5cm	助缘僧　梁　惠觉　像
	东向第二身	灰地	高22cm、宽5cm	助缘僧……像
	东向第三身	灰地	高22cm、宽5cm	助缘僧　讹特　惠明　像
	东向第四身	灰地	高22cm、宽5cm	助缘僧　李　□□　像
	东向第五身	灰地	高22cm、宽5cm	助缘僧　翟　嵬名丸　像
北壁下排	东向第一身	灰地	未详	未详(仅存西夏文)
	东向第二身	灰地	高22cm、宽5cm	助缘僧　索　智尊之像
	东向第三身	灰地	高22cm、宽5cm	助缘僧　吴　惠满　像
	东向第四身	灰地	高22cm、宽5cm	助缘僧　嵬名　智海　像
	东向第五身	灰地	高22cm、宽5cm	助缘僧　尽　惠嵩　像
	东向第六身	灰地	高22cm、宽5cm	助缘僧　杂谋　惠月　像

续表

甬道				
位置		色地	尺寸	题记内容
南壁	炽盛光佛及诸星图西端下角	灰地	高 22cm、宽 5cm	扫洒尼姑播　盃氏愿月明　像
主室				
位置		色地	尺寸	题记内容
南壁供养人像列	东向第一身	绿地	高 55cm、宽 7cm	故□谯县夫人一心供养出适陈氏
	东向第二身	红地	高 43cm、宽 6cm	□谯县夫人一心供养出适慕容氏
	东向第三身	绿地	高 110cm、宽 6cm	施主勅授浔阳郡夫人翟氏一心供养
	东向第四身	红地	高 38cm、宽 5cm	姪小娘子延隆一心供养
	东向第五身	绿地	高 38cm、宽 5cm	姪小娘子延荫一心供养
	东向第六身	红地	高 38cm、宽 5cm	姪小娘子延在一心供养
	东向第七身	绿地	高 38cm、宽 5cm	姪小娘子……
	东向第八身	红地	高 38cm、宽 7cm	女小娘子延……
	东向第九身	绿地	高 38cm、宽 5cm	姪小娘子延应一心供养
	东向第十身	红地	高 38cm、宽 5cm	姪小娘子延友一心供养
	东向第十一身	绿地	高 38cm、宽 5cm	外甥小娘子长喜一心供养
	东向第十二身	红地	高 38cm、宽 5cm	外甥小娘子长胜一心供养
	东向第十三身	绿地	高 38cm、宽 5 cm	新妇小娘子阴氏一心供养
	东向第十四身	红地	高 38cm、宽 5cm	新妇小娘子阴氏一心供养
	东向第十五身	绿地	高 38cm、宽 5cm	新妇小娘子翟氏一心供养
	东向第十六身	红地	高 38cm、宽 5cm	新妇小娘子邓氏一心供养
	东向第十七身	绿地	高 38cm、宽 5cm	外甥新妇小娘子曹氏一心供养

续表

主室				
位置		色地	尺寸	题记内容
北壁供养人像列	东向第一身	红地	高 39.5cm、宽 7cm	故姑谯县夫人一心供养
	东向第二身	绿地	高 39cm、宽 6cm	姑谯县夫人一心供养出适□氏
	东向第四身	绿地	高 42cm、宽 6.5cm	故姨广平郡夫人一心供养
	东向第五身	红地	高 42.5cm、宽 7cm	故姨广平郡夫人一心供养
	东向第六身	绿地	高 46.5cm、宽 6.5cm	故姨广平郡夫人一心供养
	东向第七身	绿地	高 47.5cm、宽 7.5cm	姨广平郡夫人一心供养
	东向第八身	绿地	高 48.5cm、宽 6cm	□勅授太原郡夫人阎氏一心供养
	东向第九身	红地	高 46cm、宽 6cm	□小娘子索氏一心供养
	东向第十身	绿地	高 46cm、宽 6cm	嫂小娘子李氏一心供养
	东向第十一身	红地	高 47cm、宽 6cm	嫂小娘子索氏一心供养
	东向第十二身	绿地	高 46cm、宽 6cm	外甥小娘子阴氏一心供养
	东向第十三身	红地	高 44cm、宽 5.5cm	外甥小娘子任□一心供养出适□氏
	东向第十四身	绿地	高 40cm、宽 5.5cm	外甥小娘子任祐一心供养
	东向第十五身	红地	高 35cm、宽 7.5cm	外甥小娘子长应一心供养
	东向第十六身	绿地	高 37cm、宽 7cm	外甥小娘子长泰一心供养出适翟氏

续表

主 室				
位置		色地	尺寸	题记内容
东壁门南侧供养人像列	北向第一身	绿地	高 128cm、宽 10cm	故母北方大回鹘国圣天的子勅授秦国天公主陇西李……
	北向第二身	白地	高 55cm、宽 7cm	□甘州圣天可汗天公主一心供养
	北向第三身	绿地	高 58cm、宽 7cm	□大朝大于阗国大政大明天册全封至孝皇帝天皇后一心供养
	北向第四身	绿地	高 84cm、宽 9cm	故慈母勅授广平郡君太夫人宋氏一心供养
	北向第五身	绿地	高 46cm、宽 7cm	故□谯县夫人一心供养出适翟氏
	北向第六身	绿地	高 46cm、宽 7cm	故□谯县夫人一心供养出适阴氏
	北向第七身	红地	高 45cm、宽 8cm	□谯县夫人一心供养出适邓氏
	北向第八身	绿地	高 47cm、宽 7.5cm	故□谯郡夫人一心供养出适翟氏
东壁门北侧供养人像列	南向第一身	绿地	高 79cm、宽 11cm	……敕受……
	南向第二身	绿地	高 51cm、宽 11cm	故□大□……沙门供养
	南向第三身	白地	高 51cm、宽 11cm	故姨安国寺法律尼临坛大德沙门性真供养
	南向第四身	绿地	高 51cm、宽 11cm	□甥甘州圣天可汗的子天公主……
	南向第五身	白地	高 35cm、宽 8cm	□甥甘州圣天可汗的子天公主供养
	南向第六身	绿地	高 51cm、宽 9cm	□甥甘州圣天可汗的子天公主供养

续表

主室				
位置		色地	尺寸	题记内容
东壁门北侧供养人像列	南向第七身	绿地堆金	高 48cm、宽 21cm	大朝大于阗国天册皇帝第三女天公主李氏为新受太傅曹延禄姬供养
	南向第八身	绿地	高 62cm、宽 7cm	故伯母武威郡夫人阴氏一心供养
	南向第九身	绿地	高 62cm、宽 7cm	故母钜鹿郡君夫人索氏一心供养
	南向第十身	绿地	高 62cm、宽 7cm	故谯县夫人一心供养出适慕容氏
	南向第十一身	绿地	高 62cm、宽 7cm	故姑谯县夫人一心供养出适阎氏
东壁门南北向第一身供养人像前		未详	未详	上座宁□□姚巡礼山寺到天庆五年四月廿日〔游人漫题〕

(敦煌研究院《敦煌莫高窟供养人题记》、[法]伯希和《伯希和敦煌石窟笔记》)

附录六　文殊堂《佛传》壁画榜题

文殊堂主室南壁、北壁后半段及西壁下部描绘33扇联屏式佛传故事屏风，其中，南壁9扇、北壁9扇、西壁15扇，每扇高1.6米，宽0.87米，总面积约45.9平方米。壁画榜题计128则，清晰者52则，漫漶者55则，缺失者21则。壁画主要依据《佛本行集经》描绘而成，榜题之书写亦据此经。

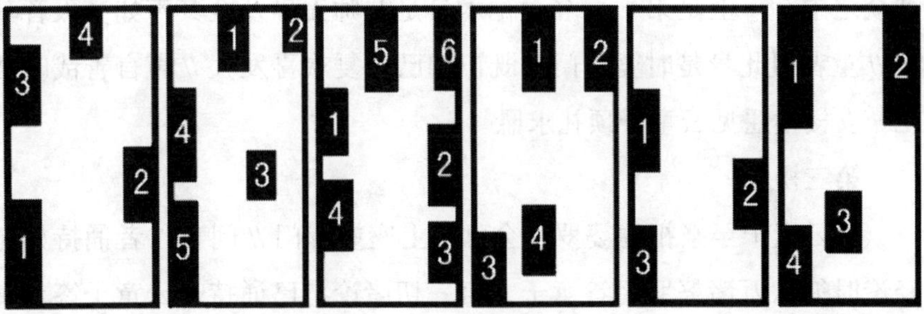

第一扇　第二扇　第三扇　第四扇　第五扇　第六扇

第一扇

第一榜题(漫漶)

第二榜题

……来兜兜率下降……//……世上……相师相云//童子者……皆……

第三榜题(漫漶)

第四榜题

尔时莲华城雪山南面有一……// 百弟子围绕供水中有一……彼众中 // 为上首端正聪明一闻便领一时……和上品德术智 // 已尽今欲还家和尚心恋童子不欲……盖革履金叉木金瓶金钵上下……// 白彼梵志作如是言我于此处……// 即便辞师而去时

第二扇

第一榜题

尔时云童子从雪山下安详而至输罗波城祭祀……// 婆……无遮会所时有六万诸婆罗门遥见……//……言大梵天至时云童子语彼六万婆罗门……// 非是梵天婆罗门言汝既非是梵天为人者汝之……// 是甚人耶在何处住

第二榜题

时云童子答梵婆罗门言雪山南面有一梵 // 志名日珍宝有五百弟子彼众之中有一上足弟子 // 名云德术具足共师无异乃至其声如梵天音其云 // 童者即此身是时婆罗门众既识知已更复欢喜发大 // 声言善哉时祭祀德女楼上遥见云童子顶礼求愿

第三榜题

时云童子至祭祀德婆罗门会已于上座婆罗门 // 问言仁者诵持如何经论时彼六万诸婆罗门答童子 // 言一切诸论悉已诵持时云童子答上座言汝虽诵念 // 婆罗门家医方技艺但我师资别有一论名日毗 // 施知汝等辈未曾得闻时六万人答言未闻

第四榜题

……座前立诵彼先有毗施论时□会 //……受我……受…………//……上座受于……称 //……如……

第五榜题

尔时彼人报童子……莲华城说法教化云 // 童子……我当以华奉献

……言……华 // 汝……见青衣取水婢子……//……言汝 //……供养 //……百银钱买华

第三扇

第一榜题

尔时然灯佛多陀阿伽度阿罗呵三藐三佛施从 // 外来入莲华城时降怨大王与诸人民 // 严华种种珍宝以……兼复以……衣 // 覆于地上请佛而过

第二榜题

……//……//……茎莲华……来顶上 //……宝盖

第三榜题(漫漶)

第四榜题

尔时云童子见彼然灯佛生敬心已将此七 // 茎优钵罗华散于佛上发此愿言若我来世得作佛时 // 如今然灯佛得法所散之华住虚空中华叶 // 向下华茎向上当佛顶随佛行住我见如来神 // 通德力复生于信敬之心华上叶下成盖

第五榜题

尔时城内无量无边人众……//……微妙细软拘周摩衣……//……

第六榜题(漫漶)

第四扇

第一榜题(漫漶)

第二榜题

阿难……高七多罗树 //……// 胜时然灯佛即告……// 界时即观见彼……诸……// 记如此东方南西北四维上下多悉复如是

第三榜题

尔时童子见十方佛受记已从空而下顶礼然灯世 // 尊佛足却往一面即生此念我今可与然灯佛前求 // 索出家唯愿世尊谛听我出家受具足戒

修 // 行梵行佛语我言汝将摩那婆今正是时即得出家 // 剃除须发已无量诸天取于我发供养

第四榜题(漫漶)

第五扇

第一磅题

尔时佛在王舍大城……与大比丘五百 //……告诸比丘谛听谛 // 受如世尊教诸比丘言……佛告比丘此贤劫 // 初……豪胜富贵转轮圣王种名众集 // 置白大众听……

第二榜题(漫漶)

第三榜题(漫漶)

第六扇

第一榜题(漫漶)

第二榜题

时彼大王既出家已持戒清净得成王仙寿命极长年至衰老不能远行时彼王仙诸 // 弟子欲觅饭食取柔软草置龙盛悬于树上时诸弟子乞食去后有 // 猎师遥见王仙错是白鸟遂即射之既被射已有两滴血出堕于地即便命终后 // 弟子还见彼王被射命终即下彼笼将王置地聚柴烧尸收骨为塔 // 彼血滴处生二甘蔗待熟开剖一出童男一出童女弟子心念收而 // 养之时

第三榜题

时诸大臣往于彼林迎二童子将还入宫召唤解相大婆罗门教令占相并遣作名 // 彼相师言此童子者即是日炙熟甘蔗开而出生放一名善生二名善贤其善生 // 男幼少年时灌顶为王其善贤女至年长大即为第一之 // 妃其善贤妃生一太子名为长寿端正可喜世间少双然其骨不堪绍上时

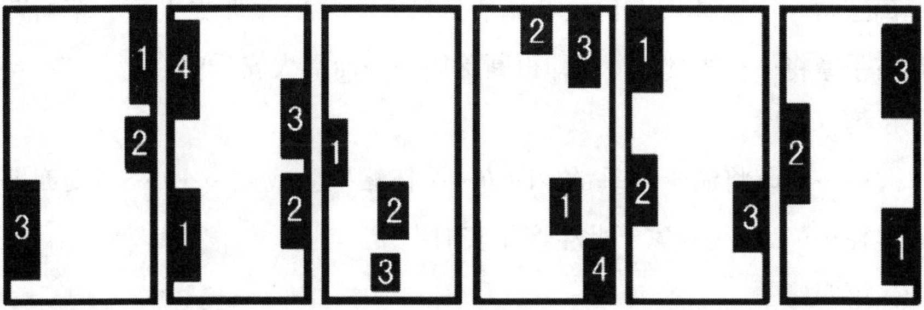

第七扇 第八扇 第九扇 第十扇 第十一扇 第十二扇

第七扇

第一榜题

尔时护明菩萨从伽叶佛护持禁戒梵行清净命……// 生兜率施天时彼菩萨命终之后于愿上生梵……// 生此天其梵率陀旧居诸天即唤菩萨名为护明……// 至于阿迦腻尼吒咸来下天咨受听法下四天王……//……护明菩萨听法时

第二榜题(漫漶)

第三榜题

是时护明菩萨大士正念从兜率下托净饭王第一大妃摩耶 // 夫人右胁住已是时大妃于睡梦中见一六牙大白象王其头朱 // 色七支拄地以金黄色牙乘空而下入于右胁夫人梦已明旦 // 即白净饭大王如是梦大王闻已隧召国师大婆罗门而占吉凶时 // 诸师奏言太子大吉大善

第八扇

第一榜题

时净饭王闻此相师占观妃梦云……相之后即……四 // 门之外并衢道头有人行处安以无遮义会之所人来须者尽 // 皆施与所谓饮食衣服香花炊饭舍宅车乘皆 // 悉与之悉为资益于菩萨故设是供养

第二榜题

……在……母所……若女被鬼所持若见菩萨母 // 者一切鬼魍悉皆

远离还得……若体旧有诸余杂病所侵恼 // 者……摩耶夫人……草树茎花右手摩将……得此 //……即得断除诸……而受大安乐时

第三榜题

……菩萨将满十月垂欲生时 //……怀藏圣胎威德……//……女摩耶安置住……//……我家于此生产平安时

第四榜题

尔时……善觉……迦毗罗城及 // 提婆……// 摩耶夫人以诸……诸 // 妙宝帐……诣……

第九扇

第一榜题

尔时净饭大王……//……出种种……//……

第二榜题(漫漶)

第三榜题(漫漶)

第十扇

第一榜题

尔时菩萨无人扶持于四方各行七步步生莲华太 // 虚空中二水注下一冷一暖又诸天众持一金钵以太子坐 // 于其上太子金床立……水沐浴已了一手指天 // 一手指地口云天上天下唯我独尊

第二榜题

尔时大臣摩诃那摩从……//……不见大王在先挝打欢喜鼓 //……系我欢喜……// 摩婆私吒……下车尽……// 那婆高声白王言摩耶夫人生太子一 // 摩诃摩那臣说所状时

第三榜题

尔时大臣摩诃那摩报大王……//……//……如彼婆私吒臣之所典□国法吉祥次第具录勿令缺减

第四榜题(漫漶)

第十一扇

第一榜题

尔时净饭王告婆私吒释大臣言汝来我国既 //……今当为是胜上太子作于生法时净 // 饭王……百官左右围绕犹如半月发向于彼……

第二榜题

尔时一切诸释种眷……// 步兵围绕……// 充塞遍满迦毗罗……// 入于迦毗罗城时

第三榜题(漫漶)

第十二扇

第一榜题

……禅耶尼……//……尔时仙人……//……

第二榜题

尔时太子……满七日其母摩耶……//……遂便命终或有师言摩耶夫人……//……出家母见其……//……观希奇之事……

第三榜题

尔时夫人命终之后……// 胜妙无量无边……女左……//……

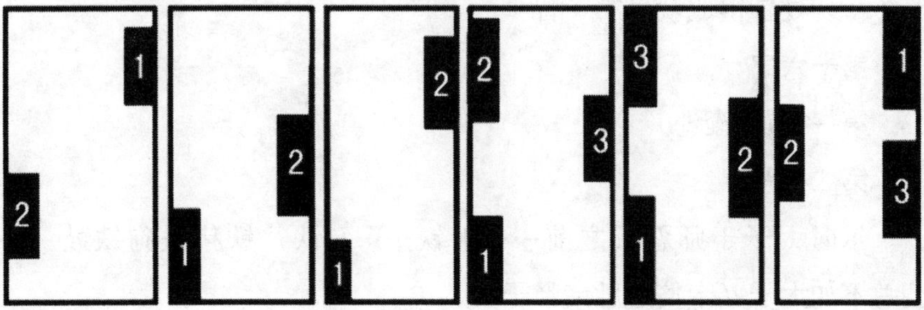

第十三扇　第十四扇　第十五扇　第十六扇　第十七扇　第十八扇

第十三扇

第一榜题

尔时大王既见夫人命终召诸释种而告之曰今是婴孩失母付 // 谁养

育诸臣答言唯此摩诃波阇波提堪能将息养育时净饭 // 王即将太子付嘱姨母波阇波提应当养育简取三十二女 // 令助养于太子时

第二榜题

时净饭王……为太子作……// 大臣各造……供养时净饭以……共 // 将太子至彼一园……往昔以来贵之如塔 //……有无……

第十四扇

第一榜题

尔时大王见其太子年满八岁即会百僚商议令向毗奢婆 // 密多罗师而教学问尔时太子既初就学将好最妙牛 // 头旃檀作于书板执持至于毗奢多阿阇黎前而 // 作是言尊者阇梨教我何书汝遂教之

第二榜题(漫漶)

第十五扇

第一榜题

尔时忍天……//……不须更学……// 释种……

第二榜题

尔时太子于师忍天前共诸释种腾跳白象乃至车马擎钟扑象诸如是等于一切处皆得成就最第一智

第十六扇

第一榜题(漫漶)

第二榜题

尔时太子于师忍天之前……射铁……// 铁瓮铁猪铁狗铁鼓一一□总不如太子 // 十倍过胜诸释子时

第三榜题

尔时太子于师之前射瓮了又于车 // 上作种种伎所谓或横或纵或立或卧 // 宛转盘旋悉亦第一时

第十七扇

第一榜题

尔时太子悉达多与诸释种于勤劬园优游嬉戏时有群雁行飞虚空 //……是时提婆达多弯弓而射即着一雁 // 其雁被射带箭而飞来于悉达园中时

第二榜题

尔时太子于毗奢蜜及忍天所……声 // 色共诸释种于勤劬园遨游时忽见一雁被伤而堕地 // 取在膝上即以拔箭封用蜜……

第三榜题

复于一时大王与太子及诸释种出外野游观看田种 // 彼时地内所有作人赤体辛苦又见犁牛疲困饥渴加以鞭棒土拨// 之下皆有虫出人犁过后诸鸟来食太子见已起大忧愁回还时 //

第十八扇

第一榜题

是时太子入到园中详瞩眄处处径行欲求寂静忽见一处 // 有阎浮树蓊郁扶疏人所乐见见已即语诸左右曰汝远 // 我去我欲私行是时太子到左右了至彼树下跏趺而坐谛心思惟 // 生老病死因缘当时有五神仙飞腾虚空近至太子过□时

第二榜题

尔时太子渐向长成至年十九时父大王为于太子造三时殿 // 一者暖殿以拟隆冬第二凉殿以拟夏暑其第三殿以拟于春秋二 // 时寝息复于宫内后园之中堰水流渠造作池沼娱乐太子

第三榜题

时净饭王见太子……受记之语集诸释 //……诸释 //……不舍 // 出家

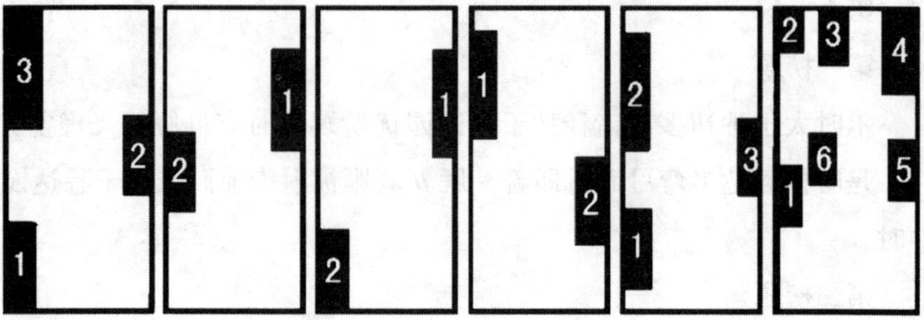

第十九扇　第二十扇　第二十一扇　第二十二扇　第二十三扇　第二十四扇

第十九扇

第一榜题

尔时王与大臣商量讫已即遣造作杂宝……// 城振铎唱言从今已去至七日来我太子欲见……// 六日过已王宫门前据筌……各严其身……// 器施诸女过最后摩诃那摩其女……// 远而来遥见太子即近相视……优器太子……//……太子从指脱与其女

第二榜题

尔时大王既闻太子共释摩诃那摩大臣之女和颜……// 日遂遣国师……而作是言知卿有女……// 大臣……相承如是若有……

第三榜题

尔时国师将如是语来白大王闻语怀忧愁心太子见父愁 // 烦再三咨大王遂与如是事说太子知已问父王曰今王颇知城内 // 有人能出共我试技能不时净饭王闻是语已即大欢喜更 // 重审问于太子言实能角诸技艺不太子答言王 // 善听我今实能

第二十扇

第一榜题

尔时净饭大王……振铎唱声从今已去……// 悉达欲出……者悉来……时至七日于其城中安一铁鼓诸释 // 子……太子遂取祖父师子颊王大弓重安七鼓……//……逮十拘卢……

第二榜题

尔时又立七铁瓮满中盛水立前执火烧赤箭一射 // 过铁瓮已有一大婆罗林一时烧尽又射七铁猪一一 // 穿过其箭落地至于黄泉其箭所穿入地之处 // 即成一井于今人民常称箭井

第二十一扇

第一榜题

时诸释……作是言……技能太子已腾……// 有诸释……斫多罗树……乃……// 已一下斫七多罗树而彼……// 作如是言……// 吹彼树倒时

第二榜题

又与释子画于草叶和合……// 时诸释子作是言……//……来对于太子欲共相扑……//……不禁即便倒……// 太子一种齐等……不急不缓……// 举其身足不著地三绕试场三于空旋为欲降伏其贡

第二十二扇

第一榜题

时净饭王知其太子踊跃……// 白象璎珞庄严而作是言我息太子乘此白象……// 时提婆达多城外而入见此白象少许地走便以左手执 //……筑额一下而便倒地遂乃命终难陀复即以右手执彼 //……后次太子来过城外一拘……

第二榜题

尔时大臣摩诃那摩见于太子一切技艺胜妙智能最为上首 // 而作是言唯愿太子受我忏悔我于先时谓言太子不能解多技不嫁女与 // 我今知已愿受我女用以为妃即占良日而办具度以迎太子入宫 // 时

第二十三扇

第一榜题

尔时净饭大王为其太子……以拟安……入第一宫……//……初夜侍卫太子……第三宫……// 养太子其第一宫耶轮陀罗最为上首以二万彩

女时

第二榜题

尔时南方摩迦陀国有一大王名连尼名频婆裟罗畏惧怨敌//遣二仆人进看境界若过胜者即加除伐时彼二人至释迦……//报王说是胜事王闻是已不起恶心而来加害于太子时

第三榜题

……十年宫中受于五欲//……察早应捐弃舍……//……偈喻劝太子时

第二十四扇

第一榜题

尔时太子被作瓶天子神力出游大王以作游观具办太子欲出城//东门是时作瓶天子于街巷前化一老人伛偻低头口齿疏缺须//鬓如霜形容黑皱喘息速促乃至行步或倒或扶//太子见已即问驭者答言此是老人太子即不向园遨于//还驾入宫时

第二榜题

尔时太子被作瓶觉悟欲出游观即召//驭者严饰车马是时驭者严饰已讫//太子即乘从南门出向园欲看尔时作瓶//化作病人连骸困苦水注腹肿受大苦痛乃至//叩头乞扶太子见已即问驭者以偈而答//太子闻已即将不乐回驾入宫思惟而坐

第三榜题

尔时太子出城游观既见病人还到//宫后烦闷非常忽于一时思欲出于//城西游观遂遣使人咨白大王时

第四榜题

尔时作瓶天子又觉太子欲令游观太子即召驭者令速驾宝车//是时驭者装校车讫进上太子从西门出向于园林尔时作瓶天子//化作一尸卧在床上众人舁行复以种种妙色刍衣张施其上作于//斗//帐别有无量无

边姻亲哭泣乃至号酸哽难闻太子见已即问驭//者不复更见死人太子闻说即回入宫时

第五榜题

太子入宫经六日后作瓶又觉念欲游观即召驭者而□之言//急严驾乘我欲入园驭者受教进好贤车太子坐车上从北门引驾//而去作瓶天子以神通力去车不远于太子前化作一人剃除须发著僧迦梨偏袒右肩//手执锡杖左掌擎钵在路而行太子白驭者言此是何人在于我前//头面顶礼三匝围绕上车坐即敕驭者回还宫中

第六榜题

时时太子游北门……//誓取涅……欲所有……//……益复于旧……置罗……//复置无量兵车……使精牢又置//无量百千……怨敌//于城四外时

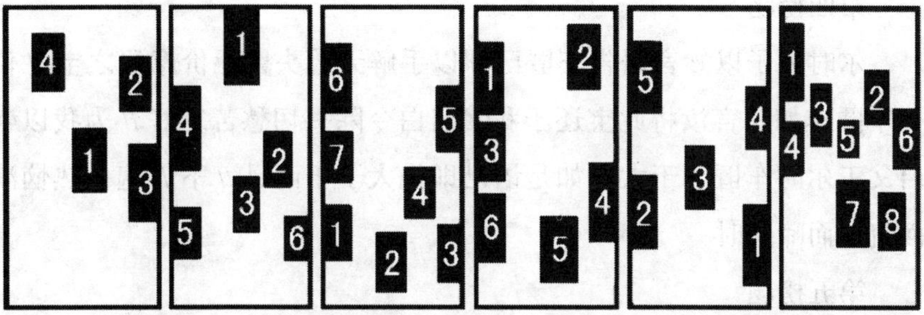

第二十五扇 第二十六扇 第二十七扇 第二十八扇 第二十九扇 第三十扇

第二十五扇

第一榜题

尔时……东门外安置五百勇健//……车而自围绕复有宿老诸//……守护别又置五百诸释侍官……//皆带持铠甲各……

第二榜题(漫漶)

第三榜题(漫漶)

第四榜题

尔时太子□坐乾陟鞍上之时一切无量阿修罗众迦楼//罗紧那罗摩睺罗刹众毗舍遮地居诸天及首//陀会乃至阿迦尼吒天等随逐乹陟马王而行是时诸//天擎持白盖以众宝真珠罗网悬于其上擎持//以覆太子之身导从而从空山去时

第二十六扇

第一榜题

尔时太子从宫出已安详而至毗耶罗其城门边有夜叉将名曰//善入共五百夜叉眷属既见太子相谓言今此太子夜半非时来//向门下必有异事我等可为太子开门随彼称意东西行动是时//夜叉急疾开城门其门已前开关之时其声鸣彻至半由旬以大威//力此时无声

第二榜题(漫漶)

第三榜题(漫漶)

第四榜题

尔时太子以妙言语告车匿已即以手解天冠头髻无价摩尼之宝//付与车匿作如是言汝将此宝还于我父启白令除一切愁苦复好//为我以咨启父王尔时车匿闻于太子如是语已即抱太子于两足//下//遍体热恼满面流泪而啼哭时

第五榜题

尔时太子从车匿边执取摩尼杂饰庄严七宝把刀以//右手执刀左手揽捉螺髻之发右手自持利刀而割以右手掷置//于空中时天帝释以希有心生大欢喜捧太子髻不令堕地以天//妙衣承受接取将上天宫烧香散花而供养

第六榜题

尔时净居天众去于太子不近不远于须曼那华下一净发师//执利刀不远而立太子见已谓言为我净发已不彼答言能为//民之师即剃太子无见顶相绀螺髻发时帝释天所落一髻不令坠//地以天衣承之将向三十三

天而供养之因立节名即供养菩萨发 // 髻冠节至今不断

第二十七扇

第一榜题

尔时太子剃发既讫观于体上犹有天衣念言谁能与 // 我袈裟时净居天作猎师身着袈裟手执弓箭至 // 太子前默然而住太子见已即如是言山野仁者汝能共我相 // 德衣不猎者能尔时太子即脱天衣以德袈裟时

第二榜题

时猎师报菩萨言善哉仁者我今与汝实不吝惜是时 // 化人即与菩萨袈裟之衣从菩萨取迦尸迦衣价数值 // 于百千金者复以种种栴檀所熏菩萨尔时心大欢喜受 // 袈裟衣深自庆幸即脱身上迦尸迦衣与彼猎师时

第三榜题

尔时所化之人从……取迦尸迦……虚空 //……菩萨……// 见已生大欢喜于此袈裟

第四榜题

尔时菩萨遣车匿还流泪满面以送车匿是时车匿 // 啼泣而还时车匿既见菩萨不肯还家号天而哭投身扎地良久 // 乃起以其两手抱乹陟项悲咽噎哽良久哭已观见菩 // 萨心竟不回将诸缨络并牵马王回还于城时

第五榜题

尔时车匿将马乹陟辞别太子回还归至迦毗罗城是时人民 // 遥见车匿及马王来不见太子问言太子今在何处车匿啼哭 // 不能得言时彼人民悉悉悲啼随逐车匿及白马行如是乃至 // 邀问再三车匿啼泪满面,太子出家,愿作在山修行事。

第六榜题

尔时乹陟马王及车匿等到净饭王宫时彼大王以摩诃波闍波提及瞿多弥 // 既见太子髻裹明珠伞盖横刀并摩尼宝庄严绳拂自余缨珞乹陟 // 马王及车匿等不见太子即问车匿悲哽而答太子出家之事 // 尔时大王及

大王后问是语已即举两手心惊怖裂口大唱言呜呼 // 我子 // 流泪满面遍体战慄然忽闷绝身擗倒仆宛转地中犹如鱼 // 出于水在于陆地乃至宫人彩女耶轮陀罗等悉复如是

第七榜题

尔时菩萨从阿尼弥迦聚落渐欲向于……// 仙居聚名跋伽婆菩萨入……// 罗门仙行住坐卧或手执持随威……//……爱乐尊重……远遥闻菩萨……

第二十八扇

第一榜题

尔时菩萨从跋迦婆仙人居处渐渐来至阿罗逻边 // 其阿罗逻仙人遥见菩萨近来见已不觉大声唱言善来圣 // 子菩萨前至阿罗逻所二人对面相共问讯少病少恼安乐已不相 // 慰问讫其阿罗逻请菩萨坐草铺之上即为菩萨说偈

第二榜题

尔时菩萨渐渐向至般茶婆山到已于彼山麓间求平正处于一 // 树下跏趺而坐端身住心正念不动譬如有人头上火燃急疾 // 速减而掷于地是时菩萨心求断除烦恼边际亦复如是尔时菩 // 萨内心思惟我于何时当得散此大烦恼聚乃至证成大菩提缘

第三榜题

尔时菩萨从般茶婆山……至伽耶……// 修胜苦行乃至到于提婆……// 菩萨生欢喜故即于彼边六年之中日……// 豆等羹持用活命是时菩萨受食

第四榜题

尔时菩萨六年既满欲求好食时有一天即告善生村主女二女 // 闻已速疾集聚一千□牛而搆乳取转更将饮五百□牛更别 // 日搆此五百牛乃至搆取五百牛乳著子一分净好粳米煮乳糜 // 时彼二女煮乳糜现十八种

希有之相尔时菩萨从善生 // 女边受取乳糜已而从彼处趣尼连河而过时

第五榜题

尔时菩萨……至尼连河岸……得食 //……澡浴 //……渡彼水为……//……菩萨过

第六榜题

尔时彼河主有一龙女手执妙荃提奉上菩萨坐已取彼 // 二女乳糜而食讫以金钵器弃掷河中时诸龙王生 // 大希有希特之心执彼金器拟欲向宫释提桓因此作金翅鸟王从海龙王边 // 夺取金钵向忉利天恒自供养三十三天至今不绝置立钵节而供养

第二十九扇

第一榜题

尔时菩萨食乳女渐向菩提树时思惟我今至此道场欲 // 作何座即自觉知应坐草上白言如是时帝释天化割草人不远不近右边 // 而立菩萨见已至彼问汝名字何彼人报言我名吉利菩萨闻已思惟我今欲求 // 吉利此名吉利我当于彼边受草将向□树下行时

第二榜题

尔时菩萨持草行时中路忽有青雀从十方来之 // 菩萨三匝讫已随菩萨行又有五百拘翅罗鸟五百 // 孔雀五百白鹅鸿鹤鸟等……// 并皆从十方而来乃至右绕讫是时复有五百童男童女悉来供养

第三榜题

尔时菩萨向……见菩萨 // 来遂告同伴……语汝……我……// 王边咨往昔……等……// 圣今复更有精……//……

第四榜题

……身通受于 //……出没虚空 //……如飞鸟或 // 于烟……于梵天时

第五榜题

尔时菩萨临欲至□树侧是时其地自然扫除清净严丽可熹端正是时

菩萨 // 左手取彼一把草树东面立掷于地上其草自然不乱不倒是时菩萨见是吉祥 // 之瑞相已口作是言如我今日所掷之草应乱不乱此吉祥相表我在于乱世间中必 // 定当证不乱之法菩萨如是掷草铺已地六种震动尔时菩萨绕彼树三匝讫已跏趺 // 而坐身心端直卓然不动口三唱言我证甘露复发誓言我座此座一切诸漏若 // 不除尽若一切心不能解脱我终不于此座而起尔时魔王波旬闻赤眼报已及见地 // 动即将眷属及盗种精锐兵众悉令带甲执持□杖复以种种异形别状诸 // 恶鬼神欲拟逼恼于菩萨故来到树下尔时魔王尽其威力胁菩提树不 // 能惊动菩萨一毛如是波旬以诸兵众鬼神皆悉退散失脚东西而驰走时

第三十扇

第一榜题

尔时世尊从提树去至出乳钵结趺坐意欲思食尔时从北 // 方有商主共诸商人多有财宝从中天来彼等商主当有……// 时此树神谓商主曰此处有如来世尊出于世在此树下 // 寂然而坐汝等即将麦酪蜜和奉上所食必成商主奉食

第二榜题

尔时娑婆世界主大梵天王在于梵宫遥见世尊 // 发如是心犹如壮士屈申臂顷从彼天宫隐身下来 // 至世尊前顶礼佛足却住一面合掌向佛再三以偈 // 重说请佛为众生转大法轮时

第三榜题

尔时世尊问梵天劝请偈已为众生故起慈悲心以佛 // 眼观一切诸世佛眼观已见诸众生生于世间或有利根或有 // 纯根如是乃至或有易化或易得如是知已即向娑 // 婆世界主大梵天王说欲与开一切众生甘露法门

第四榜题

尔时世尊如是思念谁能不违我意说法而知法体 // 罗迦罗摩子结薄根熟时有一天在空中出声言其命终来 // 已经七日后见优陀摩子如是乃

至阿罗逻子所已 // 尔时世尊如是思惟呜呼呜呼汝何薄福不闻我法

第五榜题

尔时世尊……//……寻见 //……遥见 //……至其边其俱邻……// 所作是言我等……//……作是言已俱邻不觉引……时

第六榜题

尔时世尊即以偈教诲彼五仙彼仙所有 // 外道之形及意藏等皆隐不现身上所著之眼即 // 成三衣手执钵器头发髭须自然除落犹如 // 剃来经于七日威仪即成形容……犹如 // 百夏大比丘众而无有所别尔时世尊见 // 如是相即便更为再重教诲时

第七榜题

尔时世尊似俱邻等□□论十二因缘自思念当 // 坐何座即时于地而现五百师子高坐世尊见此五百 // 座已即发敬心以敬过去诸世尊故三匝围绕三高 // 座已至第四座即升其上跏趺而坐譬如师子无 // 所怖畏无所惊动即于……时

第八榜题

尔时世尊座上思念过去诸佛于四圣谛次第三转十二 // 种相因缘而转无上法轮即于箕宿月初十五日内十二日昊过 // 半人影当如是时名难胜北面而坐合于鬼宿及房宿 // 时即转无上清净法轮而渡俱邻等大比丘。

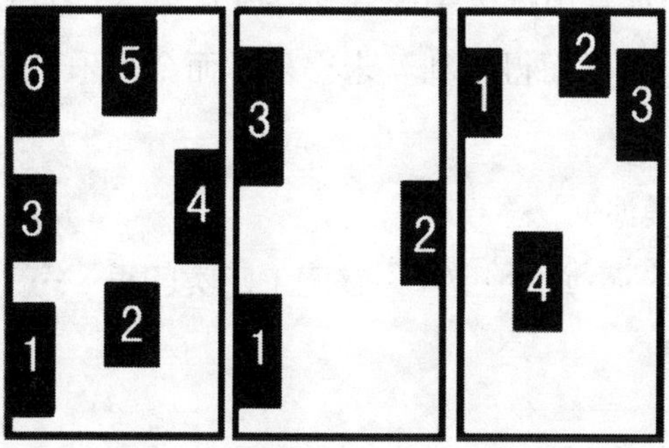

第三十一扇 第三十二扇 第三十三扇

第三十一扇

第一榜题

尔时世尊命耶殊陀罗善男子汝种善根来于我前 // 于我教自出家学道修其梵行正尽诸漏得出家已 // 受我为僧是时世中得七阿罗汉世尊五俱邻邪殊等

第二榜题

尔时大海之内有一龙王名伊罗钵离释迦如来 // 授记彼龙王于当来有佛出世□释迦……// 思此□为龙众说□于一□说夜叉言受记之事 // 夜叉答曰我宫之内有二偈不曾……

第三榜题

尔时世尊见伊罗钵离王及夜叉王摩那婆已及闻此等偈闻一一与佛解说□□龙王闻佛说法欢喜 // 非常不能自胜说俗往昔受记之事今见世尊愿度于汝作大比丘

第四榜题

尔时世尊度千二百阿罗汉比丘见有舍卫国臣须达长者 // 及祇陀太子布金买树挂银钱造立伽蓝诸佛说法尔 // 时如来于此寺说三乘教度脱人天今言常住金田由缘因时

第五榜题

尔时世尊在灵鹫山说法华经等令其听众悟于 // 大得大利益未解脱者而证解脱未出离者而得出利 // 未得乐者而令得乐未发心者悉使心乃至而发于菩提

第六榜题(漫漶)

释迦如来住……城……//……普□王□类□根……

第三十二扇

第一榜题

尔时世尊与须跋陀罗于广严城□林别诸比丘安居说已自身 // 痛几

将□□心不应离诸大众而般涅槃即以无相三昧令苦悉除 // 至广严城著衣持钵入城食讫佛言今欲住一劫过劫一余皆悉自 // 如是三唱被魔王所惑阿难无对佛令阿难去树……礼佛白言 // 涅槃时至佛……吾今不久却后三月当般涅槃即时大地而普震

第二榜题

尔时阿难见地动已即至佛所佛告阿难汝今应可集其众僧即时僧 // 集佛广为说无常苦空之事尔时世尊又告阿难我今欲往俱尸那 // 城双林树间安置床敷北首而卧今日中夜必入涅槃所有转法并依轮 // 王作之如是付嘱于阿难已便入涅槃尔时须跋陀罗于世尊前在 // 先 // 化焚身而死又有二师子亦自□而死

第三榜题

尔时阿难与众比丘既睹世尊于双林下入于涅槃而作转轮王 // 法奴如来身殓入金棺尔时八大都城声闻缘觉比丘比尼及人 // 民乃至释梵四王天龙八部天上天下一切神鬼兼与走兽飞禽类皆悉来集 // 双林而号哭悲□又有诸大菩萨及阿罗汉等皆来集于双林下时

第三十三扇

第一榜题

尔时优波离奉世尊敕语往忉利天请魔邪以闻世尊灭 // 度浑□自扑如五须弥山崩遍体血现闷绝擗地良久乃惺尔 // 时佛母将诸眷属从天下来至婆罗林间乃见金棺收敛已 // 毕悲泣绕棺几数十匝唱言呜呼苦哉呜呼苦哉

第二榜题

尔时佛母从天下来已见如来殡殓已讫叹 // 言悉达汝是我子我是汝母佛闻母唤金棺 // 自即开却坐千叶莲花台上为母说于世间空偈 // 诸行无常是生灭法生灭灭已寂灭为乐

第三榜题

尔时大众即遣城中大壮力士举棺行向于荼毗所尽其神力不能 // 举得如是再三尽力举之亦不能动尔时主冠(棺)即自升空中一多 // 罗树大众见已唱言苦哉苦哉我等无福然其宝棺绕俱尸那 // 城左右经七匝已后便将向于荼毗之所去

第四榜题

尔时楼豆普为天众人众共举圣棺唯见迦叶所缠白 // 练火全不烧佛牙一双余并灰烬楼豆取此不烧白练及兜罗 // 并取练灰破以与大众各令起塔供养城中人先已遣匠造 // 金坛师子座金坛集一斛置狮子座上安破全舍利 // 爪布八方各令起塔供养共益福田

（万庚育《敦煌莫高窟第 61 窟壁画〈佛传〉之研究》）

参考文献

敦煌写卷

一

观世音经一卷〔S.3054〕、秦妇吟〔S.0692〕、奉送盈尚书诗〔S.4359v〕、释氏杂文稿〔宿 050(8414)〕、佛说佛名经卷第三〔羽 024(0616)〕、邑斋文〔S.6417a〕、散莲花乐〔S.6417d〕、残诗〔S.5834〕、天王文一卷〔P.3540〕、贰师泉赋,渔父赋歌共一卷〔P.2712〕、佛说佛名经卷第四〔S.4240〕、佛说佛名经卷第十五〔S.3691〕、散劝文〔P.2133vb〕、佛名经卷第十三〔P.2312〕、大目乾连冥间救母变文并图一卷〔S.2614〕、十二时普劝四众依教修行〔P.2054〕、孝经一卷〔S.0707〕、阎罗王受记经〔S.6230〕、佛说八阳神咒经〔P.2098〕、阿弥陀经讲经文〔P.3210c〕、父母恩重经讲经文诱俗第六〔P.2418〕、李陵苏武往还书〔P.2498〕、五台山曲子〔S.4012〕、开蒙要训一卷〔P.2578〕、新集书仪一卷〔P.3716va〕、祝愿新郎文第十二〔S.6207〕、戒律〔光 036(7157)〕、礼忏文〔柰 027(7158)〕、佛说八阳神咒经〔S.5373〕、佛本行集经变文〔S.0548v〕、大元帅启请〔P.2384〕、金光明最胜王经〔S.5434〕、周秦行记〔P.3741〕、患文〔S.5584b〕、法体十二时一本〔P.3113a〕、王梵志诗一卷〔S.2710〕、开蒙要训一卷〔P.3054〕、各种往来状等〔P.3931d〕、劝善经一卷〔P.3036〕、佛说七阶佛名经〔S.1931〕、汉八年楚灭汉兴王陵变文一铺〔P.3627a〕、救诸众生苦难经一卷〔S.1185〕、大汉三年季布骂阵词文一卷〔S.1156vb〕、佛说多心经一卷〔P.3045〕、新集书仪一卷〔P.3691〕、佛说摩利支天经〔P.2805〕、佛说楞伽经禅门悉谈章并序〔P.2204〕、杨满川咏孝经一十八章〔P.3386b〕、杨满山咏孝经一十八章〔P.3582〕、孝经一卷〔S.1386〕、佛说八阳神咒经一卷〔S.6667〕、字宝碎金一卷〔P.3906b〕、天福七年曹元深舍施回向疏〔P.4046〕、金刚般若波罗蜜经残卷〔P.3493〕、四分律比丘戒本〔调 074(6840)〕、孔子项托一卷〔S.0395〕、略题绵帐〔P.2482vb〕、降魔变押座文〔P.2187a〕、杂写咒语〔腾 006V(8378)〕、赞普满偈十首〔P.2603〕、佛说父母恩重经〔S.1907〕、维摩诘经讲经文〔P.2292b〕、纳音甲子占人姓行法〔P.3175〕、妙法莲华经卷第七〔龙 009(6036)〕、归依三宝文〔S.4300〕、王梵志诗集一卷〔P.4094a〕、王梵志诗集卷第三〔P.2914〕、印本金刚般若波罗蜜经〔P.4515〕、天地开辟以来帝王记一卷〔P.4016〕、孟受上祖庄上浮图功德记并序〔P.3390b〕、净土念佛诵经观行仪卷下〔P.2963〕、频婆娑罗王后宫采女功德意供养塔生天因缘变〔P.3051〕、梁朝傅大士颂金刚经序〔P.3325〕、秦妇吟一卷〔P.3780〕、不知名文字〔P.3697a〕、显德三年丙辰岁具注历日〔S.0095〕、三冬雪诗〔S.5572a〕、开蒙要训一卷〔S.5463a〕、佛说天请问经一卷〔P.2374c〕、新集吉凶书仪·凶仪卷下〔P.3886〕、和戒文一本,散花乐〔制 005(8362)〕、佛说七阶礼佛名经〔冬 024(8308)〕、救诸众生苦难经 / 新菩萨经一卷〔S.3417〕、妙法莲华经卷第七〔菜 066(5957)〕、佛说斋法清净经〔S.5646c〕、茶酒论一卷并序〔P.2718b〕、十二时〔P.3604〕、庐山远公话〔S.2073〕、星占书残本〔P.4071a〕、般若波罗蜜多心经〔P.3351b〕、礼佛忏灭寂记〔P.2566v〕、大目犍连变文一卷〔盈 076V(7707)〕、小乘三科〔P.2841〕、捉季布传文一卷〔S.5441a〕、礼忏一本〔S.5562〕、千手千眼观世音菩萨广大园满无碍大悲心陀罗尼〔P.3912b〕、佛说贤劫千佛名经卷上〔S.4601〕、思益经卷第三〔S.6734〕、新集严父教一本〔S.4307〕

二

己巳年五月九日付图经本数〔S.0375〕、寺院间借阅佛经事〔S.0375v〕、大般若经点勘录〔S.0396v〕、龙兴等寺藏经目〔S.0476〕、敦煌各寺僧尼簿录〔S.0542vg〕、法瑞等僧人名录〔S.1162b〕、诸寺僧尼欠经帐〔S.1364〕、佛经目录〔S.1519v〕、丙午年十月比丘愿荣转经目录〔S.1612〕、大下乘及新翻经卷分类录〔S.2079〕、当寺上藏内诸杂部帙录〔S.2142〕、大宝积经第一帙怪僻字〔S.2142v〕、壬子年佛经交割手帖〔S.2447〕、经帙纸数历〔S.2449〕、敦煌各寺僧尼名簿〔S.2614v〕、敦煌诸寺尼籍〔S.2669〕、金光明寺写经人名〔S.2711〕、大乘等寺收付佛经帐〔S.2712〕、众经别录〔S.2872〕、各寺院经目十七行〔S.3071v〕、三界寺见一切入藏目〔S.3624〕、光璨催经状〔S.3983〕、壬寅年三月二十九日再勘写经人及校字人数〔S.4117〕、壬辰年四月交付写经物色名目〔S.4211〕、大般若经点勘录〔S.4447〕、僧名录〔S.4504vc〕、灵修寺般若经欠剩数〔S.4627〕、戊戌年六月四日排大乘寺般若经欠在目〔S.4688〕、大般若波罗密多经卷第四百四十三〔S.4831〕、清理佛经目录〔S.4900〕、卯年九月当寺转经付经历〔S.4914〕、四月十三日上藏点大般若欠经数〔S.5046〕、佛经目录〔S.5676〕、沙州诸寺僧尼籍〔S.5676v〕、壬寅年付张法律纸张帐〔S.5707〕、顺真于西明寺翻经缘起〔S.5715〕、人名簿残片〔S.5717〕、开皇十七年写经题记〔S.5762〕、大般若经点勘录〔S.5782〕、经房供菜关系牒〔S.5824〕、人名簿〔S.5824v〕、敦煌净土寺僧人名簿〔S.5893〕、一切经音义点勘录〔S.5895〕、佛经欠数〔S.5925〕、佛经帙数清理〔S.5985〕、般若经欠数清理〔S.5991〕、勘经僧名签〔S.6028〕、庚辰年十一月中翟家开大(般)若经〔S.6031〕、大般若经欠数〔S.6039〕、大佛名经欠数〔S.6055〕、大般若波罗密多经欠数〔S.6059〕、勘经僧名签〔S.6126〕、写经功德文〔S.6229a〕、大般若经点勘录〔S.6314〕、修补用的纸片〔S.6806v〕、丙申年四月十七日暮容使军请当寺开大般若付经历〔P.2680vh〕、永康、龙兴、报恩三寺缺经目〔P.2727〕、应管壹拾柒寺僧尼籍〔P.2879〕、大乘圣光等寺僧徒名录〔P.2944〕、□年九月一日之后新写藏经入藏目录〔P.3010b〕、戍年七月一日新写藏经入藏录〔P.3010c〕、几条清典佛经已入、未入记录及僧惠辩名〔P.3010v〕、僧尼名录〔P.3047va〕、某寺所藏佛经目〔P.3060〕、佛经目录〔P.3138〕、戊辰年九月一日转藏诸杂经论数目〔P.3187〕、乾元寺经目〔P.3188〕、十三寺某事专录〔P.3205v〕、大宝积经内不经见之字〔P.3222〕、老宿绍建与僧法律愿庆相争事责勘书〔P.3223〕、壬寅年六月二十一日配经历〔P.3240a〕、壬寅年七月十六日付纸历〔P.3240b〕、丑年寅年赞普新加福田转大般若经分付诸寺维那历〔P.3336〕、沙州诸佛寺藏经目〔P.3337〕、甲戌年五月十五日为府主大王小患付经历〔P.3365〕、妙法莲华经难字及品名录〔P.3406〕、大宝积经抄经录〔P.3444va〕、龙兴寺器物历〔P.3432〕、经目〔P.3459v〕、普光两寺呈报僧尼数目状〔P.3600v〕、安国寺等欠经目录〔P.3654〕、某佛经中难字等〔P.3765v〕、众经别录〔P.3848〕、龙兴寺藏大藏经目〔P.3852〕、金光明等寺藏经目〔P.3853〕、佛经目〔P.3854〕、各寺佛经目〔P.3855〕、佛经目录〔P.3948〕、佛经目录等〔P.3986〕、龙兴寺藏经目录〔P.4039〕、王仓曹等写大般若经录〔P.4047〕、付经帐目〔P.4611〕、菩萨藏经校勘记疑〔P.4619〕、佛经目录〔P.4664〕、大般若经点勘录〔P.4668〕、佛经目录〔P.4741〕、壬寅年灵图寺索法律欠经历〔P.4754v〕、佛经目记勘对人姓名〔P.4779〕、佛经目〔P.4786〕、一切经音义点勘录〔P.4788〕、朱书用纸历〔P.4956v〕、佛经目〔P.4962a〕、沙州诸寺僧尼名单〔P.5000v〕、摩诃般若经每帙欠卷录〔P.5027e〕、经帙交付历〔P.5568〕、杂阿含经点勘录〔P.5578c〕、僧尼名簿残片〔P.5579p〕、点勘藏经内现有部帙数目〔盈 041V(0679)〕、经目〔收 094(8419)〕、经目〔收 094V〕、寺名杂写〔光 015V(0767)〕、写经欠数〔文 054(8417)〕、大般若经内难字及百鸟名〔字 074(8431)〕

古籍

[唐]道世. 法苑珠林[M]. 明万历十九年嘉兴刻本.

[唐]道宣. 广弘明集[M]. 日本承应甲午年翻刻明万历本,1654.

[北魏]刘昞. 敦煌实录[M]. 广雅书局,清光绪间刻本.

[日]高楠顺次郎,渡边海旭. 大正新修大藏经[M]. 台北:新文丰出版股份有限公司,1984.

[宋]李昉. 太平御览[M]. 北京:中华书局,1960.

[宋]欧阳修. 新五代史[M]. [宋]徐无党注. 北京:中华书局,1974.

[后晋]刘昫. 旧唐书[M]. 北京:中华书局,1975.

[宋]欧阳修,宋祁. 新唐书[M]. 北京:中华书局,1975.

[宋]薛居正等. 旧五代史[M]. 北京:中华书局,1976.

中华大藏经编辑局. 中华大藏经·汉文部分 [M]. 北京: 中华书局,1984–1995.

[南朝·宋]段国. 沙州记[M]. 天津:天津古籍出版社,1987.

[梁]僧祐. 弘明集[M]. 上海:上海古籍出版社,1991.

[梁]释慧皎. 高僧传[M]. 汤用彤校注. 北京:中华书局,1992.

[梁]僧祐. 出三藏记集[M]. 苏晋仁,萧錬子点校. 北京:中华书局,1995.

专著

Rice Talbot, T. Ancient Arts of Central Asia[M]. London, 1884.

[日]大村西崖. 支那美术史雕塑篇[M]. 仏书刊行会图像部,1916.

Pelliot, P. Les grottes de Touen-houang(6vols)[M]. Paris, 1920–1924.

Siren, Osvald. Chinese Sculpture from the Fifth to the Fourteenth Century [M]. London: Ermest BennLtd, 1925.

[日]常盘大定,关野贞. 支那仏教史蹟[M]. 东京:佛教史蹟研究会,1925-1931.

[日]小野玄妙. 佛教美术[M]. 东京:甲子社书房,1926.

Stein, Aurel. InnermostAsia[M]. 5vols. Oxford,1929.

[日]松本荣一. 敦煌画の研究[M]. 东方文化学院东京研究所,1937.

张维. 陇右金石录[M]. 甘肃省文献征集委员会,1943.

佚名. 敦煌莫高窟历代供养人题抄[M]. 稿本,1943.

J. Leroy Davidson. The Lotus Sutrain Chinese Art[M]. Yale UnivPress,1954.

温廷宽. 中国北部石窟雕塑艺术 [M]. 天津: 朝花美术出版社,1956.

[日]羽溪了谛. 西域之佛教[M]. 贺昌群译. 上海:商务印书馆,1956.

陈垣. 中国佛教史籍概论[M]. 北京:北京科学出版社,1957.

潘絜兹. 敦煌莫高窟艺术[M]. 上海:上海人民出版社,1957.

[日]西域文化研究会. 西域文化研究·敦煌佛教史料(第1卷)[M]. 京都:法藏馆,1958.

王重民. 敦煌古籍叙录[M]. 北京:商务印书馆,1958.

唐长孺. 魏晋南北朝史论丛续编[M]. 北京:三联书店,1959.

Gray, B. Buddhist Cave Paintings at Tun-huang[M]. London,1959.

[日]松原三郎. 中国佛教雕刻史研究[M]. 京都,1960.

中国科学院历史研究所资料室. 敦煌资料 (一)[M]. 北京: 中华书局,1961.

王重民. 敦煌遗书总目索引[M]. 北京:商务印书馆,1962.

[唐]张彦远. 历代名画记[M]. 北京:人民美术出版社,1963.

Harbas, Milos & Knoblock, Edgar. The Art of Central Asia[M]. London, 1965.

[日]松原三郎. 增订中国佛教雕刻史研究[M]. 东京:吉川弘文馆, 1966.

钱兴华. 中国美术年表[M]. 台北:五洲出版社, 1968.

[日]水野清一. 中国の佛教美术[M]. 东京:平凡社, 1968.

[日]长广敏雄. 中国の石窟寺[M]. 东京:讲谈社, 1969.

Bhattacharya, Chaya. ArtofCentralAsia[M]. Delhi, 1969.

任继愈. 汉唐佛教思想论集[M]. 北京:人民出版社, 1973.

曾兴平. 中印佛教艺术思想之研究 [M]. 台北: 台北文津出版社, 1973.

Ch'en Kenneth S. The Transformation of Buddhism [M]. Princeton: Princeton University Press, 1973.

刑福泉. 中国佛教艺术思想探源[M]. 台北:商务印书馆, 1974.

[日]冢本善隆. 冢本善隆著作集(第 2 卷)[M]. 东京:大东出版社, 1974.

[日]小林太市郎. 佛教艺术の研究[M]. 淡交社, 1974.

印镇京. 敦煌变文述论[M]. 台北:商务印书馆, 1974.

Roland, B. The Art of Central Asia[M]. New York, 1974.

侯林柏. 唐宋两朝边疆史料比事质疑 [M]. 香港: 南天事业公司, 1976.

张曼涛. 中国佛教史论集[M]. 台北:大乘文化出版社, 1977.

劳干. 敦煌艺术[M]. 台北:中华丛书编审委员会, 1977.

[日]野上俊静等. 中国佛教通史[M]. 郑钦仁译. 台北:牧童出版社, 1978.

吕澂. 中国佛学源流略讲[M]. 北京:中华书局, 1979.

王重民. 敦煌古籍叙录[M]. 北京:中华书局,1979.

韩国磐. 隋唐五代史论集[M]. 北京:三联书店,1979.

韩国磐. 隋唐五代史纲[M]. 北京:人民出版社,1979.

[日]羽溪了谛. 西域佛教研究[M]. 台北:大乘文化出版社,1979.

[日]道端良秀. 中国佛教思想史の研究[M]. 东京:平乐寺书店,1979.

Bussagli, M. Central Asia Painting[M]. New York,1979.

Michel Soymilé. Contributions aux études sur Touen-Houang[M]. Geneva and Paris:Libraire Droz,1979.

[日]小衫一雄. 中国仏教美术史の研究[M]. 东京:新树社,1980.

虞愚. 中国佛教文史论集[M]. 台北:台北大乘文化出版社,1980.

苏莹辉. 敦煌学概要[M]. 台北:国立编译馆中华丛书编审委员会,1981.

任继愈. 中国佛教史(第一卷)[M]. 北京:中国社会科学出版社,1981.

石峻. 中国佛教思想资料选编(第一卷)[M]. 北京:中华书局,1981.

黄永武. 敦煌宝藏[M]. 台北:新文丰出版股份有限公司,1982-1986.

敦煌文物研究所. 敦煌研究文集[M]. 兰州:甘肃人民出版社,1982.

北京大学中国中古史研究中心. 敦煌吐鲁番文献研究论集[M]. 北京:中华书局,1982.

敦煌文物研究所. 中国石窟·敦煌莫高窟[M]. 北京:文物出版社,1982.

[日]竺沙雅章. 中国佛教社会史研究[M]. 京都:同朋舍,1982.

苏莹辉. 瓜沙史事从考[M]. 台北:商务印书馆股份有限公司,1983.

苏莹辉. 敦煌论集[M]. 台北:学生书局,1983.

苏莹辉. 敦煌论集续编[M]. 台北:学生书局,1983.

沈以正. 敦煌艺术[M]. 台北:雄狮图书公司,1983.

商务印书馆. 敦煌遗书总目索引[M]. 北京:中华书局,1983.

Mair Victor H. Dunhuang Popular Narratives[M]. Cambridge University, 1983.

敦煌文物研究所. 中国石窟·敦煌莫高窟(二)[M]. 北京:文物出版社;东京:株式会社平凡社,1984.

王文颜. 佛典汉译之研究[M]. 台北:天华出版事业股份有限公司, 1984.

罗振玉. 瓜沙曹氏年表[M]. 何广棪校点.香港:里仁书局,1984.

吕思勉. 隋唐五代史[M]. 上海:上海古籍出版社,1984.

卢善焕,师勤. 中国敦煌吐鲁番著述资料目录索引[M]. 西安:陕西社会科学出版社,1985.

刘进宝. 敦煌学论著目录[M]. 兰州:甘肃人民出版社,1985.

任继愈. 中国佛教史[M]. 北京:中国社会科学出版社,1985.

黄永武. 敦煌丛刊初集[M]. 台湾:新文丰出版公司,1985.

王重民. 敦煌遗书总目索引[M]. 台北:新文丰出版股份有限公司, 1985.

[日] 藤堂恭俊. 中国佛教史 [M]. 余万居译. 台北: 华宇出版社, 1985.

甘肃省社科院文研所. 敦煌学论集 [M]. 兰州: 甘肃人民出版社, 1985.

敦煌研究院. 1983 年全国敦煌学术讨论会文集·石窟艺术编[M]. 兰州:甘肃人民出版社,1985.

姜亮夫. 莫高窟年表[M]. 上海:上海古籍出版社,1985.

潘玉闪,马世长. 莫高窟窟前殿堂遗址[M]. 北京:文物出版社,1985.

郭朋. 宋元佛教[M]. 福州:福建人民出版社,1985.

Whitefild, Roderick & Farrer, Anne. The Art of Central Asia [M]. 2 vols. London, 1985.

[法]J·R·哈密顿. 五代回鹘史料[M]. 耿升,穆根来译. 乌鲁木齐:新疆人民出版社,1986.

关友惠. 莫高窟壁画艺术·西魏[M]. 兰州:甘肃人民出版社,1986.

樊锦诗. 莫高窟壁画艺术·北凉[M]. 兰州:甘肃人民出版社,1986.

施萍婷. 莫高窟壁画艺术·北周[M]. 兰州:甘肃人民出版社,1986.

史苇湘. 莫高窟壁画艺术·北魏[M]. 兰州:甘肃人民出版社,1986.

黄永武. 敦煌宝藏[M]. 台北:新文丰出版股份有限公司,1986.

邝士元. 敦煌研究论著目录(1899–1985)[M]. 台湾:新文丰出版股份有限公司,1986.

甘肃省图书馆历史文献部. 西北地方文献索引(1905–1949)[M]. 兰州:甘肃省图书馆,1986.

敦煌研究院. 敦煌莫高窟供养人题记[M]. 北京:文物出版社,1986.

黄永武. 敦煌遗书最新目录[M]. 台北:新文丰出版公司,1986.

[日]安部健夫. 西回鹘国史的研究[M]. 乌鲁木齐:新疆人民出版社,1986.

苏莹辉. 敦煌文史艺术论丛[M]. 台北:新文丰出版公司,1987.

姜伯勤. 唐五代敦煌寺户制度[M]. 北京:中华书局,1987.

甘肃省文物考古研究所. 河西石窟[M]. 北京:文物出版社,1987.

敦煌文物研究所. 1983 年全国敦煌学术讨论会文集·石窟艺术编[M]. 兰州:甘肃人民出版社,1987.

郑阿财,朱风玉. 敦煌学研究论著目录[M]. 台北:汉学研究资料及服务中心,1987.

郑家琫,邓淑苹. 中华雕刻史[M]. 台北:台湾商务印书馆,1987.

阎文儒. 中国石窟艺术总论[M]. 天津:天津古籍出版社,1987.

张曼涛. 佛教与政治[M]. 台北:大乘文化出版社,1987.

北京大学中国古代史研究中心. 敦煌吐鲁番文献研究论集 [M]. 北京:北京大学出版社,1987.

姜亮夫. 敦煌学论文集[M]. 上海:上海古籍出版社,1987.

郭武雄. 五代史料探源[M]. 台北:台湾商务印书馆股份有限公司,1987.

甘肃省文物考古研究所. 河西石窟[M]. 北京:文物出版社,1988.

任继愈. 中国佛教史[M]. 北京:中国社会科学出版社,1988.

林世田. 敦煌吐鲁番论著目录初编·欧文部分[M]. 北京:敦煌吐鲁番学北京资料中心,1988.

陈晶,王新. 北京图书馆藏敦煌遗书目录索引[M]. 北京:敦煌吐鲁番学北京资料中心,1988.

唐长孺. 隋唐五代史[M]. 北京:中国大百科全书出版社,1988.

甘肃省社会科学学会联合会. 丝绸之路文献叙录[M]. 兰州:兰州大学出版社,1989.

萧默. 敦煌建筑研究[M]. 北京:文物出版社,1989.

齐陈骏. 河西史研究[M]. 兰州:甘肃教育出版社,1989.

赵以武. 五代文化述论[M]. 兰州:甘肃人民出版社,1989.

何山. 西域文化与敦煌艺术[M]. 长沙:湖南美术出版社,1990.

Roderick Whitefild, & Anne Farrer. Caves of the Thousand Buddhas: Chinese Art from the Silk Route[M]. New York,1990.

霍旭初. 石窟文艺[M]. 西安:陕西人民出版社,1990.

麦积山石窟艺术研究所. 石窟艺术 [M]. 西安: 陕西人民出版社,1990.

[日]池田温. 中国古代写本识语集录[M]. 东京:东京大学东洋文化研究所,1990.

师勤. 中国敦煌吐鲁番学著述资料目录索引续编（1985-1989)[M]. 中国人民解放军空军指挥学院印刷厂,1990.

敦煌研究院. 中国石窟[M]. 东京:日本平凡社,北京:文物出版社,1990.

王家祐. 石窟艺术[M]. 西安:陕西人民出版社,1990.

任继愈,杜继文. 佛教史[M]. 北京:中国社会科学出版社,1991.

黄忏华. 中国佛教[M]. 上海:上海知识出版社,1991.

林保尧. 敦煌艺术图典[M]. 台北:艺术家出版社,1991.

汉学研究中心. 第二届敦煌学国际研讨会论文集[M]. 台北:汉学研究中心,1991.

杜斗城. 敦煌五台山文献校录研究[M]. 太原:山西人民出版社,1991.

《敦煌大藏经》编辑委员会. 敦煌大藏经总目录[M]. 台北:前景出版社;中国星星出版公司,1992.

郑炳林. 敦煌碑铭赞辑释[M]. 兰州:甘肃教育出版社,1992.

白化文. 敦煌文物目录导论[M]. 台北:新文丰出版公司,1992.

林家平,宁强,罗华庆. 中国敦煌学史[M]. 北京:北京语言学院出版社,1992.

[意]马里奥·布萨格里. 中亚佛教艺术[M]. 乌鲁木齐:新疆美术摄影出版社,1992.

姜伯勤. 敦煌社会文书导论[M]. 台北:新文丰出版股份有限公司,1992.

国家文物局教育处. 佛教石窟考古概要 [M]. 北京: 文物出版社,1993.

温玉成. 中国石窟与文化艺术[M]. 上海:人民美术出版社,1993.

杜斗城. 陇右高僧录[M]. 兰州:兰州大学出版社,1993.

郭朋. 中国佛教思想史(上卷)[M]. 福州:福建人民出版社,1994.

张宝玺. 甘肃石窟艺术·雕塑编[M]. 甘肃人民美术出版社,1994.

汪泛舟. 敦煌僧诗校辑[M]. 兰州:甘肃人民出版社,1994.

金申. 中国历代纪年佛像图典[M]. 北京:文物出版社,1994.

张宝玺. 甘肃石窟艺术雕塑编[M]. 甘肃人民美术出版社,1994.

段文杰. 段文杰敦煌艺术论文集[M]. 兰州:甘肃人民出版社,1994.

饶宗颐. 敦煌邈真赞校录并研究[M]. 台北:新文丰出版股份有限公司,1994.

姜伯勤. 敦煌吐鲁番文书与丝绸之路[M]. 北京:文物出版社,1994.

闫国权. 敦煌宗教文化[M]. 北京:新华出版社,1994.

曹仕邦. 中国沙门外学的研究:汉末至五代[M]. 台北:东初出版社,1994.

金维诺, 罗世平. 中国宗教美术史 [M]. 南昌: 江西美术出版社,1995.

王雷泉. 中国大陆宗教文章索引[M]. 台北:东初出版社,1995.

李并成. 河西走廊历史地理(第一卷)[M]. 兰州:甘肃人民出版社,1995.

余太山. 两汉魏晋南北朝与西域关系史研究[M]. 北京:中国社会科学出版社,1995.

段文杰. 敦煌学国际研讨会文集·石窟艺术编[M]. 沈阳:辽宁美术出版社,1995.

敦煌研究院文献研究所. 敦煌供养人[M]. 兰州:甘肃人民出版社,1995.

张宝玺. 甘肃石窟艺术壁画编[M]. 甘肃人民美术出版社,1995.

张伯元. 安西榆林窟[M]. 成都:四川教育出版社,1995.

敦煌研究院文献研究所. 敦煌供养人[M]. 兰州:甘肃人民出版社,1995.

[日]松原三郎. 中国仏教雕刻史论[M]. 东京:吉川弘文馆,1995.

赵声良. 敦煌石窟艺术·莫高窟第 61 窟 [M]. 南京: 江苏美术出版社,1995.

马德. 敦煌莫高窟史研究[M]. 兰州:甘肃教育出版社,1996.

孙昌武. 中国文学中的维摩与观音[M]. 北京:高等教育出版社,1996.

宿白. 中国石窟寺研究[M]. 北京:文物出版社,1996.

谢稚柳. 敦煌艺术叙录[M]. 上海:上海古籍出版社,1996.

敦煌研究院. 敦煌石窟内容总录[M]. 北京:文物出版社,1996.

甘肃敦煌学会. 敦煌佛教文化研究: 敦煌佛教文化研讨会论文集[M]. 兰州:编者自刊,1996.

石璋如. 莫高窟形[M]. 台北:中央研究院历史语言研究所,1996.

姜伯勤. 敦煌艺术宗教与礼乐文明:敦煌心史散论[M]. 北京:中国社会科学出版社,1996.

北京图书馆敦煌吐鲁番学资料中心,台北《南海》杂志社. 敦煌吐鲁番学研究论集[M]. 北京:书目文献出版社,1996.

荣新江. 归义军史研究——唐宋时代敦煌历史考索[M]. 上海:上海古籍出版社,1996.

李并成,李春元. 瓜沙史地研究[M]. 兰州:甘肃文化出版社,1996.

郑炳林. 敦煌归义军史专题研究[M]. 兰州:兰州大学出版社,1997.

马德. 敦煌工匠史料[M]. 兰州:甘肃人民出版社,1997.

[日]清水善三. 仏教美术史の研究[M]. 东京:中央公论美术出版,1997.

汤用彤. 汉魏两晋南北朝佛教史[M]. 北京:北京大学出版社,1997.

安国楼. 宋朝周边民族政策研究[M]. 台北:文津出版社,1997.

方广锠. 敦煌佛教经录辑校[M]. 扬州:江苏古籍出版社,1997.

李四龙. 中国佛教与民间社会[M]. 郑州:大象出版社,1997.

李正宇. 敦煌历史地理导论[M]. 台北:新文丰出版股份有限公司,1997.

张宝玺. 甘肃石窟艺术壁画编[M]. 甘肃人民美术出版社,1997.

朱玉龙. 五代十国方镇年表[M]. 北京:中华书局,1997.

宁可. 敦煌社邑文书辑校[M]. 南京:江苏古籍出版社,1997.

胡戟. 隋唐五代史论著目录(1982–1995)[M]. 西安:陕西师范大学出版社,1997.

林保尧. 佛教美术全集[M]. 台湾艺术家出版社,1997–1998.

段文杰. 敦煌石窟艺术论集[M]. 兰州:甘肃人民出版社,1998.

沙知. 敦煌契约文书辑校[M]. 南京:江苏古籍出版社,1998.

王溥. 五代会要[M]. 北京:中华书局,1998.

李玉珉,叶佳玫. 中国佛教美术论文索引(1930–1993)[M]. 新竹:财团法人觉风佛教艺术文化基金会,1998.

李再钤. 中国佛教雕塑[M]. 台北:国立历史博物馆,1998.

杨富学. 回鹘之佛教[M]. 乌鲁木齐:新疆人民出版社,1998.

郝春文. 唐后期五代宋初敦煌僧尼的社会生活[M]. 北京:中国社会科学出版社,1998.

李斌城,李锦绣,张泽咸. 隋唐五代社会生活史[M]. 北京:中国社会科学出版社,1998.

陈国灿,陆庆夫. 中国敦煌学百年文库·历史卷[M]. 兰州:甘肃文化出版社,1999.

宿白. 唐宋时期的雕版印刷[M]. 北京:文物出版社,1999.

杨曾文. 唐五代禅宗史[M]. 北京:中国社会科学出版社,1999.

[日]久野美树. 中国の仏教美术:后汉代から元代まで[M]. 东京:东信堂,1999.

徐俊. 敦煌诗集残卷辑考[M]. 北京:中华书局,2000.

杨泓.汉唐美术考古和佛教艺术[M].北京:科学出版社,2000.

王伯敏.敦煌壁画山水研究[M].杭州:浙江人民美术出版社,2000.

施萍婷,邰惠莉.敦煌遗书总目索引新编[M].北京:中华书局,2000.

汤用彤.汤用彤全集[M].石家庄:河北人民出版社,2000.

韩小忙,孙昌盛,陈悦新.西夏美术史[M].北京:文物出版社,2001.

《中国石窟雕塑全集》编委会.中国石窟雕塑全集[M].重庆:重庆出版社,2001.

吕钟.重修敦煌县志[M].兰州:甘肃人民出版社,2001.

[美]胡素馨.佛教物质文化:寺院财富与世俗供养国际学术研讨会论文集[M].上海:上海书画出版社,2003.

王永会.中国佛教僧团发展及其管理研究[M].成都:巴蜀书社,2003.

[法]谢和耐.中国5—10世纪的寺院经济[M].耿昇译.上海:上海古籍出版社,2004.

姜伯勤.中国祆教艺术史研究[M].北京:生活·读书·新知三联书店,2004.

贺世哲.敦煌石窟论稿[M].兰州:甘肃民族出版社,2004.

施萍婷.敦煌习学集[M].兰州:甘肃民族出版社,2004.

郑炳林.敦煌归义军史专题研究三编[M].兰州:甘肃文化出版社,2005.

赵声良.敦煌壁画风景研究[M].北京:中华书局,2005.

[美]巫鸿.礼仪中的美术:巫鸿中国古代美术史文编[M].北京:生活·读书·新知三联书店,2005.

Eugene Y. Wang. Shaping the Lotus Sutra: Buddhist Visual Culture in Medieval China[M]. University of Washington Press, 2005.

郑炳林,沙武田.敦煌石窟艺术概论[M].兰州:甘肃文化出版社,2005.

杜斗城. 正史佛教资料类编[M]. 兰州:甘肃文化出版社,2006.

贺世哲. 敦煌图像研究·十六国北朝卷[M]. 兰州:甘肃教育出版社,2006.

黄正建. 中晚唐社会与政治研究[M]. 北京:中国社会科学出版社,2006.

梁晓鹏. 敦煌莫高窟千佛图像研究[M]. 北京:民族出版社,2006.

敦煌研究院. 2004 年石窟研究国际学术会议论文集[M]. 上海:上海古籍出版社,2006.

段文杰. 敦煌石窟艺术研究[M]. 兰州:甘肃人民出版社,2007.

沙武田. 敦煌画稿研究[M]. 北京:中央编译出版社,2007.

孙晓岗. 文殊菩萨图像学研究[M]. 兰州:甘肃人民美术出版社,2007.

李正宇. 敦煌学导论[M]. 兰州:甘肃人民出版社,2008.

兰州大学敦煌学研究所，甘肃省古籍文献整理编译中心. 敦煌莫高窟百年图录[M]. 兰州:甘肃人民出版社,2008.

李正宇. 敦煌学导论[M]. 兰州:甘肃人民出版社,2008.

杜斗城. 河西佛教史[M]. 北京:中国社会科学出版社,2009.

谢重光. 中古佛教僧官制度和社会生活［M]. 北京：商务印书馆，2009.

邹清泉. 维摩诘变相研究:中古《维摩诘经》的图像演绎[D]. 金维诺指导. 北京:中央美术学院人文学院,2009.

马炜,蒙中. 西域绘画[M]. 重庆:重庆出版社,2010.

论文

卫聚贤. 敦煌石室[J]. 说文月刊,1943,3(10):21-45.

震雷. 敦煌的佛教美术[J]. 说文月刊. 1943,3(10):81-82.

董作宾. 敦煌纪年. 说文月刊[J],1943,3(10):83-100.

宿白. 莫高窟大事年表[J]. 文物参考资料,1951,2(5):222-227.

王逊. 敦煌壁画中表现的中古绘画 [J]. 文物参考资料,1951,2(4):74-84.

常书鸿. 敦煌艺术的源流与内容 [J]. 文物参考资料,1951,2(4):15-36.

宿白. 敦煌莫高窟中的《五台山图》[J]. 文物参考资料,1951,2(5):49-71.

石璋如. 敦煌五代佛洞之一隅[J]. 大陆杂志,1954,9(1):7.

宿白等. 敦煌石窟勘察报告[J]. 文物参考资料,1955(2):39-70.

石璋如. 华北石窟的时代性和地域性[J]. 中央研究院历史语言研究所集刊,1958,29,545-612.

[日]樋口隆康. 敦煌石窟系谱[J]. 佛教艺术,1958,34,63-74.

[日]日比野丈夫. 敦煌の五台山图について[J]. 佛教艺术,1958,34,75-86.

[日]藤枝晃. 敦煌の僧尼籍[J]. 东方学报,1959(29):285-338.

[日]竺沙雅章. 敦煌の僧官制度[J]. 东方学报,1961(31):117-198.

[日]竺沙雅章. 敦煌の寺户について[J]. 史林,1961,44(5):40-73.

唐长孺. 关于归义军节度的几种资料跋[J]. 中华文史论丛,1962,1,275-298.

石璋如. 敦煌千佛洞造像碑及其相关的石窟考[J]. 中央研究院历史语言研究所集刊. 1962,34,37-97.

[日]水野清一. 中国仏像の源流[J]. 史林,1963,46(4):160-171.

杨泓. 关于我国石窟寺研究的几个问题[J]. 文物,1965(3):45-51.

Soper A.C.Representations of famous images at Tun-huang [J]. Artibus Asiae,1965,27,4,pp.349-364.

[日]坂轮宣敬. 敦煌石窟に于ける法华经变相について[J]. 印度学佛教学研究,1968,16(2):336-341.

[日]上野アキ. 敦煌本幡画佛传图考(上)[J]. 美术研究,1970,269,l-35.

Murase M. Kuan-yin as savior of men: illustration of the twenty-fifth chapter of the Lotus Sutra[J]. Artibus Asiae, 1971, 33, 1/2, pp.39-74.

[日]兜木正亨. 法华经の说相图について[J]. 日本佛教学会年报,1973,38,281-297.

[日]上野アキ. 敦煌本幡画佛传图考(下)[J]. 美术研究,1973,286,25-36.

Marchand, E.Panorama of Wu-t'ai shan as an example of tenth centu-rycartography[J]. Orient Art, 1976, 22, 2, pp.158-173.

段文杰. 敦煌早期壁画的民族传统和外来影响 [J]. 文物,1978(12):8-20.

宿白. 石窟寺考古的回顾[J]. 文物,1979(10):7-10.

贺世哲,孙修身.《瓜沙曹氏年表补正》之补正[J]. 甘肃师大学报,1980(1):72-81.

宿白. 唐五代时期雕版印刷手工业的发展[J]. 文物,1981(5):75-68/74.

苏莹辉. 略论河西发现的墓室壁画与石窟寺壁画的画艺传承: 兼谈山水画之南北分宗问题[J]. 故宫季刊,1981,16(2):71-88.

施娉婷. 敦煌与莫高窟[J]. 敦煌研究,1982(1):152-166.

[日]松本守隆. 宋代における佛传图の一作例[J]. 佛教艺术,1982,140,61-79.

樊锦诗,马世长. 莫高窟第二九〇窟的佛传故事画[J]. 敦煌研究,1983(3):56-82.

[日]小山满. 敦煌第61窟《五台山图》に关する一考察[J]. 创大アジア研究,1983,4,81-105.

Whitfield R.Buddhist paintings from Dunhuang in the Aurel Steincollection[J]. Orientations,1983,14,5,pp.14-28.

Pekarik A. J. Cave temples of Dunhuang[J]. Archaeology,1983,36,1/2: 20-27.

丁果. 关于敦煌石窟和敦煌学[J]. 上海师范大学学报,1985(3):70-72.

李清志. 国立中央图书馆藏敦煌卷子考 [J]. 国立中央图书馆馆刊,1985,18(2):87-98.

苏莹辉. 瓜沙史事述要[J]. 汉学研究,1986,4(2):465-481.

[日]百桥明惠. 敦煌の法华经变[J]. 神户大学文学部纪要,1986(13):65-94.

马世长. 莫高窟第二九〇窟の佛传图 [J]. 东洋学术研究,1986,25(2):134-176.

马德.吴和尚·吴和尚窟·吴家窟——《腊八燃灯分配窟龛名数》丛识之一[J]. 敦煌研究,1987(3):62-64/61.

孙修身. 莫高窟佛教史迹画内容考释(八)[J]. 敦煌研究,1988(1):3-8.

邓文宽. 也谈张淮深之死[J]. 敦煌研究,1988(1):76-80.

钱伯泉. 为索勋篡权翻案[J]. 敦煌研究,1988(1):68-75.

谭婵雪. 曹元德曹元深卒年考[J]. 敦煌研究,1988(1):52-57.

[日]秋山光和. 吉美美术馆藏敦煌盛唐绢画佛传图的考察——关于E01154号残片(摘要)[J]. 刘永增译. 敦煌研究,1988(2):88.

吴焯. 西国佛画论考[J]. 南亚研究,1988(3):37-48.

罗华庆. 九至十一世纪敦煌的行像和浴佛活动 [J]. 敦煌研究,1988

(4):98-103.

哈斯额尔敦·嘎日迪·巴音巴特尔. 莫高窟第 61 窟甬道南壁回鹘蒙文题记释读[J]. 敦煌研究,1989(1):30-34/15.

钱正坤. 论隋唐五代山水画的发展与佛教的关系[J]. 美术史论,1989(2):84-90.

陈国灿. 唐五代敦煌县乡里制的演变[J]. 敦煌研究,1989(3):39-50/110.

关友惠. 敦煌壁画中的供养人画像[J]. 敦煌研究,1989(3):16-20.

万庚育. 敦煌壁画中的构图[J]. 敦煌研究,1989(4):25-33.

孙修身. 五代时期甘州回鹘和中原王朝的交通 [J]. 敦煌研究,1989(4):65-69/90.

苏莹辉. 巴黎藏石室本归义军节度使曹议金四疏笺证 [J]. 敦煌研究,1989(4):59-64.

荣新江. 关于沙州归义军都僧统年代的几个问题[J]. 敦煌研究,1989(4):70-78.

宿白. 敦煌莫高窟密教遗迹札记(上)[J]. 文物,1989(9):45-53/33.

[日]田中かの子.《佛陀なき佛传图》再考[J]. 宗教研究,1989,63(2):l-27.

孙修身. 五代时期甘州回鹘和中原王朝的交通 [J]. 敦煌研究,1990(1):66-71.

龙晦. 敦煌与五代两蜀文化[J]. 敦煌研究,1990(2):96-102.

苏北海,丁谷山. 瓜沙曹氏政权与甘州回鹘于阗回鹘的关系[J]. 敦煌研究,1990(3):32-39.

孙修身. 五代时期甘州回鹘可汗世系考[J]. 敦煌研究,1990(3):40-45/23.

[日]小山满. 敦煌第 61 窟《五台山图》研究[J]. 袁林译. 敦煌学辑

刊,1990,17,143-153.

马德.曹氏三大窟营建的社会背景[J].敦煌研究,1991(1):19-24/114.

谢重光.吐蕃占领期与归义军时期的敦煌僧官制度[J].敦煌研究,1991(3):52-61.

Handler Sarah. The Revolution in Chinese Furniture: Moving from Matto Chair[J]. Asian Art, 1991, 4/3, 9-33.

潘桂明.佛教在汉地的传播和影响[J].世界宗教研究,1992(1):147-154.

梅林.吐蕃和归义军时期敦煌禅僧寺籍考辨[J].敦煌研究,1992(3):(3):99-101.

郑雨.莫高窟第98窟的历史背景与时代精神[J].九州学刊,1992,4(4):35-44.

苏莹辉.漫话敦煌壁画上的供养人像[J].美育,1992,23,26-30.

Wu Hung. Reborn in paradise: a case study of Dunhuang sutra painting and its religious. ritual and artistic context [J]. Orientations, 1992, 23, 5, pp. 2-60.

Wu Hung. What's Bianxiang? On the Relationship between Dunhuang Art and Dunhuang Literature [J]. Harvard Journal of Asiatic Studies. 1992, 52, 1, pp. 111-192.

荣新江.关于曹氏归义军首任节度使的几个问题[J].敦煌研究,1993(2):46-53.

[俄] 鲁多娃·M·A.艾尔米塔什国家博物馆的敦煌莫高窟供养人绘画收藏品[J].张惠明译.敦煌研究,1993(3):46-49.

刘玉权.再论西夏据瓜沙的时间及其相关问题 [J].敦煌研究,1993(4):68-79.

赵声良. 莫高窟第61窟五台山图研究[J]. 敦煌研究,1993(4):88-107.

Shih Hsio-yen. Reading and re-reading of narrative in Dunhuang murals [J]. Artibus Asiae,1993,53,1/2,pp. 59-88.

王惠民. 肃北五个庙石窟内容总录[J]. 敦煌研究,1994(1):130-132.

傅振伦. 敦煌莫高窟学术编年(上)[J]. 文物春秋,1994(1):59-66.

傅振伦. 敦煌莫高窟学术编年(下)[J]. 文物春秋,1994(2):72-78/37.

荣新江. 于阗王国与瓜沙曹氏[J]. 敦煌研究,1994(2):111-119.

刘进宝. 试谈归义军时期敦煌县乡的建置 [J]. 敦煌研究,1994(3):79-82.

贺世哲. 再谈曹元深功德窟[J]. 敦煌研究,1994(3):33-36.

王惠民. 读莫高窟供养人题记札记[J]. 文献,1994(3):269-274.

孙修身. 试论甘州回鹘和北宋王朝的交通[J]. 敦煌研究,1994(4):41-54.

暨远志. 中国早期佛教供养人服饰[J]. 敦煌研究,1995(1):135-145.

段文杰. 敦煌石窟艺术的特点[J]. 敦煌研究,1995(2):3-7.

段文杰. 供养人画像与石窟[J]. 敦煌研究,1995(3):113-116.

[印]谭中. 中国佛教石窟艺术的历史透视[J]. 敦煌研究,1995(4):145-154.

王惠民. 曹元德功德窟考[J]. 敦煌研究,1995(4):163-170.

苏莹辉. 敦煌壁画回鹘公主陇西李氏等供养像考略[J]. 故宫文物月刊,1996,13(10):120-123.

贺世哲. 莫高窟第290窟佛传画中的瑞应思想研究[J]. 敦煌研究,1997(1):1-5.

项一峰. 初谈佛教石窟供养人[J]. 敦煌研究,1997(1):96-100.

[日]池田温. 唐五代敦煌的粟特人与佛教[J]. 郑炳林译. 敦煌研究,1997(2):151-168.

[美]胡素馨. 敦煌的粉本和壁画之间的关系[J]. 唐研究,1997,3,437-443.

袁德领. 曹元德卒年新说[J]. 敦煌研究,1997(4):137-140.

张先堂. 晚唐至宋初净土五会念佛法门在敦煌的流传[J]. 敦煌研究,1998(1):48-64.

谢生保. 敦煌壁画中的民俗资料概述[J]. 敦煌研究,1998(3):100-109.

冯培红. 客司与归义军的外交活动[J]. 敦煌学辑刊,1999(1):72-84.

沙武田,魏迎春. 曹氏归义军时期敦煌石窟艺术程式化表现小议[J]. 敦煌学辑刊,1999(2):73-77.

郑炳林. 晚唐五代归义军疆域演变研究[J]. 历史地理,1999,15,56-73.

樊锦诗. 敦煌石窟研究百年回顾与瞻望[J]. 敦煌研究,2000(2):40-51.

张惠明. 敦煌《五台山化现图》早期底本的图像及其来源[J]. 敦煌研究,2000(4):1-9.

高启安. 莫高窟第61窟“五台山灵口之店推磨图”之我见[J]. 敦煌学辑刊,2002(1):112-114.

郑炳林. 晚唐五代敦煌归义军行政区划制度研究(之一)[J]. 敦煌研究,2002(2):11-19.

党燕妮,王雅红. 莫高窟第61窟五台山图中几则地名及其有关问题考[J]. 敦煌研究,2003(2):17-19.

郑炳林. 晚唐五代敦煌归义军行政区划制度研究(之二)[J]. 敦煌研究,2002(3):68-73.

吴丽娱. 再析 P.2945 书仪的年代与曹氏归义军通使中原［J］. 敦煌研究,2002(3):74–80.

孙继民. 莫高窟第 61 窟五台山图“永昌之县”小议[J]. 敦煌研究,2002(5):13–14.

李静杰. 五代前后降魔图像的新发展——以巴黎集美美术馆所藏敦煌出土绢画为例[J]. 故宫博物院院刊,2002(6):49–65.

Lewis Mayo. Birds and the hand of power: A political geography of avian life in the Gansu corridor, ninth to tenth centuries[J]. East Asian History, 2002, 24, pp. 1–66.

张惠明. 有关佛教绘画图像的画样与底本问题：以敦煌画迹为实例的研究[J]. 敦煌与丝路文化学术讲座,2003,1,335–346.

沙武田. 吐蕃统治时期敦煌石窟供养人画像考察[J]. 中国藏学,2003(2):80–93.

沙武田,段小强. 莫高窟第 454 窟窟主的一点补充意见[J]. 敦煌研究,2003(3):7–9.

杨森. 五代宋时期于阗皇太子在敦煌的太子庄［J］. 敦煌研究,2003(4):40–44.

陈大为. 归义军时期敦煌净土寺与都司及诸寺的经济交往[J]. 敦煌学辑刊,2004(1):119–127.

党燕妮. 五台山文殊信仰及其在敦煌的流传[J]. 敦煌学辑刊,2004(1):83–91.

沙武田. 莫高窟“天王堂”质疑[J]. 敦煌研究,2004(2):23–27.

罗瑶. 榆林窟第 20 窟新发现“供养人像”考[J]. 敦煌研究,2004(2):19–22.

杜斗城. 敦煌石窟中的五台山史料[J]. 忻州师范学院学报,2004(6):6–7/10.

郑炳林. 晚唐五代归义军政权与佛教教团关系研究[J]. 敦煌学辑刊, 2005(1):1–15.

解梅. 唐五代敦煌地区赛祆仪式考[J]. 敦煌学辑刊,2005(2):144–149.

王怡,邹晓萍. 敦煌版画艺术的风格特点[J]. 敦煌研究,2005(2):32–35.

王锡臻. 敦煌版画与民间美术研究[J]. 敦煌研究,2005(2):41–45.

吴荣鉴. 关于敦煌版画制作的几个问题[J]. 敦煌研究,2005(2):26–31.

谢生保,谢静. 敦煌版画对雕版印刷业的影响[J]. 敦煌研究,2005(2):46–51.

周安平. 由敦煌雕版佛画管窥中国古代版画的美术历史作用[J]. 敦煌研究,2005(2):36–40.

党燕妮. 毗沙门天王信仰在敦煌的流传[J]. 敦煌研究,2005(3):99–104.

贡俊录. 敦煌壁画《五台山图》中正定古建筑相关问题刍议[J]. 文物春秋,2005(6):55–60.

安毅. 五代敦煌与中原间的画稿交往——读敦煌地理文书札记[J]. 敦煌学辑刊,2006(1):30–33.

沙武田. 敦煌写真邈真画稿研究——兼论敦煌画之写真肖像艺术[J]. 敦煌学辑刊,2006(1):43–62.

沙武田. 莫高窟第 61 窟甬道壁画绘于西夏时代考[J]. 西北第二民族学院学报,2006(3):57–62.

刘影. 浅析敦煌莫高窟壁画中供养人画像的变迁——以 130 窟甬道南北两壁供养人画像为例[J]. 艺术探索,2006(3):11–12.

郑炳林. 敦煌写本相书理论与敦煌石窟供养人画像——关于敦煌莫

高窟供养人画像研究之二[J]. 敦煌学辑刊,2006(4):1-23.

任长义. 莫高窟第 61 窟五台山图“灵口之店”性质再议[J]. 黑龙江社会科学,2006(5):161-163.

荣新江. 敦煌历史上的曹元忠时代[J]. 敦煌研究,2006(6):92-96.

郑炳林. 敦煌写本邈真赞所见真堂及其相关问题研究——关于莫高窟供养人画像研究之一[J]. 敦煌研究,2006(6):64-73.

沙武田. 供养人画像与唐宋敦煌世俗佛教[J]. 敦煌研究,2007(4):72-79.

张先堂. 古代敦煌供养人的造像供养活动[J]. 敦煌研究,2007(4):64-71.

谢继胜,黄维忠. 榆林窟第 25 窟壁画藏文题记释读[J]. 文物,2007(4):70-78.

沙武田. 供养人画像与唐宋敦煌世俗佛教[J]. 敦煌研究,2007(4):72-79.

张培君. 敦煌藏经洞出土遗画中供养人图像初探[J]. 敦煌研究,2007(4):91-97.

[日]大岛幸代. 唐代中期的毗沙门天信仰与造像活动——以长安的事例为中心[J]. 艺术史研究,2007,9,277-290.

赵贞. 归义军曹氏时期的鸟形押研究[J]. 敦煌学辑刊,2008(2):10-28.

郭俊叶. 托塔天王与哪吒——兼谈敦煌毗沙门天王赴哪吒会图[J]. 敦煌研究,2008(3):32-40.

张培君. 唐宋时期敦煌社人修建莫高窟的活动[J]. 敦煌学辑刊,2008(4):123-131.

张先堂. 莫高窟供养人画像的发展演变——以佛教史考察为中心[J]. 敦煌学辑刊,2008(4):93-103.

卢秀文. 敦煌莫高窟早期三窟供养人服饰研究[J]. 敦煌学辑刊,2008(4):104-113.

赵晓星. 吐蕃统治时期传入敦煌的中土图像——以五台山图为例[J]. 文艺研究,2010(5):118-126.

邹清泉. 维摩诘变相研究述评[J]. 文艺研究,2010(5):127-132.

邹清泉. 虎头金粟影:维摩画像研究献疑[J]. 故宫博物院院刊,2010(4):57-67.

邹清泉. 莫高窟唐代坐帐维摩画像考论[J]. 敦煌研究,2012(1):33-39.

邹清泉. 隐几图考[J]. 文艺研究,2012(2):130-135.

图版索引

第二章

图 2–1 莫高窟第 61 窟及窟前殿堂遗址平面图

采自潘玉闪,马世长:《莫高窟窟前殿堂遗址》,北京:文物出版社,1985 年,第 33 页,图 21

图 2–2 莫高窟第 61 窟剖面图

采自石璋如:《莫高窟形》(二),台北:中央研究院历史语言研究所,1996 年,第 65 页

图 2–3 炽盛光佛　莫高窟第 61 窟甬道南壁　元　金维诺供图

图 2–4《弥勒经变·兜率天宫》　莫高窟第 61 窟主室南壁　五代

采自段文杰:《中国敦煌壁画全集·敦煌五代宋》(9),天津:天津人民美术出版社,2006 年,第 70 页,图 70

图 2–5《法华经变》　莫高窟第 61 窟主室南壁　五代

采自《中国敦煌壁画全集·敦煌五代宋》(9),第 78～79 页,图 78

图 2–6"河东道山门西南"《五台山图》(局部)　莫高窟第 61 窟西壁

采自《中国敦煌壁画全集·敦煌五代宋》(9),第 91 页,图 90

图 2–7"永昌之县"《五台山图》(局部)　莫高窟第 61 窟西壁

采自《中国敦煌壁画全集·敦煌五代宋》(9),第 90 页,图 89

图 2-8《药师经变》 莫高窟第 61 窟主室北壁 五代

采自《中国敦煌壁画全集·敦煌五代宋》(9),第 98～99 页,图 97

图 2-9《思益梵天所问经变》 莫高窟第 61 窟主室北壁 五代

采自敦煌文物研究所:《中国石窟·敦煌莫高窟》(五),北京:文物出版社,1987 年,图 73

第三章

图 3-1 文殊堂中心佛坛 金维诺供图

图 3-2 文殊师利 莫高窟第 148 窟 盛唐

采自敦煌文物研究所:《中国石窟·敦煌莫高窟》(第四卷),北京:文物出版社,1987 年,图 34

图 3-3 文殊变 莫高窟第 9 窟 晚唐

采自关友惠:《中国敦煌壁画全集》(晚唐),天津:天津人民美术出版社,2001 年,第 147 页,图 184

图 3-4 文殊变 莫高窟第 159 窟 中唐

采自敦煌文物研究所:《中国石窟·敦煌莫高窟》(第四卷), 北京:文物出版社,1987 年,图 81

图 3-5 文殊变 莫高窟第 196 窟 晚唐

采自关友惠:《中国敦煌壁画全集》(晚唐),天津:天津人民美术出版社,2001 年,第 168 页,图 209

图 3-6 文殊 莫高窟第 220 窟 五代

采自段文杰:《中国敦煌壁画全集》(敦煌五代·宋),天津:天津人民美术出版社,2006 年,第 28 页,图 26

图 3-7 藏经洞"新样文殊"版画

采自沙武田:《敦煌画稿研究》,北京:中央编译出版社,2007 年,第 159 页,图 4.1.3

图 3–8 P.4049“新样文殊”白描画稿

采自沙武田:《敦煌画稿研究》,北京:中央编译出版社,2007 年,第 157 页,图 4.1.1

图 3–9 文殊 榆林窟第 6 窟

采自段文杰:《中国敦煌壁画全集》(敦煌五代·宋),天津:天津人民美术出版社,2006 年,第 170 页,图 161

图 3–10 文殊堂中心佛坛遗迹示意 宿白 原绘 邹清泉 重绘

图 3–11 文殊变 榆林窟第 13 窟

采自段文杰:《中国敦煌壁画全集》(敦煌五代·宋),天津:天津人民美术出版社,2006 年,第 173 页,图 164

第四章

图 4–1 文殊堂《五台山图》(线摹) 赵声良 原绘 邹清泉 重绘

图 4–2《五台山图·东台之顶》(局部) 莫高窟第 61 窟西壁

采自段文杰:《中国敦煌壁画全集》(敦煌五代宋),天津:天津人民美术出版社,2006 年,第 85 页,图 84

图 4–3《五台山图·大清凉之寺》(局部) 莫高窟第 61 窟西壁

采自《中国敦煌壁画全集》(敦煌五代宋),第 87 页,图 86

图 4–4 文殊堂主室壁画展开示意 邹清泉 绘

图 4–5 莫高窟第 159 窟西壁 中唐

采自敦煌文物研究所:《中国石窟·敦煌莫高窟》(第四卷),北京:文物出版社,1987 年,图 75

图 4–6 莫高窟第 159 窟西壁北侧下部《五台山图》(左幅)

采自段文杰:《中国敦煌壁画全集》(敦煌中唐),天津:天津人民美术出版社,2006 年,第 115 页,图 109

图 4–7 莫高窟第 159 窟西壁北侧下部《五台山图》(右幅)

采自《中国敦煌壁画全集》(敦煌中唐),第114页,图109

图4-8 莫高窟第237窟《五台山图》示意　赵晓星　原绘　邹清泉重绘

图4-9 莫高窟第361窟西壁　中唐

采自《中国石窟敦煌莫高窟》(第四卷),图117

图4-10 树下仕女画屏　纸本墨绘贴羽　756年　奈良正仓院藏

采自贺西林,李清泉:《中国墓室壁画史》,北京:高等教育出版社,2009年,第199页,图3-64

图4-11 六屏水墨山水壁画(摹本)　唐　陕西富平吕村乡朱家道村唐墓

采自《中国墓室壁画史》,第192页,图3-58

图4-12 骑狮文殊像　莫高窟第220窟西壁佛龛北侧　贞观十六年(642年)

采自孙晓岗:《文殊菩萨图像学研究》,兰州:甘肃人民美术出版社,2006年,第198页,图21

图4-13《匡庐图》　[五代]荆浩　绢本水墨　185.8×106.8厘米　台北故宫博物院藏

采自林柏亭:《大观:北宋书画特展》,台北:"国立"故宫博物院,2006年,第88页,图12

图4-14《潇湘图卷》(局部)　[五代]董源　绢本设色　北京故宫博物院藏

采自中国历代艺术编辑委员会:《中国历代艺术》(绘画编上),北京:人民美术出版社,1994年,第224页,图189

图4-15 六屏式水墨山水(局部)　唐　陕西富平吕村乡朱家道村唐墓

采自《中国墓室壁画史》,第194页,图3-60

图 4–16 水墨山水壁画(局部)　同光二年(924 年)　河北曲阳五代后唐王处直墓

采自《中国墓室壁画史》,第 220 页,图 3–86

图 4–17 仿王维《辋川别业图》卷(局部)　1617 年　石刻拓片　普林斯顿大学艺术考古系藏

采自[美]方闻:《超越再现:8 世纪至 14 世纪中国书画》,李维琨译,杭州:浙江大学出版社,2011 年,第 57 页,图 27

图 4–18 五台山图·大建安之寺　莫高窟第 61 窟西壁

采自《中国敦煌壁画全集》(敦煌五代宋),第 92 页,图 91

图 4–19 菩萨造像碑残段(背面局部)　南朝梁　四川成都万佛寺出土　四川省博物馆藏

采自李松,[美] 安吉拉·法尔科·霍沃:《中国古代雕塑》,陈云倩等译,北京:外文出版社;纽黑文:耶鲁大学出版社,2003 年,第 272 页,图 3–77

图 4–20 五百强盗成佛壁画(局部)　莫高窟第 285 窟南壁　西魏

采自敦煌文物研究所:《中国石窟·敦煌莫高窟》(第一卷),北京:文物出版社,1982 年,图 132

第五章

图 5–1《维摩变·维摩诘》　莫高窟第 61 窟主室东壁北侧　五代

采自段文杰:《中国敦煌壁画全集》(敦煌五代宋),天津:天津人民美术出版社,2006 年,第 68 页,图 67

图 5–2《维摩变·文殊师利》　莫高窟第 61 窟主室东壁南侧　五代

采自《中国石窟·敦煌莫高窟》(五),图 78

图 5–3《维摩变·维摩诘》　莫高窟第 98 窟主室东壁北侧　五代

采自《中国敦煌壁画全集》(敦煌五代宋),第 8 页,图 8

图 5-4《维摩变·学堂》 莫高窟第 98 窟主室东壁 五代 施萍婷供图

图 5-5《维摩变·入诸酒肆》 莫高窟第 61 窟主室东壁北侧 五代

采自《中国敦煌壁画全集》(敦煌五代宋),第 69 页,图 68

图 5-6《维摩变·维摩诘》 莫高窟第 220 窟主室东壁南侧 贞观十六年(642 年)

采自《中国敦煌壁画全集·5·敦煌初唐》,第 59 页,图 69

图 5-7《维摩变》(局部) 莫高窟第 335 窟主室北壁 唐圣历年间(698—700 年)

采自郑炳林,高国祥:《敦煌莫高窟百年图录》,兰州:甘肃人民出版社,2008 年,第 681 页

图 5-8 莫高窟第 61 窟《法华经变》(局部) 五代

采自《中国敦煌壁画全集》(敦煌五代宋),第 80 页,图 79

图 5-9 造像碑(局部) 北魏永熙二年(533 年) 美国纽约大都会博物馆藏

采自李霖灿:《中国美术史讲座》,桂林:广西师范大学出版社,2010 年,第 13 页,图 3

图 5-10 释迦牟尼坐像(背面) 北魏 铜鎏金 台北故宫博物院藏 金维诺供图

第六章

图 6-1 东门遇老人 莫高窟第 275 窟南壁 北凉

采自敦煌研究院:《敦煌石窟全集·4·佛传故事画卷》,香港:商务印书馆,2004 年,第 30 页,图6

图 6-2 乘象入胎 莫高窟第 431 窟中心柱南向面上层 北魏

采自《敦煌石窟全集·4·佛传故事画卷》,第 28 页,图 3

图 6-3 逾城出家　莫高窟第 431 窟中心柱南向面上层　北魏
采自《敦煌石窟全集·4·佛传故事画卷》,第 29 页,图 4
图 6-4 逾城出家　莫高窟第 290 窟人字披西坡　北周
采自《敦煌石窟全集·4·佛传故事画卷》,第 75 页,图 66
图 6-5 罗睺罗出家　莫高窟第 217 窟西壁龛顶北侧　盛唐
采自《敦煌石窟全集·4·佛传故事画卷》,第 111 页,图 98
图 6-6 步步生莲·还城报喜　莫高窟第 61 窟西壁下部　五代
采自《敦煌石窟全集·4·佛传故事画卷》,第 139 页,图 124
图 6-7 乘象入胎　榆林窟第 36 窟南壁下部　五代
采自《敦煌石窟全集·4·佛传故事画卷》,第 171 页,图 166
图 6-8 佛传壁画　榆林窟第 33 窟北壁西侧
采自《敦煌石窟全集·4·佛传故事画卷》,第 175 页,图 168

第七章

图 7-1 曹元忠供养像　榆林窟第 19 窟甬道南壁　五代　金维诺供图

图 7-2 曹议金供养像　榆林窟第 24 窟甬道南壁　五代　金维诺供图

图 7-3 浔阳翟氏供养像　榆林窟第 19 窟甬道北壁　五代　施萍婷供图

图 7-4 宋高宗后坐像轴(局部)　绢本设色 189.4 × 104 厘米　台北故宫博物院藏

采自何传馨:《文艺绍兴：南宋艺术与文化》，台北:“国立故宫博物院”,2010 年,第 68 页,图 Ⅰ-2

图 7-5 于阗国王李圣天供养像　五代　莫高窟第 98 窟主室东壁门南

采自《中国敦煌壁画全集·9·敦煌五代宋》,第5页,图5

图7–6 回鹘公主供养像 莫高窟第61窟主室东壁南侧 五代

采自《中国敦煌壁画全集·9·敦煌五代宋》,第65页,图64

图7–7 曹延禄姬供养像 莫高窟第61窟主室东壁北侧 五代

采自《中国敦煌壁画全集·9·敦煌五代宋》,第67页,图66

图7–8 宋神宗半身像 55.8×46.9厘米 绢本设色 台北故宫博物院藏

采自《大观:北宋书画特展》,第226页,图36

图7–9 莫高窟第220窟北壁供养人画像 五代

采自《中国敦煌壁画全集·9·敦煌五代宋》,第30页,图28

图7–10《步辇图》(局部) 宋摹本 [唐]阎立本 北京故宫博物院藏 金维诺供图

图7–11 于阗皇后供养像 莫高窟第98窟主室东壁门南 五代

采自《中国敦煌壁画全集·9·敦煌五代宋》,第6页,图6

后　记

在敦煌遗书发现以前，归义军曹氏之于史籍仅有零星记载。1915年，罗振玉《瓜沙曹氏年表》问世后，使归义军曹氏研究局面得以改观，此后，在姜亮夫、苏莹辉、贺世哲、施萍婷、姜伯勤、孙修身、荣新江、郑炳林等学者的努力下，归义军曹氏史迹逐渐明晰。本书对曹元忠时代佛教文化与视觉形象的研究，即得益于上述诸位学者的筚路蓝缕之功。

敦煌从后梁乾化四年（914年）至北宋景祐三年（1036年）的122年间，一直为归义军曹氏统治，其间，敦煌佛教信仰的演进与莫高窟的经营无不受曹氏家族重要影响。曹元忠是归义军曹氏第四任节度使，他于后晋天福九年（944年）即位，北宋开宝七年（974年）卒世，统治敦煌达30年，作为归义军曹氏统治时间最长的节度使，曹元忠与夫人浔阳翟氏的弘佛盛举，于五代宋初敦煌佛教文化之发展颇有贡献，实际上将归义军曹氏对莫高窟的经营推向了历史的高峰，故而，对这一时期佛教文化进行深入研究，无疑对探索归义军曹氏时期佛教文化与视觉形象的发展，尤其是唐宋之际佛教艺术传统的嬗变具有重要意义，本书对文殊堂的个案研究即着意于此。

2006年，笔者在斠理藏经洞写卷遗存时，发现归义军曹氏时期的遗书极为丰富，于此着力甚有可为，并以《归义军曹氏与莫高窟之经营》为题对相关材料作了初步整理，后因故搁置。2010年，笔者拟以博士后的形式完成这一研究夙愿,不意竟得到兰州大学敦煌学研究所所长郑炳林教授欣然应允,并将研究重点集中于归义军曹氏统治敦煌盛期——曹元忠时代的佛教文化与视觉形象之上。本书之完成,于兰州大学敦煌学研究所郑炳林教授、敦煌研究院贺世哲研究员、施萍婷研究员、马德研究员、殷光明研究员、赵声良研究员获益甚巨,并得到中央美术学院金维诺教授、贺西林教授,中山大学姜伯勤教授、广州美术学院李清泉教授、王玉冬教授、梅林教授的帮助,博士后出站报告答辩委员会主席梁尉英研究员、委员赵声良研究员、魏文斌教授、沙武田研究员亦惠赐宝贵意见,在敦煌考察期间,又承蒙敦煌研究院文献所沙武田研究员、赵晓星副研究员,敦煌研究院办公室范泉先生,兰州大学敦煌学研究所张善庆副教授、魏迎春副教授,以及来自宝岛台湾的赖文英博士襄助,特此表谢。

邹清泉

2014年9月9日于琴上阁